Schmoldt
Biblische Geschichte

Hans Schmoldt

Biblische Geschichte

Chronologie · Texte · Analysen

Philipp Reclam jun. Stuttgart

Umschlagabbildung:
Rembrandt, »Abrahams Opfer«
(Radierung, 1655)

Für Anke,
meine Frau

Universal-Bibliothek Nr. 18086

Gesamtherstellung: Reclam, Ditzingen. Printed in Germany 2000
RECLAM und UNIVERSAL-BIBLIOTHEK sind eingetragene Marken
der Philipp Reclam jun. GmbH & Co., Stuttgart
ISBN 3-15-018086-4

Inhalt

C.

Der Schauplatz der biblischen Geschichte

D.

Geschichte des isrealitisch-jüdischen Volkes bis zum Aufstand des Bar Kochba

Einleitung

Dieses Buch schildert, der Aufgabe einer »Biblischen Geschichte« entsprechend, die historischen Vorgänge, von denen die Bibel berichtet, und ihre in der Bibel oft nur angedeuteten Hintergründe und Ursachen. Demgemäß treten als Hauptakteure auf der politischen Bühne nicht nur Herrscher wie David, Salomo oder Herodes, sondern auch die Großkönige der vorderorientalischen Reiche (Assyrer, Babylonier, Perser) oder römische Kaiser in das Blickfeld der Leserin, des Lesers.

Darüber hinaus stellt dieses Buch einen Großteil der biblischen Berichte selbst – ihren Werdegang und die Eigenart ihrer Erzählweisen und Überlieferungsformen – auf verhältnismäßig breitem Raum und in detaillierter Analyse vor. (Wenn zuweilen das Referat über die Texte ausführlicher gerät als die Darstellung der historischen Ereignisse, dann liegt das am Inhalt und an der Form der Texte.) So bekommt die Leserin, der Leser die Möglichkeit, anhand eigener Lektüre das Vorgehen historischer Forschung nachzuvollziehen; zugleich erscheinen altvertraute Geschichten (etwa die von David und Goliat 1Sam 17) oder Glanzstücke biblischer Erzählkunst (etwa die Schilderung der Revolution Jehus 2Kön 9), von späterer Übermalung befreit, in einem neuen, klareren Licht. Angemerkt sei, daß ich bei den fünf Mosebüchern eingehende Analysen lediglich exemplarisch vorgenommen habe; für Einzelheiten verweise ich auf mein Reclam-Buch *Das Alte Testament. Eine Einführung*.

Das Voranstehende betrifft nur das Alte Testament. Denn die Form, die Absicht und der Inhalt der neutestamentlichen Berichte unterscheiden sich derart gravierend von denen des Alten Testaments, wo es um die Ursprünge und das

Schicksal eines ganzen Volkes geht, daß im Rahmen einer »Biblischen Geschichte« ein Schlußkapitel über Jesus und die Anfänge des Christentums, nämlich das Wirken des Apostels Paulus, genügen muß. Hingegen sind die Makkabäerbücher, obwohl nicht dem Kanon heiliger Schriften zugerechnet, mit einer ausführlichen Inhaltswiedergabe einbezogen, weil auch ihr Gegenstand das Schicksal des sich von Abraham herleitenden Volkes ist.

Unberücksichtigt bleiben natürlich die Bücher, deren Inhalt samt und sonders fiktiv, erdichtet ist, nämlich die Bücher Rut, Ester und Jona, ebenso die Chronikbücher, die ihrer Vorlage – den Samuel- und Königsbüchern – wohl kaum historisch Glaubhaftes hinzufügen.

Die Darstellung der Geschichte des israelitisch-jüdischen Volkes endet mit dem Aufstand des Bar Kochba als dem – bis zur Gründung des modernen Staates Israel – letzten Versuch, für die Juden ein eigenes Staatsgebilde zu schaffen.

Außerbiblische Quellen, also Texte der Umwelt, zur Geschichte Israels sind spärlich, weil das im Alten Testament Berichtete für die Umwelt – und das waren vor allem die jeweiligen Großmächte und ihre Repräsentanten – nicht belangvoll genug erschien, um es schriftlich zu dokumentieren. Alle betreffenden Texte werden – oft nur durch einen Hinweis, manchmal auch mit wörtlichem Zitat – in dieser *Biblischen Geschichte* erwähnt.

An ihrem Anfang steht ein Kapitel über die Zeiteinteilung in der Bibel, das die Leserin, den Leser informieren soll, welche Zeiteinheiten die Bibel kennt und welche Zeitrechnungen sie verwendet, wie also die Menschen der Bibel sich in der Zeit orientierten. Zu einer solchen Orientierung gehören – wie auch heute noch – die jahreszeitlichen Feste. Deshalb ist den Festen in der Bibel ebenfalls ein eigenes Kapitel gewidmet.

Drei Hinweise zum Formalen: Erstens kennzeichnet man – entsprechend der Interpunktion des Urtextes – den ersten und zweiten Teil eines Verses mit »a« und »b« und gliedert diese wiederum in »α« und »β«, so daß eine Angabe wie »aα« den ersten, »aβ« den zweiten, »bα« den dritten und »bβ« den vierten Teil eines Textes meint. Zweitens bedeutet ein * bei einer Bibelstelle (einem Versteil, einem Vers, einer Versgruppe, einem Kapitel oder einer Kapitelgruppe), daß sie nur zum Teil in den betreffenden Zusammenhang gehört, also entweder nachträglich überarbeitet wurde oder aus Elementen verschiedener Überlieferungen zusammengesetzt ist. Drittens wird durch spitze Klammern (⟨ ⟩) eine am Urtext vorgenommene Änderung oder Auslassung angezeigt.

Die Übersetzungen der zitierten Bibelstellen stammen entweder von mir oder gründen auf der letzten Revision der Lutherbibel (Stuttgart 1985) oder auf der *Einheitsübersetzung der Heiligen Schrift* (Stuttgart 1980).

Abkürzungen der biblischen Bücher

Altes Testament

Die Geschichtsbücher

Das erste Buch Mose (Genesis)	1Mose
Das zweite Buch Mose (Exodus)	2Mose
Das dritte Buch Mose (Leviticus)	3Mose
Das vierte Buch Mose (Numeri)	4Mose
Das fünfte Buch Mose (Deuteronomium)	5Mose
Das Buch Josua	Jos
Das Buch der Richter	Richt
Das Buch Rut	Rut
Das erste Buch Samuel	1Sam
Das zweite Buch Samuel	2Sam
Das erste Buch der Könige	1Kön
Das zweite Buch der Könige	2Kön
Das erste Buch der Chronik	1Chr
Das zweite Buch der Chronik	2Chr
Das Buch Esra	Esr
Das Buch Nehemia	Neh
Das Buch Tobit	Tob
Das Buch Judit	Jdt
Das Buch Ester	Est
Das erste Buch der Makkabäer	1Makk
Das zweite Buch der Makkabäer	2Makk

Die »Schriften«

Das Buch Ijob	Ijob
Die Psalmen	Ps
Die Sprüche	Spr
Der Prediger	Pred
Das Hohelied	Hld
Das Buch der Weisheit	Weish
Das Buch Jesus Sirach	Sir

Die profetischen Bücher

Das Buch Jesaja	Jes
Das Buch Jeremia	Jer
Die Klagelieder des Jeremia	Klgl
Das Buch Baruch	Bar
Das Buch Ezechiel	Ez
Das Buch Daniel	Dan
Das Buch Hosea	Hos
Das Buch Joël	Joël
Das Buch Amos	Am
Das Buch Obadja	Obd
Das Buch Jona	Jon
Das Buch Micha	Mich
Das Buch Nahum	Nah
Das Buch Habakuk	Hab
Das Buch Zefanja	Zef
Das Buch Haggai	Hag
Das Buch Sacharja	Sach
Das Buch Maleachi	Mal

Neues Testament

Das Evangelium nach Matthäus	Mt
Das Evangelium nach Markus	Mk
Das Evangelium nach Lukas	Lk
Das Evangelium nach Johannes	Joh
Die Apostelgeschichte	Apg
Der erste Brief an die Korinther	1Kor
Der erste Brief an die Thessalonicher	1Thess
Der erste Brief an Timotheus	1Tim

A.

Zeiteinteilung in der Bibel

1. Der Tag und die Nacht

Das hebräische und griechische Wort für »Tag« (*jōm* und *hēmérā*) bezeichnet – wie auch das unsrige – sowohl den Sonnentag mit Einschluß der Nacht als auch die helle Tageszeit im Gegensatz zur Nacht (hebräisch *lájlā*, griechisch *nyx*). Ein paar Beispiele für ersteres: »Drei Reben sind drei Tage« (1Mose 40,12); »nach vierzig Tagen ... kehrten sie um« (4Mose 13,25); »am Vollmond, am Tag unseres Festes« (Ps 81,4); »tausend Jahre sind vor dir wie der Tag, der gestern vergangen ist« (Ps 90,4); »das Volk jammert mich, denn sie harren nun schon drei Tage bei mir aus« (Mt 15,32).

Wenn der Tag im Gegensatz zur Nacht genannt wird, erscheint jener am häufigsten an erster, diese an zweiter Stelle; der (Sonnen-)Tag wird also vom Morgen bis zum Morgen gerechnet. Beispiele dafür: »Solange die Erde steht, soll nicht aufhören ... Tag und Nacht« (1Mose 8,22); »der Herr trieb einen Ostwind ins Land, den ganzen Tag und die ganze Nacht« (2Mose 10,13); »dein ist der Tag und dein ist die Nacht« (Ps 74,16); »seine Auserwählten, die zu ihm Tag und Nacht rufen« (Lk 18,7); »sie bewachten Tag und Nacht auch die Tore« (Apg 9,24). Die Auffassung, daß der Tag mit dem Morgen, der Zeit des Sonnenaufgangs (Richt 9,33; 2Sam 23,4), beginnt, worauf der Mittag, die Zeit des Sonnenhöchststandes (2Sam 4,5), und der Abend, die Zeit des Sonnenuntergangs (5Mose 16,6; 2Chr 18,34), und dann die Nacht folgen, daß also die Nacht zum abgelaufenen Tag gehört, ist die in der Bibel übliche, wie an der Erzählung Richt 19,4–9 deutlich wird: Der Levit und seine Frau bleiben über Nacht und wollen am Morgen des nächsten Tages aufbrechen (als weitere Beispiele seien 1Mose 19,34, 1Sam 19,11 und 28,19 genannt).

Aber diese beiden Wörter stehen manchmal – und zwar im Urtext – auch in umgekehrter Reihenfolge, z. B.: »Nacht und Tag wirst du dich fürchten« (5Mose 28,66); »sie sind wie Mauern um uns gewesen Nacht und Tag« (1Sam 25,16); »laß deine Augen offen stehen über diesem Hause Nacht und Tag« (1Kön 8,29); »fastet für mich, daß ihr nicht eßt und trinkt drei Tage lang, weder Nacht noch Tag« (Est 4,16); »ich will ihn Nacht und Tag behüten« (Jes 27,3); »meine Augen fließen über von Tränen, unaufhörlich Nacht und Tag« (Jer 14,17); »Nacht und Tag arbeiteten wir« (1Thess 2,9); »das ist aber eine rechte Witwe, die … fleht und betet Nacht und Tag« (1Tim 5,5); »eine Nacht und einen Tag (im Griechischen *ein* Wort, *nychthḗmeron*) trieb ich auf dem tiefen Meer« (2Kor 11,25). Hier wird also der (Sonnen-)Tag vom Abend bis zum Abend gerechnet.

Diese Art der Zählung, die den Tag mit dem Sonnenuntergang, dem Abend, beginnen läßt und der die Wendung »zweitausenddreihundert Abende und Morgen« (Dan 8,14) entspricht, liegt in den Kultbestimmungen vor, daß man ungesäuertes Brot vom Abend des vierzehnten bis zum Abend des einundzwanzigsten Tages des ersten Monats essen (2Mose 12,18) und den Versöhnungstag am neunten Tag des siebenten Monats vom Abend bis zum Abend feiern soll (3Mose 23,32). Wenn Nehemia die Tore Jerusalems »vor dem Anbruch des Sabbats, als es … dunkel wurde«, zu schließen und nach dem Sabbat zu öffnen befahl (Neh 13,19), begann der Tag mit dem Abend.

Anscheinend bestanden beide Zählweisen – Tagesbeginn mit dem Morgen und mit dem Abend – nebeneinander, vielleicht erst von einer bestimmten Zeit an, aber das bleibt unsicher.

Ein vielbehandeltes Problem ist der Satz im Schöpfungsbericht: »Da ward aus Abend und Morgen der erste Tag« (wörtlich: »Und es wurde Abend, und es wurde Morgen, erster Tag«; 1Mose 1,5), der dann in den Sätzen über den zweiten bis zum sechsten Tag weitergeführt wird (V. 8.13.19.23.31). Das klingt, als ob hier die mit dem Abend beginnende Tageszählung gemeint sei. Aber wahrscheinlich will der Text sagen: Gottes Schöpfungswerke entstanden in der Helle des Tages nach dem Morgen und vor dem Abend, worauf die Nacht – umschrieben mit den Worten »und (danach) wurde es Abend, und es wurde Morgen« – folgt; aus der hellen Tageszeit und der Nacht (»Abend und Morgen«) ergibt sich also ein ganzer (Sonnen-)Tag.

Nach dem Alten Testament war in Israel die Nacht zwischen Sonnenuntergang und Sonnenaufgang in drei *Nachtwachen* eingeteilt, der unterschiedlichen Dauer der Nacht entsprechend auch von unterschiedlicher Länge. An Jerusalem ergeht die Aufforderung: »Steh auf und schreie zu Beginn der Nachtwachen« (Klgl 2,19), nämlich über sein trauriges Los, nachdem die Babylonier es zerstört hatten; Gideon überfällt das Lager der Midianiter »zu Beginn der mittleren Nachtwache« (Richt 7,19); in der »Zeit der Morgenwache« setzt Gott das Lager der Israel verfolgenden Ägypter in Schrecken (2Mose 14,24) und schlägt Saul die Ammoniter (1Sam 11,11). Im Neuen Testament begegnet man der griechisch-römischen Einteilung in vier Nachtwachen. Alle vier werden mit ihrer volkstümlichen Bezeichnung im Gleichnis vom heimkehrenden Hausherrn (Mk 13,35) aufgeführt: »am Abend« / »spät« (etwa 18–21 Uhr), »um Mitternacht« (21–24 Uhr), »beim Hahnenschrei« (0–3 Uhr) und »am Morgen« (3–6 Uhr). Üblicherweise wurden die Nachtwachen durchgezählt: Lk 12,38 nennt die zweite und dritte, Mt 14,25 und Mk 6,48 die vierte.

Die Einteilung in *Stunden* kennt das Alte Testament noch nicht. Das (aramäische) Wort in Dan 3,6.15, 4,16.30 und 5,5, das später »Stunde« bedeutet, meint hier den kurzen Augenblick. Oft hat man gedacht, bei dem Zeichen, das die Genesung Hiskijas beglaubigen soll und wonach der Schatten der Sonne um zehn Stufen rückwärts geht (2Kön 20,9–11; Jes 38,8), handle es sich um eine Sonnenuhr; aber das ist unwahrscheinlich. Im Neuen Testament findet sich die Stundeneinteilung des öfteren. Der Tag hat – wie auch die Nacht – zwölf Stunden (Joh 11,9), die, entsprechend der unterschiedlichen Länge der Tage, nicht gleich lang waren. Man zählte die Stunden von Sonnenaufgang (etwa 6 Uhr unserer Rechnung) und Sonnenuntergang (etwa 18 Uhr) an. Das geht sehr deutlich aus dem Gleichnis von den Arbeitern im Weinberg (Mt 20,1–15) hervor: Der Weinbergbesitzer stellt nacheinander früh am Morgen (d. h. um 6 Uhr; V. 1), danach in der dritten Stunde (9 Uhr; V. 3), in der sechsten und neunten (12 und 15 Uhr; V. 5) und in der elften (17 Uhr; V. 6) Leute ein und zahlt sie am Abend (d. h. um 18 Uhr; V. 8) aus. Die »dritte Stunde der Nacht« (Apg 23,23) ist 21 Uhr.

2. Der Monat

Das Hebräische besitzt zwei Wörter für »Monat«, deren eines an das Wort für »Mond« anklingt und das andere mit dem für »Neumond« (der Tag, an dem der zunehmende Mond sichtbar wird) gleichlautend ist. Diese beiden Wörter verweisen also – wie unser Wort »Monat« – ausdrücklich auf den Mondzyklus, der neunundzwanzig Tage und ungefähr dreizehn Stunden umfaßt.

Im Alten Testament finden sich drei Systeme der Monatsbezeichnungen. Das älteste ist ein von den Kanaanäern übernommenes, das sich nach den Jahreszeiten richtete. Erhalten sind hiervon vier Namen: Im Monat *Abib* (»Ähren«) wird das (Passa-)Mazzotfest gefeiert (2Mose 13,4; 23,15; 34,18; 5Mose 16,1), im Monat *Siw* (»Blüten«) wurde der

Tempelbau begonnen (1Kön 6,1.37) und – sieben Jahre später – im Monat *Bul* (Bedeutung unbekannt) vollendet (6,38); im Monat *Etanim* (»fließende [Bäche]«) weihte Salomo den Tempel ein (8,2); vielleicht ist ferner das Wort *Zach*, gewöhnlich mit »Hitze« übersetzt, in Jes 18,4 und Jer 4,11 ein Monatsname.

Ein späteres System, das gegen Ende der Monarchie im Südreich Juda (um 605 v. Chr.), als Juda ein Vasallenstaat der Babylonier war, eingeführt wurde (es erscheint zuerst im Jeremiabuch: Jer 1,3; 28,1.17; 36,9.22; 39,1.2; 41,1), bezeichnet die Monate mit Ordnungszahlen. So nennt die Liste 1Chr 27,1–15 für jeden Monat – vom ersten bis zum zwölften – die Kommandeure der Heeresabteilungen, die sich im Dienst abwechselten (darauf, daß zwölf Mond-Monate kein [Sonnen-]Jahr ergeben, wird noch zurückzukommen sein). Der *Siw* wird mit dem zweiten, der *Etanim* mit dem siebenten und der *Bul* mit dem achten Monat gleichgesetzt (1Kön 6,1.38; 8,2).

Diese Zählung geht eindeutig von einem Jahresanfang im Frühjahr aus. Wenn der König Jojakim im neunten Monat im »Winterhaus« vor dem Kohlebecken sitzt, in dem er Jeremias Schriftrolle verbrennt (Jer 36,22), dann befindet man sich in der kalten Jahreszeit; der »Blüten«-Monat *Siw* als zweiter Monat fällt in den Frühling; und der Monat »der fließenden (Bäche)« *Etanim*, der siebente Monat, ist die Zeit der hochgefüllten Flüsse im September/Oktober. Der »Ähren«-Monat *Abib*, die Zeit des Erntebeginns, muß dann der erste Monat (März/April) sein.

Das entspricht auch dem babylonischen System der Monatsbezeichnungen, das die Juden in nachexilischer Zeit (ab 530 v. Chr.) übernahmen. Von den zwölf Monatsnamen der Babylonier (ihre Bedeutung ist weitgehend unklar) kommen im Alten Testament sieben vor (manchmal mit der Monatszahl), so daß sich für das Alte Testament folgende Namensliste ergibt (zunächst der babylonische, dann der kanaanäische Name, schließlich die ungefähre Entsprechung):

I	Nisan	(Neh 2,1; Est 3,7)	Abib	März/April
II			Siw	April/Mai
III	Siwan	(Est 8,9)		Mai/Juni
IV				Juni/Juli
V				Juli/August
VI	Elul	(Neh 6,15)		August/Sept.
VII			Etanim	Sept./Okt.
VIII			Bul	Okt./Nov.
IX	Kislew	(Neh 1,1; Sach 7,1)		Nov./Dez.
X	Tebet	(Est 2,16)		Dez./Jan.
XI	Sebat	(Sach 1,7)		Jan./Febr.
XII	Adar	(z. B. Esr 6,15; Est 3,7)		Febr./März

In hellenistischer Zeit (ab 200 v. Chr.) kamen die makedonischen Monatsnamen in Gebrauch. Das griechische Alte Testament erwähnt drei: Dystros (Februar/März; Tob 2,12, nur im griechischen Text), Xantikus (März/April; 2Makk 11,30.33.38) und Dioskorus (2Makk 11,21), vielleicht ein Schaltmonat. Daneben verwendete man weiterhin und überwiegend die babylonischen Namen, z. B. Elul (1Makk 14,27), Kislew (2Makk 1,9.18; 10,5), Sebat (1Makk 16,14), Adar (2Makk 15,37).

3. Das Jahr

Wenn zwölf Monate, nämlich zwölf Mondzyklen, ein Jahr bilden, so umfaßt dieses dreihundertvierundfünfzig Tage (und ungefähr neun Stunden). Dagegen dauert das Sonnenjahr, die Zeit eines Umlaufs der Erde um die Sonne, dreihundertfünfundsechzig Tage (und ungefähr sechs Stunden), also elf Tage länger. Die Differenz zwischen dem Mond- und dem Sonnenjahr wird an einer Stelle des Alten Testaments deutlich markiert, nämlich in der Sintfluterzählung. Dort heißt es: »Im sechshundertsten Lebensjahr Noachs am siebzehnten Tag des zweiten Monats, an diesem Tag brachen alle Brunnen der großen Flut auf und taten sich die Fenster des Himmels auf« (1Mose 7,11), und später: »Und am siebenundzwanzigsten Tag des zweiten Monats (nämlich im sechshundertsten Lebensjahr Noachs) war die Erde trocken« (8,14). Die Sintflut dauerte demnach ein Jahr und (den Tag des Einzugs in die und des Auszugs aus der Arche mitgerechnet) elf Tage. Offensichtlich werden hier ein Mond- und ein Sonnenjahr miteinander kombiniert. Ein – wenn auch indirekter – Hinweis auf das Sonnenjahr findet sich noch an einer anderen Stelle. Von Henoch, einem Nachkommen Adams, wird gesagt, sein Alter habe dreihundertfünfundsechzig Jahre betragen (1Mose 5,23), was den dreihundertfünfundsechzig Tagen des Sonnenjahres entspricht. Anscheinend soll das Lebensalter Henochs – übrigens das bei weitem kürzeste der Nachkommen Adams (1Mose 5,6–31; 9,28–29) – als in sich abgerundete, vollkommene Zahl gelten, denn Henoch wird wegen seiner Frömmigkeit von Gott entrückt, stirbt also nicht (5,24).

Wir wissen nicht, wie man das Mondjahr mit dem Sonnenjahr in Übereinstimmung brachte; höchstwahrscheinlich erfolgte der Ausgleich durch Schaltmonate.

Das Jahr wurde in zwei *Jahreszeiten* eingeteilt: den Winter als die Regenzeit (Mitte Oktober bis Mitte April) und den regenlosen Sommer. Diese Einteilung entspricht dem Klima in Palästina, wo die kalte, feuchte und die heiße, trockene Zeit ziemlich unvermittelt aufeinander folgen; daher besitzt die Bibel keine eigenen Wörter für den Frühling und den Herbst. Sommer und Winter stehen in drei Texten nebeneinander, um die Ganzheit eines Jahres zu bezeichnen. Am Ende der Sintflut-Erzählung heißt es: »Solange die Erde steht, soll nicht aufhören Saat und Ernte, Kälte und Hitze, Sommer und Winter, Tag und Nacht« (1Mose 8,22); ein lobpreisender Abschnitt beschreibt Gottes Schöpfungshandeln mit den Worten: »Dein ist der Tag und dein ist die Nacht ... Sommer und Winter hast du gemacht« (Ps 74,16–17); eine Zukunftsschilderung spricht von einer Zeit, da es weder Kälte noch Dunkelheit geben und Wasser von Jerusalem fließen wird, »und so wird es sein im Sommer und im Winter« (Sach 14,8).

Das Wort für »Sommer« bezeichnet mehrfach die Zeit der (Getreide-)Ernte (April bis Mai): »Sie (nämlich die Ameise) bereitet ihr Brot im Sommer und sammelt ihre Speise in der Ernte« (Spr 6,8; ähnlich 30,25); »wer im Sommer sammelt, ist ein kluger Sohn; wer aber in der Ernte schläft, ist ein schändlicher Sohn« (10,5); »wie Schnee zum Sommer und Regen zur Ernte, so paßt nicht Ehre zum Toren« (26,1); »es ist Kriegsgeschrei in deinen (nämlich Moabs) Sommer und deine Ernte gefallen« (Jes 16,9; im Urtext fast gleichlautend Jer 48,32); »die Ernte ist vergangen, der Sommer dahin« (Jer 8,20). In einem (textlich unklaren) Bild vergleicht ein Beter seine Fieberglut mit der Hitze des Sommers (Ps 32,4). Jesus sagt im Gleichnis vom Feigenbaum: »Wenn seine Zweige jetzt saftig werden und Blätter treiben, so wißt ihr, daß der Sommer nahe ist« (Mt 24,32); die Blätter des Feigenbaums sind ab Anfang April entwickelt.

Das Wort für »Winter« bezeichnet die Zeit des Pflügens (Oktober bis November): »Im Winter will der Faule nicht pflügen; so muß er in der Ernte betteln« (Spr 20,4). Nach Jer 36,22 wohnte der König während der kalten Jahreszeit im »Winterhaus«, und aus der Drohung: »Ich will Winterhaus und Sommerhaus zerschlagen, und die elfenbeingeschmückten Häuser sollen zugrunde gehen ..., spricht der Herr« (Am 3,15), geht hervor, daß man für jede Jahreszeit ein eigenes Haus besaß – vielleicht nur der König, vielleicht auch die Angehörigen der Oberschicht.

Der *Jahresanfang* lag für Israel, wie sich aus dem System der Monatszählung ergibt, auf jeden Fall von einer bestimmten Zeit an (gegen Ende der Monarchie in Juda) im Frühjahr (März/April). Aber daneben gibt es zwei sehr alte

Bestimmungen über das Fest der »Lese«, des »Einsammelns«, das im Herbst (September/Oktober) die Ernte abschloß. Im Rahmen der Vorschriften über die drei großen Jahresfeste erscheint an einer Stelle der Hinweis: »und das Fest der Lese am Ausgang/Ende des Jahres« (auch die Übersetzung »am Beginn des Jahres« wäre möglich; 2Mose 23,16) und an einer anderen Stelle: »und das Fest der Lese, wenn das Jahr um ist / an der Wende des Jahres« (34,22). Hier fällt also der Jahresanfang / das Jahresende in den Herbst. Daraus darf man schließen, daß Israel ursprünglich – wie es auch in der kanaanäischen Umwelt Israels üblich war – das Jahr mit dem Herbst beginnen ließ und später – um 605 v. Chr., unter dem Einfluß der damals politisch führenden Babylonier – das babylonische Kalendersystem mit dem Jahresanfang im Frühling übernahm.

4. Die Woche und der Sabbat

Als ein fortlaufendes Sieben-Tage-Schema überkreuzt die Woche den Zyklus der Monate und Jahre. In Israel besteht die Woche aus sechs Arbeitstagen und dem Sabbat als Ruhetag. Allerdings wissen wir nicht, seit wann es diese Einrichtung gab. Denn der Sabbat als verbindlich vorgeschriebener Tag der Arbeitsruhe begegnet uns erst in Texten aus der Zeit des Exils oder danach (häufig kommt er im 3. Mosebuch, in den Chronikbüchern und den Büchern Nehemia und Ezechiel vor; auch die Predigt über die Heiligung des Sabbats in Jer 17,19–27 stammt aus der exilisch-nachexilischen Epoche). Aus vorexilischer Zeit gibt es – abgesehen von dem kurzen Bericht, daß der König Ahas die »Sabbathalle« am Tempel entfernen ließ (2Kön 16,18) – mit Sicherheit lediglich vier Texte, die den Sabbat erwähnen. So wird die reiche Frau, die, als ihr Sohn starb, zum »Mann Gottes« (nämlich Elischa) aufbricht, von ihrem Mann gefragt:

»Warum willst du zu ihm? Ist doch heute weder Neumond noch Sabbat« (2Kön 4,23); und dreimal erscheint der Sabbat in profetischer Anklage: »Neumond und Sabbat ... mag ich nicht« (Jes 1,13); »ich will ein Ende machen ... mit ihrem (nämlich Israels) Neumond und Sabbat« (Hos 2,13); »ihr (nämlich die Israeliten) sprecht: Wann will der Neumond ein Ende haben, daß wir Getreide verkaufen, und der Sabbat, daß wir Korn feilhalten können?« (Am 8,5). Hier ist der Sabbat zwar ein Festtag, an dem man keinen Handel treiben durfte, aber von Arbeitsruhe wird nichts gesagt und auch nichts davon, daß der Sabbat den Abschluß eines Sieben-Tage-Schemas bildete. Andererseits steht der Sabbat hier neben dem Neumond, und im Babylonischen trägt das Vollmondfest den Namen »Schabattu«. Daraus hat man geschlossen, daß auch der vorexilische Sabbat in Israel ein Vollmondfest war; aber Genaueres wissen wir nicht.

Daneben gibt es aus vorexilischer Zeit zwei Texte über einen Ruhetag nach sechs Arbeitstagen: »Sechs Tage sollst du dein Werk tun; aber am siebenten Tag sollst du aufhören/feiern, auf daß dein Rind und dein Esel ruhen und deiner Sklavin Sohn und der Fremdling sich erquicken« (2Mose 23,12); »sechs Tage sollst du arbeiten; am siebenten Tag sollst du aufhören/feiern, in der Zeit des Pflügens und der Ernte« (34,21). Hier fällt zweierlei auf. Zum einen kommt zwar der siebente Tag als Ruhetag, nicht aber das Wort »Sabbat« vor (im Text der Zehn Gebote 2Mose 20,10 und 5Mose 5,14 erscheinen beide nebeneinander, doch der Text wurde frühestens während des Exils formuliert), sondern nur das Verb *schabat*, von dem der Name »Sabbat« (hebräisch *schabbat*) wohl abgeleitet ist. Zum anderen beschränkt der zweite Text (2Mose 34,21) die Vorschrift, daß nach sechs Tagen ein Ruhetag einzulegen sei, auf die Zeit des Pflügens (im Herbst zu Anfang der Regenzeit) und des Erntens (im Frühling).

Aus den Texten ergibt sich für die Zeit vor dem Exil folgender Befund. Erstens kannte man einen Festtag namens

»Sabbat«, der als günstig für das Einholen von Gottesbescheiden galt (2Kön 4,23) und an dem es verboten war, Handel zu treiben (Am 8,5); neben dem Sabbat wird der Neumond als Festtag erwähnt. Zweitens gab es die Vorschrift, alle sieben Tage die Arbeit durch einen Ruhetag zu unterbrechen – vielleicht nur während der Zeit des Pflügens und Erntens. Hier erscheint der Name »Sabbat« nicht, sondern nur das Verb *schabat* »aufhören/feiern«. Es bleibt die Frage offen, ob dieser Ruhetag von Anfang an »Sabbat« hieß und ob er auch in den Texten gemeint ist, die ihn neben den Neumondtag stellen, oder ob der Name »Sabbat« ursprünglich ein Vollmondfest bezeichnete und später – in exilisch-nachexilischer Zeit – vom Vollmondfest gelöst und auf den Ruhetag übertragen wurde, den man jetzt – wie auch immer es vor dem Exil gewesen sein mag – regelmäßig das ganze Jahr hindurch beging.

Im Alten Testament werden nicht die Wochen-, sondern die Monatstage durchgezählt (z. B. 1Mose 7,11 »am siebzehnten Tag des zweiten Monats«; Jos 4,19 »der zehnte Tag des zweiten Monats«; 5,10 »am vierzehnten Tag des Monats«). Das Neue Testament setzt offenbar die Zählung der Wochentage voraus, erwähnt aber nur den ersten Tag der Woche (z. B. Mt 28,1; Apg 20,7; 1Kor 16,2).

5. Die Zeitrechnung

Eine Zeitrechnung, die, von einem bestimmten Punkt der Geschichte ausgehend, jedes Ereignis – vorwärts oder rückwärts – zu datieren erlaubt, findet sich im Altertum nur selten.

Zwar enthält das Alte Testament zahlreiche Angaben, aus denen sich eine Zeitrechnung erstellen ließe: die Liste der Urväter von Adam bis Noach (1Mose 5; 9,28–29) und der Vorfahren Abrahams (11,10–26), die Notizen über das Alter der Erzväter Abraham (21,5; 25,7), Isaak (25,26) und Jakob (47,28) und über Josef (37,2), ferner die Hinweise, daß der Aufenthalt in Ägypten vierhundertdreißig Jahre gedauert (2Mose 12,40) und daß Salomo vierhundertachtzig Jahre nach dem Auszug Israels aus Ägypten mit dem Bau des Tempels in Jerusalem begonnen habe (1Kön 6,1). Aber alle derartigen Texte lassen sich aufgrund ihres literarischen Charakters nicht für die Rekonstruktion einer fortlaufenden Zeitrechnung auswerten.

Vereinzelt bedient sich das Alte Testament der Möglichkeit, ein Ereignis mit Hilfe eines anderen Ereignisses, das offenbar allgemein bekannt war, festzulegen: »Dies ist es, was Amos ... gesehen hatte ... zwei Jahre vor dem Erdbeben« (Am 1,1); »im Jahr, da der Tartan (der Heerführer der Assyrer) nach Aschdod kam, ... zu der Zeit redete der Herr durch Jesaja« (Jes 20,1–2).

Häufiger wird ein Ereignis durch das Regierungsjahr des gerade herrschenden Königs datiert: »Im vierten Jahr der Herrschaft Salomos ... wurde das Haus des Herrn gebaut« (1Kön 6,1); »und im neunten Jahr Hoscheas (des Königs von Israel) eroberte der König von Assyrien Samaria« (2Kön 17,6); »im neunten Jahr seiner (nämlich Zidkijas) Herrschaft ... zog heran Nebukadnezzar, der König von Babel« (25,1). Entsprechend gilt das Jahr der Deportation des Königs Jojachin (598/597 v. Chr.) als Ausgangspunkt: »Und im siebenunddreißigsten Jahr, nachdem Jojachin, der König von Juda, weggeführt war, ... ließ Ewil-Merodach, der König von Babel, ... Jojachin ... aus dem Kerker kommen« (25,27). Diesen Ausgangspunkt wählt auch das Buch Ezechiel, z. B.: »Und es begab sich im sechsten Jahr am fünften Tag des sechsten Monats« (gemeint ist der September 592 v. Chr.; Ez 8,1); »und es begab sich im elften Jahr am ersten Tag des zwölften Monats« (gemeint ist der März 585 v. Chr.; 32,1). Daß die Daten im Ezechielbuch von der Deportation Jojachins ausgehen, macht die – allerdings erst nachträglich in den Buchanfang eingefügte – Notiz: »Es war das fünfte Jahr, nachdem der König Jojachin weggeführt war« (1,2), deutlich.

Über den Zeitpunkt des Regierungsantritts und über die Regierungsdauer der Könige Judas und Israels liefern die Königsbücher detaillierte Angaben. Und zwar wird das Datum des Regierungsantritts aus den Regierungsjahren des im Nachbarreich herrschenden Königs errechnet. Zwei Beispiele: »Im achtunddreißigsten Jahr Asas, des Königs von Juda, wurde Ahab, der Sohn Omris, König über Israel und regierte über Israel zu Samaria zweiundzwanzig Jahre« (1Kön 16,29); »und Joschafat, der Sohn Asas, wurde König über Juda im vierten Jahr Ahabs, des Königs von Israel, und war fünfunddreißig Jahre alt, als er König wurde; und er regierte fünfundzwanzig Jahre zu Jerusalem« (22,41–42). Daß dieses Datierungssystem zahlreiche Unstimmigkeiten in sich birgt, wird noch ausführlicher darzulegen sein.

Außerdem wissen wir nicht, wie man das Jahr, in dem der König seine Regierung antrat, berechnete. Es gab im Alten Orient zwei Systeme, das der Vordatierung und das der Nachdatierung. Bei der Vordatierung rechnet man den Zeitabschnitt von Neujahr bis zum Todestag als letztes volles Regierungsjahr des alten Königs und den Zeitabschnitt vom Regierungsbeginn bis Neujahr als erstes volles Regierungsjahr des neuen Königs; das Jahr des Herrschaftswechsels wird also doppelt gerechnet. So verfuhr man, wenigstens teilweise, in Ägypten. Bei der Nachdatierung zählt das erste Jahr des neuen Königs erst vom Neujahrstag nach seiner Thronbesteigung; die Zwischenzeit – sie wird als »Anfang der Regierung« bezeichnet – bleibt außer Betracht. Das war die babylonische Praxis. Nun kommt der Ausdruck »Anfang der Regierung/Herrschaft« zweimal im Alten Testament vor: »Im Anfang der Herrschaft Jojakims, des Sohnes Joschijas, des Königs von Juda, geschah dies Wort vom Herrn« (Jer 26,1) und »dies ist das Wort des Herrn, das geschah zu Jeremia ... im Anfang der Herrschaft Zidkijas, des Königs von Juda« (49,34). (Außerdem wird der »Anfang der Herrschaft« in 27,1 und 28,1 erwähnt; aber das sind Textfehler.) Demnach wandte auf jeden Fall das Südreich Juda seit Jojakim (608–598 v. Chr.), als Juda ein Vasallenstaat der Babylonier war, die Nachdatierung an; wie man den Herrschaftsantritt vorher in Juda und Israel datierte, wissen wir nicht.

Eine Zeitrechnung, die von einem festen Punkt der Geschichte ausgeht und so fortlaufende Datumsangaben ermöglicht, wurde von Seleukus I. (312–281 v. Chr.) eingeführt, der das Jahr seiner Eroberung Babylons (312 v. Chr. nach seleukidischer Zählung, die das Jahr mit dem Herbst beginnen ließ, 311 v. Chr. nach babylonischer Zählung mit dem Jahresanfang im Frühling) als Anfang festsetzte. Dementsprechend werden im 1. Makkabäerbuch die Ereignisse vom Regierungsantritt des Antiochus IV. Epiphanes »im 137. Jahr der griechischen Herrschaft« (d. h. 175 v. Chr.; 1Makk 1,10, in der Lutherbibel 1,11) bis zum Tode des Simeon »im 177. Jahr« (d. h. 135/134 v. Chr.) durchgezählt; und das 2. Makkabäerbuch datiert den einleitenden Brief mit »gegeben im 188. Jahr« (d. h. 125/124 v. Chr.; 2Makk 1,9) oder den Sieg des Judas Makkabäus über Nikanor auf das 151. Jahr (d. h. 162/161 v. Chr.; 14,4). Daneben findet sich eine doppelte Datierung: »Im 170. Jahr (d. h. 142 v. Chr.) wurde Israel befreit vom Joch der Heiden« (1Makk 13,41) und dann die Notiz: »Und das Volk schrieb von jetzt an in Briefen und Verträgen: Im ersten Jahr Simeons, des großen Hohenpriesters ... und Fürsten der Juden« (V. 42), also eine Zählungsweise wie in den Königsbüchern.

Im Neuen Testament gibt es nur ein einziges Mal ein absolutes Datum, nämlich die Notiz: »Im fünfzehnten Jahr der Herrschaft des Kaisers Tiberius, als Pontius Pilatus Statthalter in Judäa war und Herodes Tetrarch von Galiläa und sein Bruder Philippus Tetrarch von Ituräa und der Landschaft Trachonitis und Lysanias Tetrarch von Abilene, als Hannas und Kajafas Hohepriester waren, da geschah das Wort Gottes zu Johannes, dem Sohn des Zacharias, in der

Wüste« (Lk 3,1–2). Die Regierung des Tiberius begann im Jahre 14 n. Chr.; also wurde Johannes der Täufer im Jahre 28 oder 29 berufen. Die übrigen Angaben des Textes ordnen dieses Datum sehr allgemein in die Geschichte jener Zeit ein: Herodes Antipas regierte 4 v. – 39 n. Chr. und Philippus 4 v. – 34 n. Chr.; wann Lysanias regierte, wissen wir nicht; Kajafas war 18–37 Hoherpriester, sein Schwiegervater Hannas, der 6–15 Hoherpriester gewesen war, wird hier als immer noch einflußreiche Persönlichkeit mitgenannt.

So erwähnt das Neue Testament auch sonst nur Persönlichkeiten, in deren Regierungs- oder Amtszeit ein bestimmtes Ereignis fällt, nicht aber ein konkretes Datum: Jesus wurde zur Zeit des Herodes (37 – 4 v. Chr.) geboren (Mt 2,1; Lk 1,5); der in der legendenhaften Geburtsgeschichte Jesu neben dem Kaiser Augustus (31 v. – 14 n. Chr.) erwähnte Quirinius (Lk 2,2) war 6–11 Statthalter der Provinz Syrien; Pontius Pilatus, der Jesus zum Tode verurteilte und hinrichten ließ (Mk 15,15), war 26–36 Prokurator von Judäa; Claudius, in dessen Zeit eine Hungersnot fiel (Apg 11,28) und der die Juden aus Rom vertrieb (18,2), war 41–54 römischer Kaiser; Agrippa I., der Jakobus enthaupten und Petrus ins Gefängnis werfen ließ und eines qualvollen Todes starb (Apg 12; er wird hier volkstümlich »Herodes« genannt), war 41–44 König über ganz Palästina; Gallio, der es ablehnte, sich in den Streit der Juden in Korinth mit Paulus einzumischen (18,12–17), war 51/52 oder 52/53 Prokonsul der Provinz Achaia; Felix und Festus, von denen der eine Paulus in Untersuchungshaft hielt (23,24–24,27) und der andere das Verfahren an den Kaiser weiterleitete (25–26), waren etwa 52–59/60 und etwa 59/60–62 Prokuratoren von Judäa.

B.
Feste in der Bibel

Über die regelmäßig begangenen Feste des israelitisch-jüdischen Volkes gibt uns die Bibel teils sehr knappe, teils ausführlichere Informationen. Verhältnismäßig früh wurden die drei »Wallfahrts«-Feste – Fest der Ungesäuerten Brote (Mazzotfest), Erntefest (Wochenfest) und Lesefest (Laubhüttenfest) – als Einheit zusammengestellt, wobei die ältesten Texte zu diesem Thema vermutlich 2Mose 23,14–17 und 34,18.20b.22–23 sind; allerdings ist umstritten, welcher der beiden Texte dem anderen zeitlich vorausgeht.

2Mose 23,14–17 lautet: »(14) Dreimal im Jahr sollst du mir (nämlich Gott) ein Fest feiern. (15) Das Fest der Ungesäuerten Brote sollst du halten. Sieben Tage sollst du ungesäuertes Brot essen, wie ich dir befohlen habe, zur bestimmten Zeit des Monats Abib; denn in ihm bist du ausgezogen aus Ägypten. Man soll nicht mit leeren Händen vor mir erscheinen. (16a) Und das Fest der Ernte, der Erstlinge deines Ertrags (dessen), was du aussäst auf dem Feld, (16b) und das Fest der Lese am Ausgang/Ende des Jahres, wenn du deinen Ertrag vom Feld eingesammelt hast. (17) Dreimal im Jahr sollen alle deine Männer vor dem Herrn erscheinen.«

2Mose 34,18.20b.22–23 lautet: »(18) Das Fest der Ungesäuerten Brote sollst du halten. Sieben Tage sollst du ungesäuertes Brot essen, wie ich dir befohlen habe, zur bestimmten Zeit des Monats Abib; denn im Monat Abib bist du ausgezogen aus Ägypten. (20b) Man soll nicht mit leeren Händen vor mir erscheinen. (22a) Und das Fest der Wochen sollst du begehen, der Erstlinge der Weizenernte, (22b) und das Fest der Lese an der Wende des Jahres. (23) Dreimal im Jahr sollen alle deine Männer vor dem Herrn, dem Gott Israels, erscheinen.«

Gegenüber den drei »Wallfahrts«-Festen – dreimal im Jahr sollen alle Männer Israels »vor dem Herrn erscheinen«, d. h. das nächstgelegene Heiligtum besuchen – nahm das Passa ursprünglich eine Sonderstellung ein; erst in nachexilischer Zeit kamen der Versöhnungstag und das Purimfest und noch später das Tempelweihfest hinzu.

1. Das Fest der Ungesäuerten Brote (Mazzotfest)

Aus 2Mose 23,15 und 34,18 erfahren wir lediglich, daß man das Fest der Ungesäuerten Brote im Monat Abib (März/April) sieben Tage lang feierte und während dieser Zeit ungesäuertes Brot (hebräisch *mazzōt*), d. h. Brot ohne Sauerteig, aß. Nach landläufiger Ansicht der Wissenschaft fand das Mazzotfest beim Beginn der Ernte der frühesten Getreideart, der Gerste, statt; man aß sieben Tage lang aus neuem Korn ohne Sauerteig hergestelltes Brot, d. h. ohne ein Mittel, das aus der alten Ernte kam. Das Mazzotfest verkörperte also einen Neuanfang.

Ein um 630 v. Chr. entstandenes Reformprogramm, das sich im 5. Mosebuch niederschlug, verband das Mazzotfest mit dem Passa, von dem später noch ausführlicher die Rede sein wird, und gebot, daß man dieses Fest nur an *einem* Heiligtum (nämlich dem Tempel in Jerusalem) feiern dürfe.

Der betreffende Text (5Mose 16,1–8) lautet: »(1) Beachte den Monat Abib und mache ein Passa für den Herrn, deinen Gott, denn im Monat Abib hat dich der Herr, dein Gott, aus Ägypten geführt bei Nacht. (2) Und schlachte ein Passa(tier) für den Herrn, deinen Gott, Kleinvieh und Rind, an der Stätte, die der Herr erwählt, um seinen Namen dort wohnen zu lassen. (3) Nicht sollst du dazu Gesäuertes essen. Sieben Tage sollst du ⟨ ⟩ ungesäuertes Brot essen, Brot des Elends – denn in Hast bist du ausgezogen aus dem Land Ägypten –, damit du deines Auszugs aus Ägypten gedenkst dein Leben lang. (4) Und nicht soll bei dir Sauerteig sein in deinem ganzen Gebiet sieben Tage. Und nicht soll (irgend etwas) bleiben von dem Fleisch (des Tieres), das du am Abend, am ersten Tag schlachtest, bis zum Morgen. (5) Nicht kannst du schlachten das Passa(tier) in (irgend)einer deiner Ortschaften, die der Herr, dein Gott, dir gibt, (6), sondern an der Stätte, die der Herr, dein Gott, erwählt, um seinen Namen dort wohnen zu lassen, sollst du das Passa (-tier) schlachten am Abend, bei Sonnenuntergang, zum Zeitpunkt deines Auszugs aus Ägypten. (7) Und du sollst (es) kochen und essen an der Stätte, die der Herr, dein Gott, erwählt. Und du sollst dich wenden am (nächsten) Morgen und zu deinen Zelten gehen. (8) Sechs Tage sollst du ungesäuertes Brot essen. Und am siebenten Tag ist Festversammlung für den Herrn, deinen Gott; nicht sollst du (irgendeine) Arbeit tun.«

Läßt man zunächst V. 8 beiseite, so schreibt der Abschnitt V. 1–7 folgendes vor: Man soll im Monat Abib (V. 1) am zentralen Heiligtum (V. 2b.5–6aα.7aβ) ein Passatier schlachten (V. 2a), und zwar am Abend (V. 4b.6aβbα), es kochen und essen (V. 7aα) und am nächsten Morgen heimkehren (V. 7b); außerdem soll man sieben Tage lang ungesäuertes Brot essen (V. 3aβ*.4a), womit nur gemeint sein kann, daß am Passa-Abend eine Sieben-Tage-Frist beginnt, während der die Wallfahrer ungesäuertes Brot essen, nämlich auf dem Heimweg (oder, wenn der Heimweg kürzer ist, zu Hause). Hier ist also nicht vom – an ein Heiligtum gebundenen – Mazzot*fest* die Rede, sondern vom Mazzot-Essen als einem religiösen Brauch bei der Rückkehr vom Heiligtum.

Der anschließende V. 8 klingt rätselhaft, wenn man die »Festversammlung für den Herrn« als einen Kultakt am Heiligtum versteht: Sollen die Wallfahrer nach sechstägigem Mazzot-Essen dorthin zurückkehren? Aber das Wort für »Festversammlung« wird hier »feierliche Zusammenkunft« – außerhalb des Heiligtums – bedeuten, so daß dieser Vers eine Abschlußfeier mit Arbeitsruhe in der jeweiligen Ortschaft anordnet.

Als Termin für das Fest wird in V. 1 – wie für das Mazzotfest in 2Mose 23,15 und 34,18 – nur allgemein der Monat Abib genannt, was ohne weiteres einsichtig ist, weil der Erntebeginn von Jahr zu Jahr und erst recht von Gegend zu Gegend wechselt.

Demgegenüber bestimmt der aus nachexilischer Zeit stammende Text 3Mose 23,5–8 für das Passa-Mazzot-Fest ein genaues Datum. Er lautet: »(5) Im ersten Monat am vierzehnten (Tag) des Monats, in der Abenddämmerung, ist Passa für den Herrn. (6) Und am fünfzehnten Tag dieses Monats ist das Mazzotfest für den Herrn. Sieben Tage sollt ihr ungesäuertes Brot essen. (7) Am ersten Tag ist heilige Zeit für euch; keinerlei Werksarbeit sollt ihr tun. (8) Und ihr sollt ein Feueropfer darbringen für den Herrn sieben Tage. Am siebenten Tag ist heilige Zeit; keinerlei Werksarbeit sollt ihr tun.«

Hier ist also der Termin des Passa-Mazzot-Festes vom Erntebeginn gelöst, und es soll vom vierzehnten bis zum einundzwanzigsten Tag des ersten Monats (März/April) – in den älteren Texten heißt er Abib (2Mose 23,15; 34,18; 5Mose 16,1) – mit zweimaliger Arbeitsruhe gefeiert werden. So bestimmt es auch der späteste Abschnitt des Alten Testaments, der die Feste Israels zusammenstellt (4Mose 28,16–25).

Im Neuen Testament datiert das Fest der Ungesäuerten Brote (griechisch *ázyma*) den Beginn der Leiden Jesu (Mk 14,1 »es waren noch zwei Tage bis zum Passa und den Ungesäuerten Broten«; Lk 22,1 »es war aber nahe das Fest der Ungesäuerten Brote, das Passa genannt wird«), das letzte Mahl Jesu mit den Jüngern (Mt 26,17 »und am ersten [Tag] der Ungesäuerten Brote traten die Jünger zu Jesus und fragten: Wo willst du, daß wir dir das Passa[lamm] zum Essen bereiten?«; Mk 14,12 »am ersten Tag der Ungesäuerten Brote, an dem man das Passa[lamm] schlachtete, sagten die Jünger zu Jesus: Wo willst du, daß wir hingehen und das Passa[lamm] bereiten, daß du es essen kannst?«; ähnlich Lk 22,7), die Gefangennahme des Petrus (Apg 12,3–4 »er [nämlich Herodes] ließ auch Petrus festnehmen. Es waren aber die Tage der Ungesäuerten Brote ... Er gedachte, ihn nach dem Passa dem Volk vorzuführen«) und den letzten Aufbruch des Paulus nach Jerusalem (Apg 20,6 »nach den Tagen der Ungesäuerten Brote segelten wir von Philippi ab«).

2. Das Wochenfest

Das auf das Mazzotfest folgende Fest nennen die älteren Texte einmal »Fest der Ernte« (hebräisch *qāzīr* «[Getreide-]Ernte«; 2Mose 23,16a), einmal »Fest der Wochen« (hebräisch *schābu'ōt*, Plural von *schābū'a* »Woche, Einheit von Sieben«; 2Mose 34,22a). Welcher Name ursprünglicher ist und ob das Wort *schābu'ōt* von Anfang an »Wochen« bedeutete, läßt sich wohl kaum noch feststellen. Bei diesem Fest wurden die Erstlinge (2Mose 23,16a), genauer: die Erstlinge der Weizengarben (2Mose 34,22a), Gott als Opfer dargebracht. Offenbar fiel das – eintägige – Fest in den Beginn der Weizenernte.

Das schon erwähnte Reformprogramm des 5. Mosebuches veränderte den Termin und damit auch den Charakter des Wochenfestes. Der betreffende Text (5Mose 16,9–12) lautet: »(9) Sieben Wochen sollst du dir abzählen; von (dem Zeitpunkt,) wenn die Sichel anfängt, an das Getreide zu kommen, sollst du anfangen, sieben Wochen zu zählen. (10) Und du sollst feiern das Fest der Wochen für den Herrn, deinen Gott – je nach der freiwilligen Gabe deiner Hand, die du gibst, wie der Herr, dein Gott, dich segnet. (11) Und du sollst dich freuen vor dem Herrn, deinem Gott, ... an dem Ort, den der Herr, dein Gott, erwählt, um seinen Namen dort wohnen zu lassen. (12) Und du sollst daran denken, daß du ein Knecht in Ägypten warst, und du sollst diese Satzungen beachten und halten.«

Sieben Wochen nach dem Beginn der (Gersten-)Ernte – damit ist sicherlich der letzte Tag des Passa-Mazzot-Festes gemeint – soll das Wochenfest gefeiert werden (V. 9), und zwar am zentralen Heiligtum (V. 11b). Dieser Text verlegt also das Wochenfest vom Beginn der Weizenernte auf deren Ende. Dementsprechend fordert er nicht mehr das Opfer der Weizenerstlinge, sondern ein freiwilliges Opfer je nach Ertrag der Ernte (V. 10aβ). Der Hinweis auf die Knechtschaft in Ägypten (V. 12) wurde wohl erst nachträglich hinzugefügt.

Der aus nachexilischer Zeit stammende Abschnitt 3Mose 23,15–22 erwähnt zwar den Namen des Festes nicht, nennt aber als Termin den »siebenten Sabbat nach dem Sabbat« (V. 15) – der »Sabbat«, von dem aus gezählt werden soll, ist wohl der Ruhetag am Ende des Passa-Mazzot-Festes – und kommt, den Tag des Festes einschließend, auf fünfzig Tage (V. 16). Zum Ritual des Festes gehört das »Brot der Erstlinge« (V. 20), d. h. aus den Erstlingen der Weizenernte hergestelltes Brot, womit der Text an die Begrifflichkeit (»Erstlinge«) der älteren Abschnitte über das Ernte-/Wochenfest (2Mose 23,16a; 34,22a) anknüpft. Über die älteren Texte hinaus wird in 3Mose 23,21 für das Wochenfest Arbeitsruhe angeordnet.

Die späteste Anweisung über das Wochenfest (4Mose 28,26–31) bezeichnet dieses, die Terminologie von 2Mose 23,16a und 34,22a unmittelbar aufgreifend, als »Tag der Erstlinge« (V. 26). Über den Zeitpunkt des Festes finden sich hier keinerlei Angaben; offensichtlich wird die Datierung auf den fünfzigsten Tag nach dem Passa-Mazzot-Fest (3Mose 23,16) als bekannt vorausgesetzt.

»Fünfzigster (Tag)« heißt griechisch *pentēkostḗ (hēmérā)* (davon ist unser Wort »Pfingsten« abgeleitet); dieser Name für das Wochenfest begegnet Tob 2,1 (in der Einheitsübersetzung) und 2Makk 12,32, im Neuen Testament als Tag der Ausgießung des Heiligen Geistes (Apg 2,1) und in einer Notiz des Paulus über seinen Aufenthalt in Ephesus (1Kor 16,8).

3. Das Lesefest (Laubhüttenfest)

Das dritte »Wallfahrts«-Fest bezeichnen die älteren Texte als »Fest der Lese / des Einsammelns« (hebräisch *'āsīp*), das am »Ausgang/Ende des Jahres« (2Mose 23,16b), an der »Wende des Jahres« (2Mose 34,22b) gefeiert wurde. Dieses Fest beging man beim Abschluß der Erntezeit, wenn die Getreidekörner und die Erträge der Fruchtgärten (vor allem Wein und Olivenöl) in die Vorratsräume und -behälter kamen. Da der Abschluß der Erntezeit im Herbst (September/Oktober) stattfindet, wird hier vorausgesetzt, daß Israel ursprünglich, wie bereits erwähnt, das Jahr mit dem Herbst beginnen ließ.

Im Reformprogramm des 5. Mosebuches lautet der Abschnitt über dieses Fest (5Mose 16,13–15): »(13) Das Fest der Laubhütten sollst du begehen sieben Tage, wenn du von deiner Tenne und deiner Kelter eingesammelt hast, (14) und du sollst dich freuen an deinem Fest … (15) Sieben Tage sollst du feiern für den Herrn, deinen Gott, an dem Ort, den der Herr erwählt. Denn der Herr, dein Gott, wird dich segnen in all deinem Ertrag und in allem Tun deiner Hände. Und du sollst voller Freude sein.«

Tenne (der Dresch- und Worfelplatz für das Getreide) und Kelter (die Anlage zum Pressen des Weins) umschreiben stellvertretend die gesamten Vorgänge am Schluß der Ernte. Abweichend von den Bestimmungen der älteren Texte wird hier angeordnet, dieses Fest – wie das Mazzotfest – sieben Tage lang zu feiern (V. 13a.15a). Außerdem heißt das Fest hier »Fest der Laubhütten« (hebräisch *sukkōt*) – wir wissen nicht, warum. Vielleicht beging man das Fest ursprünglich wenigstens teilweise im Freien und errichtete für die Zeit des Festes Hütten aus laubreichen Zweigen als Unterkünfte.

Der nachexilische Text 3Mose 23,34–43 datiert den Beginn des siebentägigen Festes auf den fünfzehnten Tag des siebenten Monats (September/Oktober; V. 34), »wenn ihr den Ertrag des Landes einsammelt« (V. 39a). Am ersten Tag soll Arbeitsruhe herrschen (V. 35) und ebenso am achten Tag, dem Tag nach dem Laubhüttenfest (V. 36b). Für das Fest selber gilt: »Und ihr sollt nehmen am ersten Tag schöne Baumfrüchte, Palmwedel, Zweige von dichtbelaubten Bäumen und von Bachweiden ... In Laubhütten sollt ihr sieben Tage wohnen« (V. 40a.42a), mit der Begründung: »auf daß eure kommenden Generationen wissen, daß ich die Israeliten in Hütten wohnen ließ, als ich sie aus Ägypten herausführte« (V. 43a). Diese Begründung ist ein Anachronismus, denn die Vorfahren Israels lebten während des Wüstenaufenthalts in Zelten aus Tüchern und Fellen und nicht in Hütten aus Zweigen.

Das Laubhüttenfest war das bedeutendste Fest in Israel, »das Fest« schlechthin. So heißt es im Bericht über Salomos Tempelweihe: »Am Fest im Monat Etanim, das ist der siebente Monat, kamen alle Männer Israels bei Salomo zusammen« (1Kön 8,2), und dieses Fest wurde sieben Tage lang gefeiert (8,65). Wenn die Erzählung vom Frauenraub der Benjaminiter (Richt 21,1–24) »das Fest des Herrn« in Schilo nennt (V. 19), bei dem »die Töchter Schilos zum Reigentanz herausgehen« (V. 21), dann ist wohl das Laubhüttenfest gemeint.

Eine Schilderung des Laubhüttenfestes bietet das Alte Testament in Neh 8,14–16: »Und sie (nämlich die führenden Männer der Juden) fanden im Gesetz geschrieben, daß der Herr durch Mose geboten hatte, daß die Israeliten am Fest im siebenten Monat in Laubhütten wohnen sollten. Da ließen sie es kundtun und ausrufen in allen ihren Städten und in Jerusalem und sagen: Geht hinaus auf die Berge und holt Ölzweige, Balsamzweige, Myrtenzweige, Palmenzweige und Zweige von Laubbäumen, daß man Laubhütten mache, wie es geschrieben steht. Und das Volk ging hinaus und holte sie und machte sich Laubhütten, ein jeder auf seinem Dach und in seinem Hof und in den Vorhöfen am Hause Gottes und auf dem Platz am Wassertor und auf dem Platz am Tor Efraim.«

Ein spätes Profetenwort (Sach 14,16–19) weissagt, daß alle Völker, die den – erwarteten – Kampf gegen Jerusalem überstehen, Jahr für Jahr nach Jerusalem kommen, den »König, den Herrn Zebaot« anbeten und das Laubhüttenfest feiern werden (V. 16), und droht den Völkern Strafe an, die nicht nach Jerusalem ziehen (V. 17–19; es handelt sich wohl um einen Zusatz).

Im Neuen Testament kommt der Name »Laubhüttenfest« (griechisch *skēnopēgíā*) nur einmal vor. Das Johannesevangelium erzählt, daß Jesus zum Laubhüttenfest nach Jerusalem ging (7,1–52). Hier findet sich einleitend die Notiz: »Das Fest der Juden, das Laubhüttenfest, stand aber nahe bevor« (V. 2); dann ist nur vom »Fest« die Rede (V. 8.10.11.14) und schließlich vom »letzten, dem großen Tag des Festes« (V. 37). Diese Bemerkung zeigt, daß der Evangelist nicht mit dem genauen Ablauf des Laubhüttenfestes vertraut war; denn am letzten, dem achten Tag wurden keine besonderen Festbräuche vollzogen.

4. Das Passa

Aus den Bestimmungen des Alten Testaments über die Feste, den Festkalendern, ergibt sich, wie dargelegt, daß erst im Lauf der Zeit das Mazzotfest mit dem Passa verbunden wurde. Demnach war das Passa (oder Pascha, gesprochen Pas-cha, hebräisch *paesach*) – das Wort bezeichnet sowohl die Kultbegehung der Passa-Nacht (z. B. 2Mose 12,11; 3Mose 23,5; Jos 5,10–11; 2Kön 23,21–23) als auch das in der Kultbegehung geschlachtete Tier (z. B. 2Mose 12,21.27; 5Mose 16,2.5–6) – anfangs ein selbständiger Ritus ohne Zusammenhang mit den »Wallfahrts«-Festen. Einzelheiten über die Bräuche des Passa schildert das Alte Testament in 2Mose 12, wo – zweifellos historisch unzutreffend – berichtet wird, daß die erste Passafeier Israels auf Befehl Gottes beim Auszug Israels aus Ägypten stattfand, nachdem Gott die Tötung der ägyptischen Erstgeburt angekündigt hatte. Der Inhalt von 2Mose 12 sei kurz skizziert.

Gott sagt zu Mose und Aaron, man solle am zehnten Tag des ersten Monats für jede Familie ein Schaf- oder Ziegenlamm nehmen, es am Abend des vierzehnten Tages schlachten, mit dem Blut die Türpfosten und den Türsturz bestreichen und das Fleisch gebraten, außerdem mit ungesäuertem Brot, reisefertig gekleidet essen; es sei ein »Passa für den Herrn« (V. 1–11); Gott will in dieser Nacht die ägyptische Erstgeburt töten, wobei das Blut an den Häusern die Israeliten schützt, für die jener Tag ein regelmäßig zu feiernder Gedenktag sein soll (V. 12–14); man soll sieben Tage lang – vom vierzehnten bis zum einundzwanzigsten Tag des ersten Monats – ungesäuertes Brot essen (V. 15–20). Mose sagt zu den Ältesten Israels, man solle das Passa(lamm) schlachten und den Türsturz und die Türpfosten mit dem Blut bestreichen, damit die Israeliten geschützt werden, wenn Gott die Ägypter schlägt, und dies als ewige Ordnung halten (V. 21–27a). Das Volk wirft sich anbetend nieder (V. 27b). Die Israeliten tun, was Gott durch Mose und Aaron befohlen hatte (V. 28). Gott tötet die Erstgeburt der Ägypter, und die Israeliten ziehen aus, wobei sie ungesäuertes Brot backen (V. 29–39). Notiz über die Dauer des Aufenthalts der Israeliten in Ägypten (V. 40–41) und Anweisung, die Nacht des Auszugs regelmäßig zu feiern (V. 42). Gott erläßt durch Mose und Aaron weitere Anordnungen über das Passa, darunter das Verbot, Unbeschnittene am Passa zu beteiligen (V. 43–49). Die Israeliten tun, was Gott durch Mose und Aaron befohlen hatte (V. 50, fast gleichlautend mit V. 28). Datumsangabe (V. 51, fast gleichlautend mit V. 41b).

Dieses Kapitel enthält mancherlei Unebenheiten; offensichtlich ist es das Ergebnis eines langen Wachstumsprozesses. Es seien nun einige Passagen näher in Augenschein genommen, denen sich ein Bild der Passa-Bräuche entnehmen läßt.

Der älteste Bestandteil des Kapitels ist in V. 21b–23 zu finden: »(21b) Zieht aus und nehmt euch Kleinvieh für eure Sippen und schlachtet das Passa. (22a) Und nehmt ein Büschel Ysop und taucht (es) in das Blut, das in dem Becken ist, und bringt an den Türsturz und an die beiden Türpfosten (etwas) von dem Blut, das in dem Becken ist. (22b) Ihr sollt aber nicht hinausgehen, keiner aus dem Eingang seines Hauses bis zum Morgen. (23abα) Und der Herr wird vorübergehen, um Ägypten zu schlagen. Und wenn er das Blut am Türsturz und an den beiden Türpfosten sieht, dann wird der Herr an dem Eingang vorbeigehen. (23bβ) Und er wird nicht zulassen, daß der Verderber in eure Häuser kommt, um (euch) zu schlagen.«

Hier wird ein Blutritus geschildert, der im jetzigen Erzählzusammenhang die Israeliten vor dem Vernichtungs-»Schlag« gegen die Ägypter schützt, d. h., der verhindert, daß Gott in ihre Häuser eindringt (V. 23abα). Dazu paßt aber nicht die Fortsetzung V. 23bβ, wonach Gott den »Verderber« hindert, die Israeliten zu »schlagen«, d. h. in ihre Häuser einzudringen. Der unlogische Gedankengang des Textes läßt die urtümliche Vorstellung durchschimmern, daß der Blutritus den Zweck hatte, einen »Verderber« abzuwehren. Der »Verderber« ging des Nachts umher, wie man der Bemerkung: »Ihr sollt nicht hinausgehen ... bis zum Morgen« (V. 22b), entnehmen kann. Der Text erwähnt nur das Schlachten, nicht aber das Essen des Passa, setzt es jedoch zweifellos voraus.

Vermutlich war das Passa ein von Nomaden, nicht von Seßhaften geübter Brauch; dann bestrich man ursprünglich nicht die Türen des Hauses, sondern die Eingänge des Zeltes mit Blut. Wenn das Passa später auf die Nacht des vierzehnten/fünfzehnten Tages des ersten Monats datiert wurde (3Mose 23,5; 4Mose 28,16), kann sich darin die Erinnerung bewahrt haben, daß der Passa-Ritus in die Vollmondnacht am Frühlingsanfang fiel. Was mit dem »Verderber« gemeint war, wissen wir nicht. Manche Ausleger sehen in ihm die Personifizierung eines unmittelbar nach dem Frühlingsvollmond auftretenden Ostwindes aus der Wüste, der die Nomaden alljährlich zwang, von der Winterweide am Rand der Wüste auf die Sommerweide im Kulturland zu wechseln.

Der Abschnitt 2Mose 12,21b–23 führt uns, wenn auch nur andeutungsweise, zum Ursprung des Passa. Daneben enthält das Kapitel 2Mose 12 Bestimmungen aus sehr viel späterer Zeit. So wird als Datum des Passa – wie in 3Mose 23,5 und 4Mose 28,16 – der vierzehnte Tag des ersten Monats genannt (V. 6a); während der aus der Königszeit stammende Text 5Mose 16,1–8 auch Rinder als Passatiere zuläßt (V. 2) und man die Tiere kochen soll (V. 7), legen spätere Passagen in 2Mose 12 fest, daß man nur Lämmer als Passatiere nehmen darf (V. 3–5) und diese braten soll (V. 8–9); in die späte, frühestens exilische Zeit gehört auch der Ausschluß Unbeschnittener von der Teilnahme am Passa (V. 44.48), denn die strenge Pflicht zur Beschneidung galt für die Israeliten erst seit dem Exil.

Im Neuen Testament bezeichnet das Wort »Passa« sowohl das Passafest (z. B. Mt 26,2; Lk 2,41; Joh 13,1; in Lk 22,1 wird das Passa mit dem Fest der Ungesäuerten

Brote identifiziert) als auch das Passalamm und das Passamahl, wie aus dem Bericht über die Vorbereitung für das letzte Mahl Jesu mit seinen Jüngern (Mt 26,17–19; Mk 14,12–16; Lk 22,7–13) hervorgeht. Der Markus-Text lautet: »(12) Und am ersten Tag der Ungesäuerten Brote, an dem man das Passa(lamm) schlachtete, sagten seine Jünger zu ihm: Wo willst du, daß wir hingehen und das Passa(-lamm) bereiten, damit du es essen kannst? (13) Und er sandte zwei seiner Jünger und sagte zu ihnen: Geht in die Stadt, und es wird euch ein Mensch begegnen, der einen Krug mit Wasser trägt; folgt ihm, (14) und wo er hineingeht, da sagt zu dem Hausherrn: Wo ist meine Herberge, in der ich mit meinen Jüngern das Passa(lamm) essen kann? (15) Und er wird euch ein großes Obergemach zeigen, das mit Polstern belegt und bereit ist; dort bereitet es für uns zu. (16) Da gingen die Jünger hin und kamen in die Stadt und fanden es, wie er ihnen gesagt hatte, und sie bereiteten das Passa(mahl).«

Demnach war das letzte Mahl Jesu mit seinen Jüngern ein Passamahl am vierzehnten Tag des ersten Monats, so daß die Kreuzigung auf den fünfzehnten Tag des ersten Monats fiel. Dagegen feierte Jesus nach dem Johannesevangelium das letzte Mahl (Joh 13,1–30) »vor dem Fest des Passa« (V. 1a) und fand seine Kreuzigung am Passafest statt (18,28.39; 19,14). Mit letzter Gewißheit ist wohl kaum auszumachen, ob Jesus an einem Passatag oder einen Tag früher starb.

5. Der Versöhnungstag

Nur selten, und zwar in Texten aus nachexilischer Zeit, erwähnt das Alte Testament den Versöhnungstag (hebräisch *jōm kippurīm* oder *jōm hakkippurīm* »Tag der Versöhnungen«, daher sein heutiger Name »Jom Kippur«; 3Mose 23,27.28; 25,9). Die Festanweisung 3Mose 23,26–32 betont, daß der am zehnten Tag des siebenten Monats zu feiernde Versöhnungstag ein Tag unbedingter Arbeitsruhe sein soll, während die Festanweisung 4Mose 29,7–11 vor allem die am zehnten Tag des siebenten Monats – der Name »Versöhnungstag« fällt hier nicht – darzubringenden Opfer aufzählt.

Ausführlich wird der Ablauf, das Ritual des Versöhnungstages in 3Mose 16 beschrieben; auch hier erscheint der Name des Tages nicht, sondern nur das Datum, der zehnte Tag des siebenten Monats (V. 29). Dieses in seiner Darstellungsform recht unübersichtliche Kapitel setzt sich offenbar aus einer – anscheinend nicht mehr vollständig erhaltenen – Grundschicht und einer späteren Bearbeitungsschicht zusammen. Die Grundschicht beschreibt eine Feier, bei der Aaron – er steht für den Hohenpriester – die Priesterschaft und das Volk »entsühnt«, d. h. neu die Verbindung zu Gott schafft, indem er Blutstropfen eines geschlachteten Jungstieres auf den »Gnadenthron« (Lutherbibel), die »Deckplatte« (Einheitsübersetzung), eine Art Aufsatzplatte über der Lade, spritzt (vor allem V. 11.14–15.17). In der Bearbeitungsschicht geht es einerseits darum, daß Aaron das Heiligtum und den Altar mit dem Blut des Jungstieres und eines Ziegenbockes besprengt und so »entsühnt«, d. h. reinigt (V. 16.18–19), andrerseits um ein sehr altertümliches Ritual: Aaron läßt einen durch das Los ausgewählten Ziegenbock, nachdem er, Aaron, ihm seine beiden Hände aufgestemmt und alle Verfehlungen Israels bekannt und »auf den Kopf des Bockes getan« hat, in die Wüste laufen, und zwar als Bock »für Asasel« (V. 8–10.20b–22.26). Offenbar gelten hier die »Verfehlungen« nicht so sehr als persönliche Schuld, sondern als etwas Dingliches, das man auf ein Tier übertragen und damit beseitigen kann. Asasel (der Name kommt nur in diesem Text vor, V. 8.10.26) war offensichtlich ein Wüstendämon; wir wissen aber nicht, welche Vorstellungen man mit ihm verband und warum gerade er Adressat des »Sündenbockes« war.

6. Das Purimfest

Dieses Fest erwähnt das Alte Testament nur im – sicherlich unhistorischen – Buch Ester, wo berichtet wird, daß der Jude Mordechai, der Cousin der Königin Ester, dem Haman, dem zweithöchsten Mann im Perserreich, die Huldigung verweigert, worauf Haman beschließt, nicht nur Mordechai, sondern alle Juden im Perserreich umzubringen (3,1–6). Der nächste Vers lautet: »Im ersten Monat, das ist der Monat Nisan, im zwölften Jahr des Königs Artaxerxes, warf man das Pur, das ist das Los, vor Haman von Tag zu Tag und von Monat zu Monat, ⟨und es fiel auf den dreizehnten Tag⟩ des zwölften ⟨Monats⟩, das ist der Monat Adar« (3,7). Haman erwirkt einen Erlaß des Königs, der die Tötung eines nicht näher bezeichneten unbotmäßigen Volkes anordnet (3,8–15). Ester enthüllt dem König den Anschlag Hamans gegen ihr Volk, die Juden, und Haman wird auf Befehl des Königs hingerichtet (7,2–10). Mordechai erhält Hamans Stellung (8,1–2), und durch erneute Intervention beim König erwirkt Ester nicht nur den Widerruf des Tötungsbefehls gegen die Juden (8,3–8), sondern auch die Erlaubnis zur Vernichtung ihrer Feinde im ganzen Perserreich, was zu großer Freude bei den Juden führt (8,9–17). So kommt es am dreizehnten Adar – in Susa auch noch am vierzehnten Adar – zur Vernichtung der Judenfeinde im ganzen Perserreich (9,1–16), und die jeweils anschließenden Tage, den vierzehnten und fünfzehnten Adar, begehen die Juden als ein freudiges Fest (9,17–19), das durch Briefe Mordechais zu einer ständigen Einrichtung erhoben wird (9,20–23). Die anschließenden Verse lauten: »Denn Haman … hatte gedacht, die Juden zu vernichten, und das Pur, das ist das Los, geworfen, um sie zu schrecken und umzubringen. Als das dem König bekannt wurde, hatte dieser in einem Schreiben angeordnet, es sollte sein schlimmer Plan, den er gegen die Juden erdacht, auf sein Haupt zurückfallen und man sollte ihn und seine Söhne auf den Pfahl stecken. Darum nennt man diese Tage Purim nach dem Worte Pur« (9,24–26aα). Dann wird festgelegt, daß die Juden »diese Purimtage« für immer begehen (9,26aβ–28), und ein Brief Esters, in dem auch »Fasten und Wehklagen« erwähnt werden, bestätigt dies (9,29–32).

Zur Erinnerung an das im Esterbuch Berichtete feiern die Juden am vierzehnten und fünfzehnten Adar (dem zwölften Monat, Februar/März) das Purimfest – gemäß Est 9,18–19.22 – als ein freudiges Fest mit Mahlzeiten und Geschenken an Freunde und Arme; ihm geht – gemäß Est 9,31 – ein Fasttag voraus. Der Name »Pur« wird als Pluralform des – akkadischen (assyrisch-babylonischen) – Wortes *pūr*, »Los«, erklärt (Est 3,7; 9,24). Aber das Werfen des Loses kommt in den Bräuchen des Purimfestes nicht vor, und im Esterbuch wirken die Passagen über das Loswerfen (3,7; 9,24–26aα) wie nachträgliche Zufügungen. Was der Name »Purim« ursprünglich bedeutete und woher das Purimfest stammt, wissen wir nicht. Vielleicht handelt es sich um ein persisches Frühlingsfest, das die Juden der östlichen Diaspora übernahmen. In 2Makk 15,36 (Lutherbibel 15,36–37) heißt der vierzehnte Adar »Mordechai-Tag/-Fest«, während man damals am dreizehnten Adar – so auch 1Makk 7,48–49 – den Sieg über den seleukidischen Heerführer Nikanor feierte.

7. Das Tempelweihfest

Im Jahre 164 v. Chr. eroberten die Juden unter Führung des Judas, des Makkabäers, das von Truppen des seleukidischen Königs Antiochus IV. besetzte Jerusalem zurück, reinigten den Tempel, den Antiochus IV. drei Jahre zuvor entweiht hatte, und feierten aus diesem Anlaß ein Fest, wie in 1Makk 4,52–59 und 2Makk 10,5–8 berichtet wird.

Das Fest feierte man acht Tage lang, vom fünfundzwanzigsten Kislew (dem neunten Monat, November/Dezember) an (1Makk 4,52.56.59; 2Makk 10,5–6) in Fröhlichkeit (1Makk 4,56.58–59; 2Makk 10,6). Man trug Thyrsosstäbe (mit Efeu und Weinlaub umwunden, wie es im Kult des griechischen Gottes Dionysos üblich war) und Laub- und Palmenzweige und sang Hymnen (2Makk 10,7). Das Fest wird »Weihe (griechisch *enkainismós*) des Altars« genannt (1Makk 4,56.59) und »nach Art des Laubhüttenfestes« begangen (2Makk 10,6). Der das 2. Makkabäerbuch einleitende Brief (1,1–9) nennt das Fest der Tempelweihe »Laubhüttenfest« (V. 9). Im anschließenden Brief (1,10–2,18) heißt es, man solle die Reinigung des Tempels »wie die Tage des Laubhüttenfestes und wie die Tage des Feuers« begehen (1,18). Der Vergleich und die Identifikation des Tempelweihfestes mit dem Laubhüttenfest rührt wohl daher, daß auch letzteres acht Tage dauerte und daß man Zweige trug (3Mose 23,34–36.40). Das in 2Makk 1,18 angesprochene Motiv des Lichtes verband sich schon früh mit dem Tempelweihfest und wurde bei den Juden – sie bezeichnen das Fest hebräisch als *chanukkā* »Einweihung« – zu seinem Hauptmerkmal. Das Neue Testament erwähnt dieses Fest nur in der Notiz: »Damals fand in Jerusalem das Tempelweihfest (griechisch *enkaínia* »Erneuerung, Einweihung«) statt« (Joh 10,22).

C.

Der Schauplatz der biblischen Geschichte

Das Land, in dem sich alle wesentlichen Ereignisse der Bibel abgespielt haben und das man seit römischer Zeit »Palästina« zu nennen pflegt, wird im Westen durch das Mittelmeer begrenzt, im Osten durch die syrisch-arabische Wüste, im Norden durch den Litani-Fluß (im Altertum Leontes) und das Hermon-Massiv, im Süden durch die Sinaiwüste. Es gliedert sich in vier nord-südlich verlaufende Streifen: die Küstenebene, das zentrale Hochland, die Jordansenke und das ostjordanische Hochland.

Die *Küstenebene* beginnt im Norden 20 km nördlich von Akko, wird dann durch den Bergrücken des Karmel unterbrochen, wonach sie sich, zunächst nur 3 km breit, weiter südlich bis Gaza auf 40 km erweitert und dann in die Sinaiwüste übergeht.

Das *zentrale Hochland* ist die geographisch am stärksten gegliederte Region Palästinas. Sie beginnt im Norden mit dem bis zu 1200 m aufsteigenden Massiv von Obergaliläa, das auf einer Linie nördlich vom See Gennesaret steil zum sanft hügeligen Untergaliläa (mit dem 588 m hohen Berg Tabor) abfällt. Unterbrochen wird das zentrale Hochland durch die Jesreel-Ebene (Ebene von Megiddo), die an ihrer breitesten Stelle (in Nord-Süd-Richtung) etwa 25 km mißt und die ostwärts einen Zugang zur Ebene (»Bucht«) von Bet-Schean hat. Am Südrand der Jesreel-Ebene liegen der Karmel und, halbkreisförmig, die Gilboa-Berge, beides die Nordausläufer des Gebirges Efraim (efraimitisch-samarisches Gebirge), dessen Zentrum der Raum um das zwischen den Bergen Ebal (940 m) und Garizim (881 m) gelegene Sichem ist. Nach Süden schließt etwa auf der Höhe von Bet-El das jüdäische Gebirge an, zu dem das »Gebirge Juda« im engeren Sinne zwischen Betlehem und Hebron, östlich davon die »Wüste Juda«, die etwas abgestuft steil zum Toten Meer hin abfällt, und das westlich vorgelagerte »Hügelland« (hebräisch *sch^e^felā*; z. B. Richt 1,9; 1Kön 10,27; Jer 32,44) gehören.

Die *Jordansenke* ist Teil eines von Nordsyrien über das Rote Meer bis nach Ostafrika reichenden Grabeneinbruchs. Der Jordan entsteht aus mehreren Quellflüssen am Südrand des Hermon-Massivs, durchfließt den heute trockengelegten Hule-See und den See Gennesaret (ungefähr 170 qkm) und setzt an dessen Südende seinen Weg hinunter zum Toten Meer fort. Der windungsreiche Flußlauf ist hier etwa 200 km lang, bei einer Luftlinie von nur 105 km. Das Flußbett nebst seiner unmittelbaren Umgebung (zwischen 180 m und 1,6 km breit) ist außerordentlich fruchtbar, während sich beiderseits davon weitgehend Wüste ausbreitet; darum heißt das untere Jordantal im Alten Testament *Araba*, »Wüstensenke« (z. B. 2Sam 2,29 und 2Kön 25,4–5; nach 5Mose 2,8 bezeichnet dieser Name auch die Senke südlich des Toten Meeres bis zum Nordostgolf des Roten Meeres). Das Tote Meer (heutzutage etwa 1000 qkm) – sein Spiegel liegt 390 m unter dem des Mittelmeeres – ist die tiefste Depression der Erdoberfläche; vom Westrand der Wüste Juda bis zum Toten Meer senkt sich das Gelände auf einer Strecke von nur 20 km um 1200 m.

Das *ostjordanische Hochland*, das nach Westen zum Jordantal hin weitgehend steil abfällt, wird durch drei Nebenflüsse des Jordans in vier Teile gegliedert. Nördlich des Jarmuk (der Name kommt in der Bibel nicht vor) liegt die fruchtbare Landschaft Dscholan, die im Alten Testament *Baschan* heißt (z. B. Jer 50,19; Ez 39,18; Mich 7,14). Die Gegend südlich des Jarmuk bis zum Jabbok heißt heute »Adschlun« und im Alten Testament *Gilead* (z. B. 1Kön 22,3), ebenso wie der Raum zwischen dem Jabbok im Norden und dem Arnon im Süden (z. B. 2Sam 17,26–27), der heute den Namen »El-Beka« trägt und im Alten Testament auch *Mischor*, »(Hoch-)Ebene«, heißen kann (z. B. Jos 13,9.16–17); östlich davon lag das Siedlungsgebiet der Ammoniter. Die Gegend südlich des Arnons, heute »El-Kerak« genannt, bildete das Kernland der Moabiter.

Die beiden Orte, mit denen das Alte Testament den Siedlungsbereich in der Formel »von Dan bis Beerscheba« (z. B. 1Sam 3,20; 2Sam 17,11; 1Kön 5,5) umschreibt, sind in Nord-Süd-Richtung 240 km Luftlinie voneinander entfernt. In der West-Ost-Richtung ist der Kulturlandstreifen kaum mehr als 120 km breit. Zum Vergleich: Der Umfang des heutigen Staates Israel beträgt rund 21 000 qkm und entspricht dem des Landes Hessen.

Als Südwestzipfel des »Fruchtbaren Halbmondes«, der sich im Westen, Norden und Osten der syrisch-arabischen Wüste bis zum Persischen Golf erstreckt, war Palästina Durchgangsland und Zankapfel für die rivalisierenden Mächte Ägypten auf der einen und der Reiche Mesopotamiens auf der anderen Seite, was in der Geschichte des israelitisch-jüdischen Volkes deutliche Spuren hinterließ.

D.

Geschichte des israelitisch-jüdischen Volkes bis zum Aufstand des Bar Kochba

I.

Die Vorgeschichte Israels

Das Alte Testament schildert – und zwar in den fünf Mosebüchern, dem Pentateuch – die Entstehung des Volkes Israel als gradlinigen Vorgang, der mit den »Erzvätern« Abraham, Isaak und Jakob in Palästina – die Bibel spricht vom Land »Kanaan« – begann und, nachdem Jakobs Sohn Josef nach Ägypten verkauft wurde und später seine Familie dorthin nachkommen ließ, seinen Abschluß fand, als sich in Ägypten aus den Nachkommen Jakobs der Zwölf-Stämme-Verband »Israel« bildete und dieser aus Ägypten floh, am »Schilfmeer« vor einer Streitmacht der Ägypter gerettet wurde und durch die Wüste, wobei er zum Berg Sinai kam, an die Grenze des Landes Kanaan zog.

Diese Schilderung ist das Ergebnis eines langen und komplizierten literarischen Prozesses, den nachzuzeichnen hier nicht der Ort sein kann. Daß im Pentateuch kein durchlaufend historischer Bericht vorliegt, gibt er selbst mehrfach zu erkennen; auf welche konkreten Ereignisse die Pentateuch-Darstellung zurückgeht, vermag die Wissenschaft nur annäherungsweise herauszufinden, wie im folgenden dargelegt werden soll. Auf jeden Fall besteht kein historischer Zusammenhang zwischen den Erzvätern und dem Auszug aus Ägypten, dem Aufenthalt am Sinai und der Wüstenwanderung.

1. Die Erzväter-Überlieferungen

Herausragende Themen der Berichte über die Erzväter – sie finden sich in 1Mose 11,27–32; 12–36; 45,25–50,14 – sind ihre Gottesbegegnungen, die Verheißungen an sie und ihre Wanderschaft von Ort zu Ort. Letzterer soll beim Nachzeichnen des biblischen Berichts vor allem das Augenmerk gelten.

Abraham (Abram) siedelt mit seinem Vater Terach, seiner Frau Sara (Sarai) und seinem Neffen Lot aus seiner Heimat Ur in Chaldäa im südlichsten Teil Mesopotamiens nach Haran in Nordmesopotamien über (1Mose 11,27–32). Auf Befehl Gottes zieht Abraham mit Sara und Lot nach Kanaan (12,1–5) und hier zunächst in die Gegend von Sichem, wo er einen Altar baut (12,6–7), und in die Gegend von Bet-El, wo er ebenfalls einen Altar errichtet (12,8), und schließlich ins Südland, den Negeb (12,9).

Anläßlich einer Hungersnot wandert er mit Sara nach Ägypten, wo er Sara sich gegenüber den Ägyptern als seine Schwester ausgeben läßt, damit er, wenn sie in den Harem des Pharao käme, nicht – als ihr Ehemann – getötet werde, sondern es ihm vielmehr wohlergehe, was auch eintrifft, bis der Pharao den Betrug erkennt und die beiden wegschickt (12,10–20). Abraham kommt wieder ins Südland – mit ihm ist Lot – und besucht noch einmal den Altar bei Bet-El; Abraham und Lot sind reich an Vieh (13,1–5). Da das Land die Herden beider nicht ernähren kann, trennen sie sich; Lot erwählt sich die Städte am unteren Jordan und Sodom, während Abraham in Kanaan bleibt (13,6–13). Gott erscheint dem Abraham, und dieser baut einen Altar im Hain Mamre bei Hebron (13,14–18).

Vier Großkönige führen Krieg gegen fünf Stadtkönige und besiegen sie im Tal Siddim, dort, wo jetzt das Tote Meer ist, und plündern Sodom und Gomorra (14,1–11). Dabei wird Lot aus Sodom gefangen weggeführt, aber Abraham befreit ihn und überläßt dem König von Sodom den größten Teil der Beute (14,12–17.21–24); außerdem gibt Abraham dem König von Salem, d. i. Jerusalem, den Zehnten (14,18–20). Dieses in vielen seiner Einzelheiten unklare Kapitel (1Mose 14) ist eine Sondertradition, die erst spät in die Abraham-Erzählungen eingefügt wurde und die bei der Frage nach dem historischen Abraham außer Betracht bleiben kann.

Gott verheißt dem Abraham große Nachkommenschaft, die im Land, nämlich Kanaan, wohnen soll, und bekräftigt das mit einem urtümlichen Schwurritus (15). Da Abraham und Sara kinderlos sind, gibt Sara ihm ihre Magd Hagar, damit er zu einem Sohn komme, woraufhin Hagar schwanger wird und hochmütig auf Sara herabschaut; weil diese das nicht duldet, flieht Hagar in die Wüste, begegnet einem Engel »bei der Quelle am Wege nach Schur« und nennt sie »Beer-Lahai-Roï«; sie liegt zwischen Kadesch und Bered; Hagar gebiert einen Sohn, den sie Ismael nennt (16).

Gott erscheint dem Abraham, und in einer langen Rede schließt er einen Bund mit ihm und seiner Nachkommenschaft, benennt ihn, der bisher »Abram«, und seine Frau, die bisher »Sarai« hieß, in »Abraham« und »Sara« um, legt dem Abraham und seiner Nachkommenschaft die Pflicht zur Beschneidung auf und verheißt ihm einen Sohn (17). Wieder erscheint Gott, diesmal mit zwei Begleitern, dem Abraham im Hain Mamre und verheißt ihm und Sara einen Sohn (18,1–15). Die beiden Begleiter Gottes brechen nach Sodom auf (18,16), und Abraham verhandelt mit Gott über die Rettung des sündigen Sodom (18,17–33). Gott zerstört Sodom (und Gomorra), wobei nur Lot und die Seinen gerettet werden (19,1–29). Lots Töchter überlisten ihn, daß jede von ihm einen Sohn bekommt (19,30–38).

Abraham zieht »von dort« (woher?) ins Südland und wohnt zwischen Kadesch und Schur und dann als Schutzbürger bei dem König Abimelech von Gerar. Wieder – wie in 12,10–20 – gibt Abraham seine Frau als seine Schwester aus, und sie kommt in den Harem des Königs, der sie aber unberührt wieder freigibt (20). Sara gebiert Isaak (21,1–7). Auf Betreiben Saras schickt Abraham Hagar mit Ismael fort; sie verirrt sich in der Wüste von Beerscheba, aber ein Engel rettet sie; Ismael wächst heran und lebt in der Wüste Paran (21,8–21). Abraham und Abimelech beenden mit einem Bundesschluß einen Brunnenstreit in Beerscheba, und Abimelech geht zurück in das Land der Philister (21,22–32). Abraham pflanzt eine Tamariske in Beerscheba (21,33) und bleibt Schutzbürger im Land der Philister (21,34). Gott befiehlt dem Abraham, seinen Sohn Isaak auf einem Berg im Land Morija (dieses ist völlig unbekannt; in 2Chr 3,1 bezeichnet der Name den Tempelberg in Jerusalem) zu opfern, hindert ihn aber in letzter Minute daran; Abraham kehrt nach Beerscheba zurück (22,1–19). Es folgt eine Liste der Nachkommen Nahors, des Bruders Abrahams (22,20–24).

Nach dem Tode Saras in Hebron erwirbt Abraham für sie ein Erbbegräbnis in der Höhle Machpela »östlich von Mamre, das ist Hebron« (23). Abraham sendet seinen Knecht zu seiner Familie in der »Stadt Nahors«, d. h. Haran, um dort eine Frau für Isaak zu suchen; der Knecht trifft Rebekka, die Schwester Labans, die mit ihm zieht (24,1–61); Isaak, der in Beer-Lahai-Roï im Südland wohnt, heiratet sie (24,62–67). Es folgt eine Liste der Nachkommen Abrahams von seiner Nebenfrau Ketura (25,1–4). Abraham ordnet seinen Nachlaß und stirbt und wird in der Höhle Machpela begraben (25,5–10). Isaak wohnt in Beer-Lahai-Roï (25,11). Es folgt eine Liste der Nachkommen Ismaels (25,12–18).

Dem Isaak und der Rebekka werden die Zwillinge Esau und Jakob geboren (25,19–28). Esau verkauft sein Erstgeburtsrecht an Jakob (25,29–34).

Isaak zieht anläßlich einer Hungersnot zu Abimelech, dem König der Philister, nach Gerar und gibt dort – wie es schon Abraham in 12,10–20 und 20 mit Sara tat – seine Frau Rebekka als seine Schwester aus, aber Abimelech entdeckt die Wahrheit und macht Isaak Vorwürfe (26,1–11). Der anschließende Bericht (26,12–33) enthält einige Unklarheiten, auch was die Geographie angeht; hier sind zwei Erzählungen ineinandergeschachtelt worden. Nach der einen wird Isaak wegen seines Reichtums von den Philistern beneidet (V. 12–14), und Abimelech schickt ihn weg in das Tal von Gerar (V. 16–17); dann aber kommt Abimelech mit zwei Vertrauten von Gerar zu Isaak, und beide schließen einen Vertrag mit einem Schwur (V. 26–31). Nach der anderen Erzählung hatten die Philister die Brunnen, die Abraham – laut 21,22–32 in Beerscheba – gegraben hatte, zugeschüttet (V. 15), und Isaak läßt sie wieder ausgraben (V. 18–19); wegen weiterer Brunnen geraten Isaaks Hirten in Streit mit den Hirten von Gerar (V. 20–22), Isaak zieht nach Beerscheba und gräbt dort Brunnen (V. 23–25.32–33). Es folgt eine Notiz über Esaus Frauen (26,34–35).

Jakob erlistet sich unter Anleitung Rebekkas von dem blind gewordenen Isaak den Segen, den dieser dem Esau zugedacht hatte (27,1–40), und flieht vor der Rache Esaus nach Haran (27,41–46; 28,1–5). Es folgt ein kurzer Bericht über Esaus Heiraten (28,6–9). Auf dem Weg von Beerscheba nach Haran erscheint Gott, auf einer (Himmels-)Treppe stehend, dem Jakob in Bet-El (28,10–22). Jakob kommt in Haran zu seinem Onkel Laban, wird dessen Knecht, heiratet dessen Töchter Lea und Rahel, bekommt elf Söhne und eine Tochter und wird sehr reich (29–30). Nach zwanzig Jahren verläßt Jakob Laban und schließt mit ihm einen Vertrag auf dem Gebirge Gilead (31,1–32,1).

Jakob kommt zu dem Ort Mahanajim (32,2–3) und rüstet sich zur Begegnung mit Esau, der heranzieht (32,4–22). Bei dem Ort Penuël oder Peniël an der Furt des Flusses Jabbok trifft er auf Gott, der ihn wie ein Dämon überfällt und ihn in »Israel« umbenennt (32,23–33). Jakob versöhnt sich mit Esau (33,1–16), kommt zu dem Ort Sukkot (33,17) und siedelt sich bei Sichem an (33,18–20). Die Söhne Jakobs plündern Sichem wegen einer Schandtat an ihrer Schwester Dina (34). Auf Befehl Gottes zieht Jakob, der zunächst die

»fremden Götter« bei Sichem vergraben läßt (35,1–4), nach Bet-El (35,5–15). Rahel gebiert Benjamin, stirbt und wird bei Efrata begraben (35,16–20); Efrata lag in Mittelpalästina, wird aber in V. 19 fälschlich mit Betlehem, das auch Efrata heißen kann, gleichgesetzt. Jakob zieht nach Migdal-Eder (35,21). Es folgt eine – verstümmelte – Notiz über eine Schandtat des Jakob-Sohnes Ruben (35,22a) und eine Aufzählung der Söhne Jakobs (35,22b–26). Jakob kommt zu seinem Vater Isaak nach Mamre, wo Isaak stirbt und begraben wird (35,27–29). Es folgt das Geschlechtsregister Esaus (36).

Das Ende der Geschichte Jakobs ist in den Schlußteil der Josefserzählung verwoben und hat folgenden Inhalt: Josefs Brüder überbringen ihrem Vater die Einladung, sich in Ägypten anzusiedeln (45,25–28). Jakob kommt zunächst nach Beerscheba, wo er dem »Gott seines Vaters Isaak« opfert (46,1–5), und dann nach Ägypten (46,6–7). Es folgt eine Aufzählung der Söhne Jakobs und ihrer Nachkommen (46,8–27). Jakob sieht Josef wieder (46,28–34), erscheint vor dem Pharao (47,1–10) und siedelt mit seinen Söhnen in Ägypten (47,11–12). Es folgt ein Exkurs zur Einrichtung des Fünften in Ägypten (47,13–26). Jakob erhält von Josef das Versprechen, daß er nicht in Ägypten begraben wird (47,27–31), und segnet Josefs Söhne Efraim und Manasse (48). Es folgt der Segen Jakobs für seine zwölf Söhne (49,1–28). Jakob bittet seine Söhne, in der Höhle Machpela begraben zu werden, was nach seinem Tode auch geschieht (49,29–33; 50,1–14).

So weit der biblische Bericht, der mit seiner oftmals farbigen und sogar spannenden Erzählweise noch den heutigen Leser über lange Strecken zu fesseln vermag. Wenn aber der heutige Leser fragt, ob und inwiefern diese Darstellung auf wahre Begebenheiten zurückgeht, dann erhält er aus den Texten keine Antwort. So waren und sind manche Ausleger der Meinung, die Erzväter seien fiktive, erdichtete Gestal' ten. Aber es besteht meiner Ansicht nach keinerlei Notwendigkeit, die Texte samt und sonders als unhistorisch, als Fantasiegebilde einzuschätzen, mit denen spätere Generationen das Bild ihrer eigenen Zeit in der Vergangenheit widerspiegelten. Ich gehe davon aus, daß die Erzväter wirklich gelebt haben und daß die Texte – sie werden im folgenden ohne Rücksicht auf ihr zweifellos unterschiedliches Alter betrachtet – zumindest ein umrißhaftes Bild ihrer Lebensweise darbieten.

Die Erzväter wohnten nicht in Häusern, sondern in Zelten (12,8; 13,3.18; 18,1–10; 24,67; 25,27; 26,25; 31,25.33–34; 33,19; 35,21). Erst gegen Ende der Erzväter-Geschichten steht die Mitteilung, daß Jakob ein Haus baute, also seßhaft zu werden begann (33,17). Haupterwerbszweig der Erzväter war die Viehzucht, und zwar werden vor allem Schafe und Ziegen (Kleinvieh) genannt (12,16; 20,14; 21,27–30; 24,35; 26,14; 27,9.16; 30,31–43; 31,4–12; 32,6.8.15; 33,13), aber auch Rinder (12,16; 18,7–8; 20,14; 21,27; 24,35; 26,14; 32,6.8.16; 33,13) und Esel (12,16; 22,3.5; 24,35; 30,43; 32,6) und sogar Kamele (12,16; 24,10–64; 30,43; 31,17.34; 32,8.16). In der Viehzucht beschäftigten sie Hirten (13,7–8; 26,20). Außerdem konnten sie Grundbesitz erwerben (23; 33,19) und betrieben Landwirtschaft (26,12; 27,28.37) und Weinbau (27,28.37).

Mit den Bewohnern fester Siedlungen (Städte und Dörfer) schlossen sie Verträge (21,22–31; 26,16–33) und Heiratsabkommen (34,8–9.21). Außerdem lebten sie zeitweilig als »Schutzbürger« (Lutherbibel: »Fremdlinge«) bei den Kulturlandbewohnern (12,10; 20,1; 21,23.34; 23,4). Der »Schutzbürger« wohnt mehr oder weniger ständig in einer fremden, nicht mit ihm blutsverwandten Gemeinschaft, die ihm Schutz und begrenzt auch Rechte gewährt, aber keine »politischen«, ihn also von der Mitsprache bei den Angelegenheiten des Gemeinwohls ausschließt.

Aus alledem läßt sich die Lebensweise der Erzväter zumindest umrißhaft erkennen. Sie waren – als Zeltbewohner,

Nichtseßhafte – Nomaden, wandernd auf der Suche nach Weideplätzen für ihre Herden. Ihr Lebensraum war das Kulturland und dessen Randgebiete. Die Erzväter hielten sich als Nichtseßhafte zwischen den Städten und Dörfern auf, wahrscheinlich vorzugsweise in den Gebieten, die nicht allzu dicht mit Städten und Dörfern besetzt waren. Dabei kam es oft zu Berührungen unterschiedlicher Art zwischen den Erzvätern und den Stadt- oder Dorfbewohnern.

Über die *Zeit* der Erzväter geben uns die Erzählungen so gut wie keine Auskunft. Offenbar waren die Erzväter ein Teil jener Gruppen, aus denen das spätere Israel hervorging. Da, wie noch gezeigt werden soll, die Landnahme, die Seßhaftwerdung Israels im 12.–11. Jahrhundert v. Chr. erfolgte, müssen die Erzväter *vor* dieser Zeit gelebt haben – wir wissen aber nicht, wie lange davor.

Allerdings ergeben sich bei diesem zeitlichen Ansatz zwei Probleme. Erstens werden unter dem Besitz der Erzväter auch *Kamele* genannt; die Domestikation des Kamels setzte frühestens 1100 v. Chr. ein. Zweitens hatten die Erzväter es mit *Philistern* zu tun; die Philister siedelten sich etwa gleichzeitig mit dem nachmaligen Israel in Palästina an. Die Erwähnung von Kamelen im Besitz der Erzväter darf man als Anachronismus ansehen, als einen von Späteren fälschlich in die Erzväterzeit verlegten Sachverhalt, mit dem der Reichtum der Erzväter gesteigert werden sollte. Wenn die Philister wirklich schon zur Zeit der Erzväter im Land saßen, dann rückt diese ganz nahe an die Seßhaftwerdung, die Landnahme Israels heran.

Bleibt auch die Zeit der Erzväter für uns nur vage bestimmbar, so tritt doch der *Raum*, in dem sie lebten, aus den Texten deutlich hervor. Zwar dürfte die Angabe, daß Abraham aus dem weit von Palästina entfernten Ur in Chaldäa stammte (11,28.31; 15,7), unhistorisch sein. Es handelt sich am ehesten um eine Konstruktion der exilischen Zeit, also des 6. Jahrhunderts v. Chr., als zahlreiche Judäer, aus ihrer Heimat deportiert, in Südbabylonien (dem Süden des heutigen Irak) angesiedelt waren, für die der Bericht von Abrahams Zug aus Ur ein Zeichen der Hoffnung auf Heimkehr sein konnte. Wenn dagegen das zum Siedlungsbereich der Aramäer gehörende Haran im Süden der heutigen Türkei, nahe der syrischen Grenze, als Herkunftsort der Erzväter erwähnt wird (11,31–32; 12,4–5; 27,43; 28,10; 29,4; es ist die »Stadt Nahors« in 24,10), dann dürfte das historisch durchaus zutreffen.

In Palästina waren die Erzväter fast ruhelos auf Wanderschaft. Zeichnet man ihre Routen nach, so haben sie Tausende von Kilometern zurückgelegt. Aber die genauere Betrachtung der Texte zeigt, daß Abraham, Isaak und Jakob sich jeweils in einem eng umgrenzten Raum bewegten; und daraus können wir auch Folgerungen für die Frage nach dem Verhältnis der drei Erzväter zueinander ziehen.

Recht einfach und durchsichtig sind die Angaben über Isaak. Nach 26,1–33 lebte er bei den Städten Beerscheba und Gerar (etwa 20 km Luftlinie voneinander entfernt) in Südpalästina, im Negeb. Wie eng Isaak mit Beerscheba verbunden war, zeigt der Abschnitt 46,1–5, wo Jakob in Beerscheba dem »Gott seines Vaters Isaak« Opfer darbringt. Als weiterer Wohnsitz Isaaks wird der Ort Beer-Lahai-Roï (die Lutherbibel übersetzt den Namen mit »Brunnen des Lebendigen, der mich sieht«) genannt (24,62; 25,11), ebenfalls in Südpalästina; die genaue Lage kennen wir aber nicht.

Komplizierter ist, was wir über Abraham erfahren. Außer Betracht sollen dabei die Erzählung von Abrahams und Saras Abenteuer in Ägypten (12,10–20) und die Notiz über Abrahams zeitweiligen Wohnsitz zwischen Kadesch und der Wüste Schur, an der ägyptischen Grenze (20,1), bleiben. Ansonsten hat sich Abraham nach der biblischen Darstellung bei mehreren, zum Teil weit auseinanderliegenden Orten Palästinas aufgehalten: bei Sichem (12,6–7) und Bet-El (12,8; 13,3) in Mittelpalästina, bei Mamre, einem Baumheiligtum nahe bei oder in Hebron (13,18; 18,1; 23; 25,9 Begräbnisort), etwa 45 km Luftlinie nördlich von Beerscheba, ferner bei Gerar (20) und Beerscheba (21,22–33).

Nun erscheint der Inhalt von 20 und 21,22–33 auch in 26,1–11.23–33; und dort handelt es sich um Erlebnisse *Isaaks*. Abraham aber ist im Alten Testament die bedeutendere Gestalt, Isaak die unbedeutendere. Nun kommt es oft – nicht nur im Alten Testament – vor, daß die Erlebnisse eines Unbekannteren einem Bekannteren angedichtet werden. So hat man wahrscheinlich die Orte Gerar und Beerscheba erst nachträglich mit Abraham in Verbindung gebracht. Das ist wohl auch der Grund dafür, daß in der legendenhaften Erzählung von Abrahams Opferprobe (22,1–19) Beerscheba als Wohnort Abrahams erscheint (V. 19).

Zweifel erweckt auch der Bericht von Abrahams Aufenthalt in Sichem und Bet-El. Er lautet: »Und Abram zog durch das Land bis zur Stätte von Sichem, bis zur Orakelterebinthe. Da erschien der Herr dem Abram und sprach: Deinem Samen will ich dieses Land geben. Und er baute dort einen Altar für den Herrn, der ihm erschienen war. Und er zog von dort weiter auf das Gebirge hin, östlich von Bet-El, und schlug sein Zelt auf, Bet-El im Westen, Ai im Osten. Und er baute dort einen Altar für den Herrn und rief den Namen des Herrn an. Und Abram zog immer weiter nach dem Südland zu« (12,6a.7–9). Und etwas später heißt es dann (13,2–4): »Abram aber war sehr reich an Vieh, Silber und Gold. Und er zog stationenweise vom Südland bis nach Bet-El, bis an den Ort, wo zu Anfang sein Zelt gestanden hatte, nämlich zwischen Bet-El und Ai, an dem Ort des Altars, den er dort gebaut hatte. Und dort rief Abram den Namen des Herrn an.« Das klingt so, als sei der einzige Zweck der Wanderung Abrahams nach Sichem und Bet-El, dort einen Altar zu errichten – für einen Nomaden ein sehr ausgefallener Beweggrund. Man hat den Eindruck, daß diese Notizen lediglich dazu dienen, Abraham mit den Heiligtümern von Sichem und Bet-El in Verbindung zu bringen.

Dieser Eindruck erhält einen hohen Grad von Gewißheit, sobald man sich weitere Texte anschaut. Denn auch an späterer Stelle wird – und zwar sehr viel ausführlicher – von einem Altarbau in Sichem und Bet-El berichtet, nämlich in den Jakob-Erzählungen (28,10–22; 33,18–20; 35,1–8.14–15). Da die Gestalt Jakobs – wie gleich zu zeigen sein wird – viel enger mit Sichem und Bet-El verknüpft ist als die Abrahams, darf man vermuten, daß Abraham erst nachträglich mit beiden Orten in Verbindung gebracht wurde.

Für Abraham bleibt als Aufenthaltsort die Gegend um das Heiligtum Mamre bei oder in Hebron, d. h., hier war die Gestalt Abrahams ursprünglich beheimatet, während die Gestalt Isaaks nach Gerar und vor allem nach Beerscheba gehört, wo sich eine Kultstätte des »Gottes Isaaks« befand. Da also ursprünglich Abraham und Isaak an ganz verschiedenen Orten lokalisiert waren, liegt die Vermutung sehr nahe, daß man sie erst nachträglich, in späterer Zeit als Vater und Sohn miteinander verknüpfte.

Diese Vermutung wird erhärtet durch den Befund beim dritten Erzvater, nämlich Jakob. Jakob wächst mit seinem Zwillingsbruder Esau auf, muß aber wegen seines unrechten Tuns an Esau die Heimat verlassen (25,19–34; 27,1–28,5). Und zwar begibt er sich von Beerscheba aus zu seinem Onkel Laban in Haran (28,10). Auf dem Weg dorthin kommt er nach Bet-El, wo ihm Gott erscheint und er für Gott einen Malstein errichtet (28,11–22). Nach seinem zwanzigjährigen Dienst bei Laban kehrt er in die Heimat zurück, nachdem er auf dem Gebirge Gilead im Ostjordanland einen Vertrag mit Laban geschlossen hatte (29,1–32,1). Er kommt zu dem Ort Mahanajim im mittleren Ostjordanland (32,2–3), rüstet sich für die Begegnung mit Esau (32,4–22), kämpft bei dem nahe Mahanajim gelegenen Ort Penuël oder Peniël mit Gott, der ihm wie ein unheimlicher Dämon entgegentritt (32,23–33), versöhnt sich mit Esau (33,1–16), kommt in den Ort Sukkot, der nahe bei den eben genannten Orten liegt (33,17), und nach Sichem, wo er sich niederläßt

(33,18–20). Dann begibt er sich von Sichem nach Bet-El (35,1–15), wo er einen Altar (V. 7) und einen Malstein (V. 14–15) errichtet, kommt nach Efrata, ebenfalls in Mittelpalästina (35,16–20), und schließlich zu dem uns nicht weiter bekannten Ort Migdal-Eder (35,21).

Diese Darstellung ist in einem Punkt sehr merkwürdig. Man hat zunächst den Eindruck, es handle sich um eine Familiengeschichte, und dieser Eindruck ist zweifellos beabsichtigt: Jakob muß wegen der Differenzen mit seinem Bruder die Heimat verlassen und kehrt nach vielen Jahren zurück, wobei er sich mit seinem Bruder einigt. Seltsamerweise jedoch ist das Ziel seiner Rückkehr nicht der Wohnsitz seines Vaters Isaak, nämlich Beerscheba, wo ihn nach dem Vorangehenden eine reiche Erbschaft erwartet, sondern eine Reihe von Orten östlich und westlich des Jordans. In diesen Orten – in Bet-El und Sichem, in Mahanajim, Penuël/Peniël und Sukkot – und auf dem Gebirge Gilead war die Gestalt Jakobs allem Anschein nach ursprünglich zu Hause. Dann hatte der historische Jakob gar nichts mit dem in Südpalästina siedelnden Isaak zu tun, sondern war in Mittelpalästina ansässig. Bezeichnenderweise enthält der erste Teil der Jakob-Esau-Erzählungen (25,19–34; 27,1–28,5) keine Ortsangaben; nichts im Text deutet darauf, daß Beerscheba oder seine Umgebung als Schauplatz jener Erzählungen gedacht war. Nur in einer vereinzelten Notiz erscheint Beerscheba als Ausgangspunkt für Jakobs Flucht zu Laban (28,10). Die Mitteilung, daß Jakob den Isaak in Mamre – sonst erscheint Mamre nirgendwo als Wohnort Isaaks, sondern nur Abrahams – aufsuchte und ihn dort begrub (35,27–29), dient offensichtlich dazu, die drei Erzväter eng miteinander zu verbinden.

Nach alledem waren Abraham, Isaak und Jakob Einzelgestalten – jeder vielleicht Stammvater, Ahnherr einer Nomadengruppe – mit jeweils verschiedenem Siedlungsbereich. Daraus folgt: Die Menschen, bei denen die Abraham-Überlieferung gepflegt wurde, wußten nichts von Isaak und

Jakob, und die Menschen, für die Isaak oder Jakob im Mittelpunkt stand, kannten die anderen Erzväter nicht. Erst später, als die Gruppen und dann Stämme zur Einheit des Volkes Israel zusammenwuchsen, schuf man das Bild einer Generationenfolge mit Abraham als Vater, Isaak als Sohn und Jakob als Enkel.

Was uns die Erzväter-Geschichten bei all ihrer Fülle an Erzählstoff bieten, ist zweifellos nur ein kleiner Ausschnitt aus der Vorgeschichte Israels, über die wir ansonsten nichts wissen. Ihrer Form nach sind die Erzväter-Geschichten zum größten Teil Einzelsagen, aus denen manchmal Sagenkränze – der Abraham-Lot-Sagenkranz (12,1–8; 13; 18–19), der Jakob-Laban-Sagenkranz (29–31) und der den letzteren rahmende Jakob-Esau-Sagenkranz (25; 27–28; 32–33) – gebildet wurden. Inhaltlich zeichnen sich die Erzväter-Geschichten dadurch aus, daß in ihnen sehr häufig Gott den Menschen erscheint und zu ihnen redet. Von den Erzväter-Geschichten unterscheidet sich zutiefst die *Josefserzählung* (1Mose 36–50), die literarisch das Bindeglied zwischen den Erzväter-Geschichten und der anschließenden Darstellung bildet, wo es um den Aufenthalt Israels in Ägypten, den Auszug von dort, die Ereignisse am Sinai und die Wüstenwanderung geht, die aber historisch keinerlei Aussagewert beanspruchen kann. Wir haben es bei der Josefserzählung mit einer kunstvollen Novelle, einem schönen und reifen Werk der dichterischen Fantasie zu tun.

Während die Erzväter-Geschichten das Tun und Ergehen von Einzelpersonen in den Mittelpunkt stellen, führt uns die folgende Darstellung in eine ganz andere Welt, wo vor allem der Großverband, das Volk, die Hauptrolle spielt.

2. Die Überlieferungen vom Auszug aus Ägypten, vom Aufenthalt am Sinai und von der Wüstenwanderung

Die episodenreiche Darstellung der Bücher 2. Mose bis 4. Mose, die den Auszug aus Ägypten (2Mose 1,1–15,21), den Aufenthalt am Sinai (2Mose 19 – 4Mose 10) und die Wüstenwanderung (2Mose 15,22–18,27; 4Mose 11,1–20,13) zum Gegenstand hat und der in 4Mose 20,14–36,13 Abschnitte über den Beginn der Landnahme folgen, ist durch die Gestalt des Mose zu einer Einheit verbunden. Innerhalb dieser Darstellung finden sich zahlreiche Kultanweisungen, Gesetze und Listen, auf die bei der folgenden Übersicht nur kurz hingewiesen wird. (Außer Betracht bleibt das 5. Mosebuch, das weitgehend als Rede des Mose an Israel stilisiert ist und an dessen Schluß ein Bericht über den Tod des Mose, 5Mose 34, steht.)

Aus den Nachkommen Jakobs entsteht in Ägypten das große Volk Israel; da der neue König von Ägypten (der Pharao), der Josef nicht mehr kennt, das Volk Israel fürchtet, zwingt er es zu Bauarbeiten an den Städten Pitom und Ramses und befiehlt, die neugeborenen Söhne der Israeliten sofort zu töten (2Mose 1). Eine Israelitin versteckt ihren Sohn nach seiner Geburt in einem Kasten am Ufer des Nils, wo ihn die ägyptische Königstochter findet, ihn bei sich aufzieht und ihm den Namen »Mose« gibt (2,1–10). Herangewachsen, erschlägt Mose einen Ägypter, der einen Israeliten schlug, und flieht, weil die Tat entdeckt wird, nach Midian (östlich des Golfs von Aqaba, des Nordostarms des Roten Meeres), wo er zu dem Priester Reguël kommt und dessen Tochter heiratet, die ihm einen Sohn gebiert; der Pharao stirbt, und Gott hört die Klagen der Israeliten (2,11–25).

Mose kommt beim Weiden der Schafe seines Schwiegervaters, der hier »Jitro« heißt, an den »Berg Gottes«, den Horeb, wo ihm Gott in einem brennenden Dornbusch erscheint, sich mit seinem Namen »Jahwe« offenbart und ihn beauftragt, die Israeliten aus Ägypten herauszuführen; Mose weigert sich, da er nicht beredt sei, aber Gott sagt, daß Moses Bruder Aaron – er taucht hier erstmals auf – für ihn reden werde (3,1–4,17). Mose kehrt nach Ägypten zurück und teilt den Ältesten der Israeliten die Worte Gottes mit (4,18–31; auf dem Rückweg wird Mose nach einer ganz rätselhaften Erzählung von Gott überfallen: V. 24–26). Mose und Aaron teilen dem Pharao den Befehl Gottes mit, daß der Pharao den Israeliten erlaube, in der Wüste ein Fest zu feiern, woraufhin der Pharao von den Israeliten noch härtere Bauarbeit verlangt (5,1–6,1). Gott beauftragt Mose erneut, Israel aus Ägypten zu führen (6,2–13; 7,1–7; dazwischen in 6,14–30 als Einschub die Liste der Vorfahren Moses und Aarons).

Mose und Aaron legitimieren sich beim Pharao, indem sie einen Stab in eine Schlange verwandeln (7,8–13). Mehrfach gehen Mose und Aaron zum Pharao, überbringen ihm den Befehl Gottes, daß er Israel ziehen lasse, und unterstreichen den Befehl mit einer Reihe von Wundertaten, durch die Unheil über die Ägypter kommt, indem das Wasser des Nils in Blut verwandelt wird und vielerlei Plagen – Frösche, Insekten, Viehseuche, Geschwüre, Hagel, Heuschrecken und Finsternis – die Ägypter schrecklich heimsuchen; doch der Pharao weigert sich, Israel ziehen zu lassen (7,14–10,29; der Bericht ist nicht aus einem Guß, wie sich schon daran zeigt, daß mit der einen oder anderen Plage noch einmal vernichtet wird, was bereits einer früheren Plage zum Opfer gefallen war: 9,1–7 und 9,8–12; 9,25 und 10,15). Mose sagt dem Volk – und dem Pharao? – die Tötung der ägyptischen Erstgeburt als letzte Plage voraus (11) und ordnet den Passa-Blutritus an (12,1–28). Gott tötet die Erstgeburt der Ägypter, und der Pharao schickt die Israeliten aus dem Land (12,29–41). Es folgen kultische Bestimmungen über das Passa, die Erstgeburt und das Fest »der ungesäuerten Brote« (12,42–13,16). Gott begleitet die Israeliten in einer Wolken- und Feuersäule (13,17–22).

Der Bericht von der Rettung am »Schilfmeer« (14) besteht aus zwei Erzählfäden, die eng ineinander verwoben sind: Nach dem älteren jagt der Pharao mit einer Streitwagenmacht hinter den Israeliten her, diese fürchten sich und klagen Mose an, der sie beruhigt, worauf die Wolkensäule zwischen das – bisher nicht erwähnte – Lager der Ägypter und das der Israeliten tritt, ein von Gott gesandter Ostwind das Meer zurücktreibt und einen Teil des Meeresbodens trockenlegt und die in Panik geratenen Ägypter dorthin fliehen und ertrinken; die Israeliten sind an dem Vorgang nicht beteiligt (V. 5b–7.9aα.10bα.11–14.19b–20.21aβbα.24.25b.27aβb.30–31). Der jüngere Erzählfaden berichtet, daß der Pharao die Israeliten mit einer Streitwagenmacht verfolgt, diese sich fürchten und Mose das Meer spaltet, indem er seine Hand ausstreckt, worauf die Israeliten trockenen Fußes über den Meeresboden ziehen, während die nachrückenden Ägypter ertrinken, weil Mose durch nochmaliges Ausstrecken seiner Hand das Meer zurückkehren läßt (V. 1–4.8.9aβ–10a.bβ.15–18.21aα.bβ–23.29–27aα.28–29). Zwischen beide Erzählfäden sind Fragmente anderer Herkunft eingeschaltet (V. 5a.19a.25a).

Darauf folgen Moses Lobgesang, ein Hymnus, der Gott als den Retter am Meer und als den das Volk Israel zu »seiner heiligen Wohnung« – dem Tempel in Jerusalem – Geleitenden preist (15,1–19), und das Mirjam-Lied, ebenfalls ein Hymnus auf Gott als den Retter am Meer (15,20–21); Mirjam taucht hier ganz unvermittelt, und zwar als Schwester des Aaron – also auch des Mose –, auf.

Vom »Schilfmeer« gelangt Israel in der Wüste Schur nach Mara (»Bitterkeit«), wo Mose bitteres Wasser genießbar macht (15,22–26), und nach Elim (15,27). Von Elim kommt das Volk in die Wüste Sin und wird dort auf wunderbare Weise mit Manna und Wachteln versorgt (16). Das Volk wandert aus der Wüste Sin nach Refidim, und dann verschafft Mose dem durstenden Volk Wasser in Massa (»Versuchung«) und Meriba (»Haderort«, »Anklageort« oder

»Gerichtsstätte«), indem er mit seinem Stab auf einen Felsen schlägt, der im jetzigen Text »Horeb« heißt (17,1–7). Israel besiegt bei Refidim den Nomadenverband der Amalekiter, und Mose errichtet einen Altar, den er »der Herr ist mein Feldzeichen« nennt (17,8–16). Mose wird von seinem Schwiegervater Jitro am »Berg Gottes« besucht und hält mit ihm ein Mahl (18,1–12). Auf Anraten seines Schwiegervaters setzt Mose Richter für die »bürgerliche« Rechtsprechung ein (18,13–27).

Israel kommt in der Wüste Sinai zum Sinai, Mose steigt auf den Berg hinauf, erhält dort Weisungen, die er dem Volk übermitteln soll, und das Volk sieht ein Gewitter über dem Berg und wie der Berg raucht und bebt (19). Mose verkündet die Zehn Gebote, und das Volk sieht noch einmal das Gewitter und das Rauchen des Berges (20,1–21). Es folgt das »Bundesbuch«, eine Sammlung von Rechtssätzen (20,22–23,19) mit einem Ausblick auf die Zukunft (23,20–33). Mose schließt am Fuße des Berges einen Bund zwischen Gott und dem Volk und hält auf dem Berg mit einer Reihe anderer Personen ein Mahl, bei dem Gott zugegen ist (24,1–11). Mose steigt auf den Berg, um von Gott Steintafeln zu erhalten (24,12–15a), steigt wieder auf den Berg und bleibt dort vierzig Tage (24,15b–18; angemerkt sei, daß in 19,1–20,21 und in 24 die Notizen über den mehrfachen Auf- und Abstieg Moses sehr inkonsequent, ja verworren sind). Es folgen zahlreiche Anordnungen für das Heiligtum und den Kult (25,1–31,17).

Mose erhält von Gott zwei Steintafeln, die Gott beschrieben hat – offenbar mit den Zehn Geboten (31,18). Während der Abwesenheit Moses stellt das Volk auf Anstiftung Aarons ein goldenes Stierbild her und verehrt es als Gott; Mose, der vom Berg herabsteigt, sieht das, zerschmettert die Tafeln, vernichtet das Stierbild und bestraft das Volk (32). Weil das Volk fürchtet, Gott werde nicht mit ihm ziehen, legt es seinen Schmuck ab (33,1–6). Mose schlägt sein Zelt, in dem Gott ihm begegnet, außerhalb des Lagers der Israeliten auf (33,7–11), fragt Gott nach dem Weg, d. h. dem Plan Gottes, und erhält die Zusage, daß Gottes »Angesicht«, d. h. Gott selbst, mitzieht (33,12–17). Auf Moses Bitte, die »Herrlichkeit« Gottes sehen zu dürfen, zieht die »Herrlichkeit« Gottes, d. h. Gott selbst, an Mose, der ihr aber nur hinterherschauen darf, vorüber (33,18–23). Mose haut auf Befehl Gottes zwei neue Steintafeln zurecht, die Gott mit den Worten der früheren Tafeln beschriften will; dann teilt Gott dem Mose eine Reihe von Geboten mit, und diese – aber nicht die Zehn Gebote – schreibt jetzt nicht Gott, sondern Mose auf die Tafeln (34,1–28; anscheinend liegen hier und in 31,18 und 32 verschiedene Überlieferungen vor). Mose, dessen Gesicht beim Abstieg vom Berg Licht ausstrahlt, legt eine »Decke«, d. h. eine Maske, über sein Gesicht, wenn er weder mit dem Volk noch mit Gott redet (34,29–35; hier schimmert eine Überlieferung durch, wonach Priester beim Überbringen einer Gottesbotschaft eine Kultmaske trugen).

Es folgen der Bericht, daß die Anordnungen von 25,1–31,17 ausgeführt werden (35–40), wiederum zahlreiche Anordnungen über den Kult (3Mose 1–27; in 8,1–10,5 und 24,10–23 Berichte über kultisch-religiöse Handlungen und Vergehen, in 26 ein Ausblick in die Zukunft) und Materialien verschiedener Art: Angaben über die Zahl der Israeliten (4Mose 1), über die Ordnung der Stämme im Lager und auf dem Weg (2) und über Aarons Familie und das Amt der Leviten (3–4), Kultbestimmungen (5–6), Angaben über Spenden für den Kult (7) und weitere Kultbestimmungen (8,1–10,10; in 9,15–23 ein Bericht über die Wolken- und Feuersäule). Israel bricht vom Sinai auf (10,11–28). Mose fordert seinen Schwager – oder Schwiegervater (so vielleicht der Urtext) – Hobab auf, Israel durch die Wüste zu führen, aber Hobab weigert sich (10,29–32; der Text ist ein Fragment), und die Lade führt Israel (10,33–36).

Weil die Israeliten Gott anklagen, kommt ein Feuer über sie, und zwar bei dem Ort Tabera (11,1–3). Die Israeliten, gierig auf Fleisch, werden mit Wachteln – in einem Nachtrag auch mit Manna – versorgt, an denen viele zugrunde gehen, die man in Kibrot-Taawa (der Name läßt sich als »Lust-« oder »Giergräber« deuten) bestattet (11,4–34; in diese Erzählung wurde nachträglich eine andere hineingearbeitet, die vom Verhältnis der Profetie zu Mose, d. h. dem von Mose übermittelten Gesetz, handelt: V. 11–12.14–17.24b–30). Das Volk zieht weiter nach Hazerot (11,35). Mirjam und Aaron lehnen sich gegen Mose auf, und Mirjam wird mit Aussatz bestraft (12,1–15). Das Volk wandert von Hazerot in die Wüste Paran (12,16). Mose sendet Männer aus, um das Land Kanaan zu erkunden; ihr Bericht über die Stärke der Bewohner und ihrer Städte entmutigt die Israeliten; wegen dieses mangelnden Vertrauens kündigt Gott an, daß die jetzige Generation der Israeliten – außer Kaleb und Josua – nicht in das Land hineinkommen, sondern in der Wüste sterben soll (13–14; im älteren Bestand dieser mehrschichtigen Erzählung stimmt nur Kaleb, der bis zur Stadt Hebron gekommen war, für die Eroberung des Landes, weshalb er das erkundete Land, d. h. Hebron, in Besitz nehmen wird: 13,30–31; 14,24). Innerhalb der Kundschafter-Erzählung finden sich einige Ortsangaben: Wüste Paran (13,3.26), Wüste Zin (13,21), Hebron (13,22), das »Tal Eschkol« (»Traubental«; 13,23–24), Kadesch (13,26) und Horma (14,45). Es folgen kultisch-rituelle Anordnungen (15; darin der Bericht über den Sabbatschänder V. 32–36).

In dreifacher Weise kommt es zu Auseinandersetzungen mit Mose und Aaron, wobei der Text Probleme viel späterer Zeiten in die Mosezeit vorverlegt (16): Ein erster Erzählfaden berichtet, daß Datan und Abiram sich weigern »hinaufzuziehen«; zur Strafe werden sie von der sich spaltenden Erde verschlungen (V. 12–15.25.27b–30.31b.33; das »Hinaufziehen« meint die Teilnahme am Jerusalemer Tempelkult, und dieser Erzählfaden soll eine Warnung an Menschen sein, die sich der königlichen, mit dem Tempelkult verbundenen Autorität widersetzen). Daneben wird ein zweiter Erzählfaden sichtbar, wonach zweihundertfünfzig Männer den Anspruch erheben, daß alle, nicht nur die Priester, heilig seien, und zur Strafe tötet sie ein von Gott gesandtes Feuer (V. 2aβ–4.5–7*.18.35abα; hinter diesem Erzählfaden steht ein Konflikt über die Heiligkeit der Gemeinde). Laut einer Bearbeitungsschicht streiten Korach und die Leviten dem Mose und dem Aaron das Vorrecht des Priestertums ab und werden zur Strafe – wie Datan und Abiram – von der Erde verschlungen (V. 1–2aα.5–7*.8–11.16–17.19–24.26–27a.31a.32.34.35bβ).

Aus den Räucherpfannen der Männer Korachs wird ein Bronzebelag für den Altar hergestellt (17,1–5). Das Volk wirft Mose und Aaron vor, sie hätten ihre Mitbürger umgebracht, woraufhin Gott das Volk mit einer »Plage« straft, der Aaron durch eine Sühnehandlung Einhalt gebietet (17,6–15). Mose legt zwölf Stäbe, d. h. für jeden Stamm einen, vor der Lade nieder, und am nächsten Morgen zeigt der Stab Aarons – er vertritt den Stamm Levi – Blätter und Blüten (17,16–28). Es folgen kultisch-rituelle Vorschriften (18–19). Das Volk kommt nach Kadesch in der Wüste Zin, wo Mirjam stirbt (20,1). Mose verschafft dem durstenden Volk Wasser aus einem Felsen, nämlich das »Wasser von Meriba«, was sich mit »Haderwasser« übersetzen läßt (20,2–13; es handelt sich um eine Variante zu 2Mose 17,1–7).

Die Edomiter verweigern Israel den Durchzug durch ihr Land (20,14–21). Aaron stirbt, und sein Sohn Eleasar wird sein Nachfolger (20,22–29). Israel erobert den Ort Horma im Südland, im Negeb, der abseits der anschließend geschilderten Marschroute Israels liegt (21,1–3). Mose gebietet einer Schlangenplage – in der Wüste – Einhalt, indem er ein bronzenes Schlangenbild anfertigt (21,4–9). Israel marschiert nach Norden (21,10–20) und nimmt das Gebiet des Sihon, des Königs der Amoriter – dieser Ausdruck meint hier die Bewohnerschaft des Ostjordanlandes –, ein (21,21–31), ferner den Ort Jaser (21,32) und dann das Gebiet des Königs Og von Baschan (21,33–35). Balak, der König der

Moabiter, läßt Bileam, der am Eufrat wohnt, also wohl kein Israelit ist, holen und fordert ihn zweimal auf, Israel zu verfluchen, aber Gott legt Bileam zweimal Segensworte in den Mund (22–24; im vermutlich ältesten Bestand der Erzählung kommen Balaks Aufforderung und Bileams Segensworte nur einmal vor: 22,4b–6.21.36–41; 23,1–25; 24,25).

Israel wird von Moabiterinnen verführt und dafür bestraft (25,1–5). Ein Israelit läßt sich mit einer Midianiterin ein, und Pinhas, ein Enkel Aarons, tötet die beiden, worauf ihm das Hohepriesteramt für immer verheißen wird und an Israel die Aufforderung zum Kampf gegen die Midianiter ergeht (25,6–18). Es folgen eine Volkszählung (25,19–26,65) und das mit einem Präzedenzfall belegte Gesetz über das Erbrecht von Töchtern (27,1–11). Josua wird zum Nachfolger des Mose eingesetzt (27,12–23). Ein Opferkalender (28,1–30,1) und Bestimmungen über die Gelübde von Frauen (30,2–17) schließen sich an. Israel unternimmt einen Rachefeldzug gegen die Midianiter, der dem Mose Anlaß für allerlei Vorschriften, besonders über den rechtmäßigen Umgang mit der Beute, gibt (31). Die Stämme Ruben und Gad erhalten von Mose die Erlaubnis, Städte im Ostjordanland – sie werden namentlich aufgeführt – zu bauen, und verpflichten sich, an der Eroberung des Westjordanlandes teilzunehmen; Sippen des Stammes Manasse siedeln im Ostjordanland (32; der älteste Bestand der Erzählung dürfte in V. 1.16–17.20aα.24.34–38 vorliegen). Es folgen ein Bericht über die Lagerstationen vom Auszug aus Ägypten bis an den Jordan (33,1–49), ein Ausblick auf die Zukunft (33,50–56), eine Umschreibung der Grenzen des noch zu verteilenden Gebietes (34,1–15), eine Liste des Kollegiums, das bei der Verteilung des Landes mithelfen soll (34,16–29), Anordnungen für die Leviten- und Asylstädte (35) und ein Nachtrag zum Gesetz über das Erbrecht von Töchtern (36).

Durchmustert man die erzählenden Teile dieser Darstellung, so handelt es sich großenteils um Berichte von Wundertaten Gottes, meistens ausgeführt durch Mose und

Aaron: Ein Stab wird in eine Schlange verwandelt (2Mose 4,1–4; 7,8–13); furchtbare Plagen bis zur Tötung der gesamten Erstgeburt kommen über die Ägypter (7,14–10,29; 12,29–30); Moses ausgestreckte Hand spaltet das Meer (14,21aα.bβ27.aα.28); das hungernde Volk wird reichlich mit Manna und Wachteln versorgt (16; 4Mose 11,4–34). Nun gab und gibt es selbstverständlich im Vorderen Orient solche »Plagen« wie Hagel oder Heuschrecken, und das Manna, ein Produkt aus dem Pflanzensaft des Tamariskenbaums, findet man heute noch auf der Sinaihalbinsel und ebenso vom langen Flug erschöpfte Wachteln. Aber die alttestamentlichen Berichte steigern natürliche Erscheinungen ins Übergroße, Wunderhafte. Andere Geschichten – wie sich ein Stab in eine Schlange verwandelt oder das Meer gespalten wird – haben gar keinen Anhalt in der Wirklichkeit. Daneben gibt es Erzählungen, die sich auf der ganz natürlichen Ebene unserer Welt abspielen: etwa die über den Frondienst der Israeliten (2Mose 1,11–13; 5,6–19), über eine Kundschafteraktion (4Mose 13–14), über kriegerische Unternehmen Israels (21,1–3.10–35) oder über die Suche nach einem Siedlungsgebiet (32,1–38). Allerdings fällt es oft schwer, aus den Texten die historischen Vorgänge herauszufiltern, wie im folgenden versucht wird.

(1) *Der Auszug aus Ägypten.* Die Erzählungen in 2Mose 1,1–15,21 bieten kaum Anhaltspunkte für eine Antwort auf die Frage, was damals wirklich geschah. Einen Hinweis auf die Zeitumstände des dort Berichteten liefert uns lediglich die Notiz, daß die Israeliten von den Ägyptern bei Bauarbeiten in den Städten Pitom und Ramses eingesetzt wurden (1,11). Nun haben im 13. Jahrhundert v. Chr. ägyptische Herrscher im östlichen Nildelta eine Residenz mit dem Namen »(Haus des) Ramses« errichtet, und ebendort lag auch die Stadt Pitom. Überdies berichten ägyptische Quellen, daß man damals Menschen nichtägyptischer Herkunft zu Bauarbeiten heranzog. Hierin darf man eine

Bestätigung der Notiz 2Mose 1,11 sehen; aber nirgendwo erwähnen die ägyptischen Texte den Namen »Israel« – ganz zu Recht, denn die Größe »Israel« entstand, wie noch zu zeigen sein wird, erst später. Auch handelte es sich – entgegen der alttestamentlichen Darstellung – schwerlich um ein ganzes Volk. Wenn wir lesen, daß am Auszug aus Ägypten 603 550 wehrfähige Männer, was auf eine Gesamtzahl von mindestens drei Millionen Menschen führt, beteiligt waren (4Mose 1,46; 2,32; abgerundet 2Mose 12,37), so ist das zweifellos eine Übertreibung. Vielmehr dürfte die Menschengruppe, um die es hier geht, nicht allzu groß gewesen sein – vermutlich eine Schar von Nomaden aus der östlichen Wüste, also Semiten, die der Hunger anläßlich einer Dürre nach Ägypten trieb. Möglicherweise war sie ethnisch keine Einheit, denn es heißt, daß sich unter den Ausziehenden auch »fremdes Volk« befand (2Mose 12,38; 4Mose 11,4).

Den Aufenthalt dieser Gruppe läßt das Alte Testament vierhundert (1Mose 15,13) oder vierhundertdreißig (2Mose 12,40) Jahre dauern; ob das zutrifft, darf man bezweifeln. Jedenfalls suchte die Gruppe sich ihrer als drückend empfundenen Lage durch die Flucht zu entziehen und wurde am »Schilfmeer« vor einer sie verfolgenden Streitmacht der Ägypter gerettet. Wo und wie das vor sich ging, bleibt für uns im dunkeln. Von den Orten, die das Alte Testament im Zusammenhang mit dem Auszug erwähnt – Sukkot (12,37; 13,20), Etam »am Rande der Wüste« (13,20), Pi-Hahirot und Baal-Zefon (14,2.9) und Migdol (14,2) – und die zweifellos im und beim Nordteil des östlichen Nildeltas lagen, läßt sich nur Baal-Zefon eindeutig als ein Hügel am Westende der Lagune, die heute »Sabkhat al-Bardawil« heißt, identifizieren. Der Ausdruck »Schilfmeer« bezeichnet im Alten Testament meistens den Golf von Aqaba, den Nordostarm des Roten Meeres (1Kön 9,26; ferner 2Mose 10,19; 23,31; 4Mose 14,25; 21,4; Jer 49,21), hier jedoch (2Mose 13,18) – und wo sonst auf die Rettung am Meer Bezug genommen wird (z. B. 5Mose 1,40; 2,1; Jos 2,10; Ps 106,7.9.22;

136,13.15) – den Golf von Suez oder das Seengebiet nördlich davon. Genaueres wissen wir sowenig über den Ort des Geschehens wie über dessen Hergang. Denn auch die ältere und einigermaßen realistisch wirkende Erzählschicht von 2Mose 14, wonach ein Ostwind das Meer zurücktreibt, in dem die Ägypter bei der Wiederkehr des Wassers ertrinken, könnte aus der Absicht heraus gestaltet worden sein, die Rettung am »Schilfmeer« als alleinige Tat Gottes herauszustellen, ohne daß der Verfasser noch Konkretes über das Ereignis wußte.

Die führende Gestalt beim Auszug aus Ägypten – wie auch bei dem, was die Auszugsgruppe weiterhin erlebte – war *Mose.* So erscheint es jedenfalls nach der vorliegenden Darstellung des Alten Testaments, die den Mose als die überragende Figur der Frühzeit Israels schildert und die in ihrer Vielschichtigkeit dem modernen Betrachter nur mühsam den Blick auf den historischen Mose freigibt, so daß wir bestenfalls umrißhaft erkennen, wer Mose wirklich gewesen ist. Der Name »Mose«, der in der legendenhaften Erzählung 2Mose 2,1–10 sicher falsch von dem hebräischen Verb *māschā*, »herausziehen«, abgeleitet wird, gehört wahrscheinlich zu einem ägyptischen Wort für »gebären« und bedeutet dann: »(der Gott X) hat geboren«. Trotzdem war Mose vermutlich kein Ägypter, sondern ein Semit, Angehöriger der Gruppe, die aus Ägypten auszog. Nachdem er einen der ägyptischen Aufseher erschlagen hatte, wurde er mit Denunziation bedroht (2,11–14) und floh ins Ausland, nach Midian, östlich des Golfs von Aqaba, wo er bei einem Priester Aufnahme fand, dessen Tochter er heiratete (2,15–22). Der Name seines Schwiegervaters lautet nach einer Tradition Jitro (3,1; 4,18; 18,1–12), nach einer anderen Reguël (2,18; 4Mose 10,29, wo aber der Text wohl nachträglich überarbeitet ist), nach einer dritten Hobab (Richt 4,11, wo er als Keniter erscheint), der im jetzigen Text von 4Mose 10,29 ein Sohn des Reguël, also ein Schwager des Mose ist. Wie auch immer der Schwiegervater des Mose geheißen hat – die Angabe, daß Mose mit einem midianitischen Priester verschwägert war, kann wohl kaum eine Erfindung sein, denn später bestand zwischen Israel und Midian erbitterte Feindschaft (z. B. 2Mose 17,16; 4Mose 31,2–9; Richt 6,1–8,21; Ps 83,10; Jes 9,3).

Hier, in Midian, offenbart sich Gott dem Mose unter dem Namen *Jahwe* und stellt die Befreiung der Unterdrückten in Aussicht, die er, Mose, anführen soll (2Mose 3,1–4,17). Der Name »Jahwe« ist allerdings nicht überliefert, sondern durch Kombination erschlossen. Denn der hebräische Text des Alten Testaments bestand ursprünglich nur aus Konsonanten, so daß der Gottesname als *JHWH* erschien. Seit etwa 300 v. Chr. wurde er aus Scheu, den Gottesnamen auszusprechen, als *'adonāj*, »Herr«, gelesen, und mit »Herr« geben ihn auch die Bibelübersetzungen wieder. Die Deutung des Namens in 3,14: »Ich bin, der ich bin« oder »ich werde sein, der ich sein werde«, leitet ihn von dem hebräischen Verb *hājā*, »sein, werden, geschehen«, ab, und diese Ableitung halten die meisten Ausleger für zutreffend. Dann bringt der Name zum Ausdruck, daß Gott für seine Verehrer wirkend, bei seinen Verehrern machtvoll, helfend gegenwärtig ist. Diesen Gott lernte Mose nach dem Bericht des Alten Testaments bei den Midianitern und durch die Midianiter kennen, und das dürfte – entsprechend der Nachricht über die Verschwägerung Moses – glaubwürdig sein.

Mose kehrte nach Ägypten zurück (4,18–20), übermittelte seiner Gruppe den Jahwe-Glauben, konnte sie zum Aufbruch bewegen, und der Auszug, die Flucht aus Ägypten gelang.

(2) *Der Aufenthalt am Sinai.* Innerhalb des gewaltigen Komplexes 2Mose 19 – 4Mose 10 findet man kaum erzählende Partien, und diese geben nur wenig Aufschluß über die damaligen Ereignisse, ja sogar der Ort des Geschehens bleibt undeutlich. Der Berg, an den die Auszugsgruppe kam, heißt »Sinai« (2Mose 16,1), öfter »Berg Sinai«

(z. B. 19,11.18.20.23; 24,16; 34,2.4), in der »Wüste Sinai« gelegen (z. B. 19,1–2; 4Mose 10,12), oder »Horeb« (z. B. 2Mose 33,6; 5Mose 1,2.6.19); er wird auch als »Berg Gottes« (2Mose 24,13) oder als »Berg des Herrn« (4Mose 10,33), meistens jedoch nur als »Berg« (z. B. 2Mose 19,3.14; 24,4.12; 34,3) bezeichnet.

Die Ortsangabe »Sinai« scheint eindeutig zu sein, ist es aber nicht. Denn erstens kommt Mose laut 2Mose 3,1 *in Midian* an den »Berg Gottes« (der Name »Horeb« ist hier ein Zusatz). Aber die Midianiter wohnten östlich des Golfs von Aqaba, also östlich der heutzutage »Sinai« genannten Halbinsel; und in der Erzählung 18,1–12 wird Mose von seinem midianitischen Schwiegervater am »Berg Gottes« besucht, und beide bringen ein gemeinsames Opfer dar. Zweitens lesen wir in 2Mose 19,18: »Der ganze Berg Sinai aber rauchte, weil der Herr auf den Berg herabfuhr im Feuer; und der Rauch stieg auf wie der Rauch von einem Schmelzofen, und der ganze Berg bebte sehr.« Hier wird deutlich ein Vulkanausbruch geschildert. Vulkane gab es aber in historischer Zeit nicht auf der heutzutage »Sinai« genannten Halbinsel, jedoch östlich des Golfs von Aqaba, also im Gebiet der Midianiter. Drittens gibt es zwei Stellen im Alten Testament, an denen der Sinai parallel zum Gebirge Seïr (südöstlich des Toten Meeres) erscheint: »Herr, als du von Seïr auszogst und einhergingst vom Gefilde Edoms, da erzitterte die Erde … Die Berge wankten vor dem Herrn, der Sinai vor dem Herrn, dem Gott Israels« (Richt 5,4–5); »der Herr ist vom Sinai gekommen und ist ihnen aufgeleuchtet von Seïr her« (5Mose 33,2aα). Hiernach gab es anscheinend eine Tradition, die den als »Sinai« bezeichneten Berg südöstlich des Toten Meeres suchte. Dazu kommt, daß nachweislich erst christliche Traditionen seit dem 4. Jahrhundert n. Chr. den Sinai im Südteil jener Halbinsel lokalisieren.

Dieser Befund erlaubt keine völlig zwingenden Schlüsse. Vielleicht war mit dem Berg, um den es hier geht, tatsächlich der heutige Sinai gemeint (die Schilderung eines Vulkanausbruchs könnte ein traditionelles Motiv bei einer Gotteserscheinung sein, wie es z. B. in Mich 1,3–4 und Ps 18,8–9 vorliegt), von dem man den »Berg Gottes« in Midian (2Mose 3,1) dann möglicherweise zu trennen hat. Wahrscheinlicher jedoch ist, daß der »Sinai« in Midian lag; und ein Nachhall dieser Tatsache dürften die Aussagen des Alten Testaments sein, die den »Sinai« dem Gebiet südöstlich des Toten Meeres zuweisen, d. h., ihre Verfasser wußten nur noch, daß sich der »Sinai« im Südosten befand.

Dann spiegelt die Schilderung, daß der Berg wie ein Vulkan rauchte und bebte (19,18), wirkliche Erfahrungen der Auszugsgruppe wider. Offenbar begegnete sie am »Sinai« der überwältigenden, unmittelbaren Macht Gottes. Wir wüßten gern Genaueres, aber das gibt der Text in seiner äußerst knappen Darstellungsweise nicht her.

Im Zusammenhang mit der – wie auch immer gearteten – Erscheinung Gottes, der Theophanie, hat die Auszugsgruppe vermutlich kultische Feiern, Gottesdienste begangen. Das läßt sich aus dem Abschnitt 24,4–11 erschließen, dessen ältester Kern gelautet haben könnte: »(4aβ) Und er (nämlich Mose) machte sich früh am Morgen auf und baute einen Altar unten am Berge. (5) Und er sandte junge Männer von den Israeliten hin, daß sie darauf dem Herrn Brandopfer opferten und Schlachtopfer schlachteten von jungen Stieren. (6) Und Mose nahm die Hälfte des Blutes und goß es in die Becken, die andere Hälfte aber sprengte er an den Altar. (8a) Und Mose nahm das Blut und besprengte das Volk damit. (9) Da stiegen Mose und Aaron, Nadab und Abihu und siebzig von den Ältesten Israels hinauf. (10) Und sie sahen den Gott Israels. Und unter seinen Füßen war es wie das Gebilde eines Lapislazuli-Steines und wie der Himmel selbst an Klarheit. (11) Er reckte aber seine Hand nicht gegen die Edlen der Israeliten aus. Und sie schauten Gott und aßen und tranken.« Demnach wurde die Gemeinschaft zwischen Gott und der Auszugsgruppe einerseits durch eine Opfermahlzeit

(V. 4aβ.5) und einen Blutritus (V. 6.8a) am Fuß des Berges dargestellt und bestätigt, andererseits durch ein Mahl auf dem Berg, an dem ein Kreis von Mitgliedern der Auszugsgruppe teilnahm und dabei Gott schaute (V. 9–11). Was mit dem »Schauen« gemeint ist, wissen wir allerdings nicht.

(3) *Die Wüstenwanderung.* Die beiden – durch die Schilderung der Sinai-Ereignisse unterbrochenen – Komplexe 2Mose 15,22–18,27 und 4Mose 11,1–20,13 enthalten mehrere Einzelgeschichten über Erlebnisse »Israels« in der Wüste, die nur lose, nämlich durch Angabe der Orte oder Gegenden, wo »Israel« sich aufhielt, miteinander verbunden sind. Nur wenige dieser Ortsangaben sind für uns bestimmbar: Die Wüste Schur (2Mose 15,22) ist vermutlich ein Steppengebiet am Ostrand des Nildeltas; die Orte Mara (15,23), Elim (15,27; 16,1), Refidim (17,1.8), Tabera (4Mose 11,3), Kibrot-Taawa (11,34) und Hazerot (11,35; 12,16) können wir nicht lokalisieren, ebensowenig die Wüste Sin (2Mose 16,1; 17,1). Hebron (13,22) mit dem sicherlich nicht allzu weit entfernten »Tal Eschkol« (»Traubental«; 13,23.24) liegt 30 km südlich von Jerusalem im Negeb, und im Negeb befand sich auch Horma (14,45), während man Kadesch (13,26; 20,1), als dessen Umgebung die Wüste Paran (12,16; 13,3.26) und die Wüste Zin (13,21; 20,1) genannt werden, im Grenzbereich zwischen Negeb und Sinaihalbinsel zu suchen hat, nahe Meriba (20,13); Meriba und (das laut 5Mose 33,8 ihm benachbarte) Massa wurden nachträglich in 2Mose 17,7 aufgrund der verwandten Erzählung 20,2–13 eingefügt. Daraus ergibt sich, daß nur die Erzählungen 4Mose 13–14 und 20,1.2–13 für uns lokalisierbar sind, nämlich um Hebron, Horma und Kadesch.

In den Erzählungen schlägt sich die Tatsache nieder, daß die Auszugsgruppe in der Wüste mancherlei Gefahren zu bestehen hatte, vor allem Durst (2Mose 15,22–26; 17,1–7; 4Mose 20,2–13) und Hunger (2Mose 16; 4Mose 11,4–34). Abgesehen von der Kundschafter-Geschichte (4Mose 13–14), die ursprünglich eine Lokaltradition über die Landnahme des Sippenverbandes Kaleb war und mit der Wüstenwanderung nichts zu tun hatte, erfahren wir von einer kriegerischen Auseinandersetzung nur im dem Bericht über den Kampf mit den Amalekitern (2Mose 17,8–16): »Israel« besiegt Amalek, und am Schluß heißt es: »Und Mose baute einen Altar und nannte ihn ›der Herr ist mein Feldzeichen‹. Und er sprach: Die Hand an das Feldzeichen (so der ursprüngliche Text, für den man nur einen Buchstaben zu ändern braucht, statt ›Thron‹) des Herrn! Krieg hat der Herr gegen Amalek von Geschlecht zu Geschlecht« (V. 15–16). Der letzte Satz begründet – zweifellos aus der Sicht späterer Zeiten – die Feindschaft, die zwischen Israel und den Amalekitern herrschte (z. B. 1Sam 14,48; 15; 27,8; 30; Ps 83,8). Vielleicht versammelten sich die Krieger vor dem Kampf gegen die Amalekiter an einem Altar namens »der Herr ist mein Feldzeichen« und legten die Hand an ein Feldzeichen, das in die Schlacht mitgenommen wurde. Wir wissen nicht, ob schon die Auszugsgruppe gegen Amalekiter kämpfte oder ob die Erzählung das Werk Späterer ist, die Israels Feindschaft gegen Amalek in die Mosezeit zurückverlegten.

Nach den Berichten über die Wüstenwanderung verlieren sich für uns die Spuren der Auszugsgruppe. Sie wurde ein Teil des späteren Israel und brachte den Jahwe-Glauben mit. Um welchen Teil des späteren Israel es sich handelt, entzieht sich unserer Kenntnis; gewöhnlich vermutet man, daß die in Mittelpalästina siedelnden Stämme auf die Auszugsgruppe zurückgehen.

Der Beginn der Landnahme ist ein neues Thema, das schon auf die Landnahme-Erzählungen des Josuabuches vorausweist, im Schlußteil der ersten vier Mosebücher (4Mose 20,14–36,13). Aus dem, was man hier an Erzählgut findet (20,14–25,18; 27,12–23; 31–32), lassen sich historisch zuverlässige Informationen kaum gewinnen; bestenfalls gibt der Bericht, daß Israeliten die Stadt Heschbon im Ostjordanland eroberten (21,21–31), ein Ereignis der Frühzeit Israels wieder.

II.
Die Frühgeschichte Israels

»Frühgeschichte Israels« meint hier die Epoche, in der sich die Größe »Israel« als Stämmeverband herausbildet und an die Schwelle zur staatlichen Einheit unter einem König gelangt. Darüber berichtet das Alte Testament im Josua- und Richterbuch und verknüpft dabei die Vielzahl der dort geschilderten Ereignisse zu einem lückenlosen Ablauf, der vom Eintritt Israels in das Land Kanaan bis zum sich abzeichnenden Beginn des Königtums reicht. Genaueres Zusehen zeigt jedoch, daß diese Darstellung keineswegs der historischen Wirklichkeit entspricht und daß ein Großteil der Texte Begebenheiten aus späterer Zeit widerspiegelt, die in die Frühgeschichte Israels zurückverlegt wurden, oder sogar unhistorisch ist.

1. Die Landnahme

Das Alte Testament läßt die Landnahme Israels im Schlußteil der ersten vier Mosebücher (4Mose 20,14–36,13) mit der Eroberung des Ostjordanlandes beginnen und führt sie im Josuabuch zu ihrem Ziel, nämlich der Eroberung (Jos 1–12) und Verteilung (13–24) des Westjordanlandes. Beides gilt als das Werk Josuas, dessen Beauftragung am Anfang und dessen Tod am Ende des nach ihm benannten Buches mitgeteilt werden. Wie sich aus der nachstehenden Übersicht ergibt, enthält der erste Teil des Josuabuches (1–12) hauptsächlich Erzählungen, der zweite Teil (13–24) überwiegend Ortslisten.

Gott beauftragt Josua, das Volk über den Jordan zu führen (gemeint ist in westlicher Richtung) und das Land zu erobern, worauf Josua anordnet, Proviant vorzubereiten, und die Stämme, die schon Siedlungsgebiete im Ostjordanland haben (Ruben, Gad und Halb-Manasse), zur Teilnahme am Eroberungszug verpflichtet (Jos 1). Josua schickt zwei Kundschafter nach Jericho, die bei der Dirne Rahab Unterschlupf finden und ihr, nachdem Rahab sie an einem Seil durch das Fenster ihres in die Stadtmauer gebauten Hauses herabgelassen hat, zusichern, daß sie mit ihrer Familie bei der Einnahme der Stadt durch die Israeliten verschont wird, wenn sie eine rote Schnur in das Fenster hängt; das tut Rahab, und die beiden Männer kehren zu Josua zurück (2; der ursprüngliche Bestand der Erzählung umfaßte wohl nur V. 1–3.4b–7.15–17a.18–19.21–23; ihm liegt anscheinend eine Überlieferung zugrunde, wonach die rote Schnur den Angreifern einen Weg in die Stadt markieren sollte). Israel zieht mit der Lade zum Jordan; sobald die Lade, von Priestern getragen, ans Ufer kommt, bleibt das Wasser stehen, und Israel kann trockenen Fußes durch den Jordan marschieren; Josua stellt zwölf Steine aus dem Jordan in Gilgal und zwölf Steine (vom Ufer) im Jordan auf (3–4; die Erzählung ist in ihrer jetzigen Form verworren, weil ein ursprünglich kürzerer Text mehrfach aufgefüllt wurde). Die Könige östlich und westlich des Jordans geraten in Furcht vor Israel (5,1). Josua beschneidet die Israeliten am »Hügel der Vorhäute« bei Gilgal (5,2–9). Diese feiern das Passa und essen vom Ertrag des Landes, wodurch die Versorgung mit Manna überflüssig wird und aufhört (5,10–12). Der »Fürst über das Heer des Herrn« erscheint dem Josua in Jericho (5,13–15; der Text ist ein Fragment, das hinter V. 14a abbricht und wohl die Zusage enthielt, daß Gott dem Josua nach der Einnahme Jerichos bei der weiteren Eroberung des Landes beistehen wird).

Jericho wird erobert, indem das Volk, das sechs Tage lang je einmal und am siebenten Tag siebenmal um die Stadt gezogen war, auf das Blasen des Widderhorns (der »Posaune«) hin ein großes Kriegsgeschrei erhebt und die Stadtmauer in sich zusammenstürzt (6; der in V. 1–3.4aβ.5.7a.14[außer

»am zweiten Tag«].15a.20b greifbare Grundbestand der Erzählung wurde nachträglich dahingehend erweitert, daß neben dem Volk sieben das Widderhorn blasende Priester, »Kriegsleute« [eine Art Vorhut], »das übrige Kriegsvolk« [eine Nachhut] und die von Priestern getragene Lade am Geschehen beteiligt sind und so ein undurchsichtiger Handlungsablauf entsteht; ferner teilt der Nachtrag V. 22–23.25 – nicht ganz logisch, weil im Widerspruch zu 2,15 stehend – die Rettung der Dirne Rahab und ihrer Familie mit).

Ein Israelit namens Achan stiehlt einige Sachen, die der Vernichtung geweiht sind, was den Zorn Gottes hervorruft und zu einer Niederlage im Kampf gegen die Stadt Ai führt; durch ein Losverfahren wird Achan als Urheber des göttlichen Zorns ermittelt und samt seiner Familie und seiner Habe in der Ebene Achor verbrannt und über ihm ein Steinhaufen errichtet (7; die doppelte Notiz über die Steinigung in V. 25b ist nachträglich eingefügt). Israel erobert Ai, indem ein Hinterhalt die durch eine Scheinflucht Israels von Kämpfern entblößte Stadt einnimmt (8,1–29; der in V. 10–12.14.19[ohne »nachdem er seine Hand ausgestreckt hatte«].21.23.29 vorliegende Grundbestand der Erzählung wurde nachträglich ausgeschmückt, wozu auch die Bemerkungen über Josuas ausgestreckten Speer in V. 18.19a*.26 gehören). Josua baut einen Altar auf dem Berg Ebal (bei Sichem; 8,30–35). Alle Könige Palästinas sammeln sich zum Kampf gegen Israel (9,1–2). Die Bewohner der Stadt Gibeon kommen nach Gilgal, täuschen den Israeliten vor, in einem fernen Land zu wohnen, und veranlassen sie, einen Bund mit ihnen, den Bewohnern Gibeons, zu schließen (9,3–27; die ursprüngliche Erzählung liegt in V. 3–6.12–15a vor; sie wurde nachträglich dahingehend erweitert, daß die Israeliten den Betrug entdecken und daß Josua die Gibeoniten zu Holzhauern und Wasserschöpfern – wohl nicht in Gilgal oder in Gibeon, sondern laut V. 27 in Jerusalem – degradiert).

Fünf Könige (von Jerusalem, Hebron, Jarmut, Lachisch, Eglon) wollen Gibeon erobern, aber auf den Hilferuf der Gibeoniten hin besiegen die Israeliten jene fünf Könige (10,1–15). Die fünf Könige verstecken sich in einer Höhle bei Makkeda; auf Befehl Josuas holen die Israeliten sie heraus, töten sie, hängen die Leichen an fünf Bäumen auf, werfen sie in die Höhle und verschließen diese mit Steinen (10,16–27). Israel erobert die Städte Makkeda, Libna, Lachisch, Eglon, Hebron, Debir und somit »das ganze Land, (nämlich) das Gebirge, das Südland (den Negeb), das Hügelland (die Schefela) und die Ausläufer (die Steilhänge am Ostrand des Gebirges Juda)« (10,28–43). Jabin, der König von Hazor, bringt eine Koalition der Bewohner Palästinas gegen Israel zusammen, die an den Wassern von Merom besiegt wird, was die Einnahme Nordpalästinas durch Israel zur Folge hat (11,1–15). Ein Rückblick faßt die Eroberungen Israels, das überdies die Anakiter besiegt, zusammen (11,16–23). In einer Liste, die zunächst das Ostjordanland, nämlich die Gebiete der Könige Sihon und Og, beschreibt, werden dann die von Israel besiegten Könige des Westjordanlandes aufgezählt (12).

Gott beauftragt Josua, das Land zu verteilen, und verbindet damit den ausführlichen Hinweis, daß Mose bereits den Stämmen Ruben, Gad und Halb-Manasse ihren Siedlungsraum im Ostjordanland gegeben hat, während der Stamm Levi keinen Landbesitz erhielt (13). Eine Kommission verteilt das Land durch Losentscheid (14,1–5). Kaleb erhält Hebron als Siedlungsgebiet (14,6–15). Die Grenzen Judas (15,1–12). Kalebs Neffe Otniël erobert die Stadt Debir, erhält Kalebs Tochter Achsa zur Frau, und durch sie bekommt er Wasserbecken, d. h. Quellengebiete, bei Debir (15,13–19). Die Orte Judas (15,20–63). Die Südgrenze der Söhne Josefs, d. h. (Halb-)Manasses und Efraims (16,1–4). Die Grenzen und weiterer Besitz Efraims (16,5–10) und (Halb-)Manasses (17,1–13; zunächst wird in V. 1 Manasses Sohn Machir, dann in V. 2–5 der schon 4Mose 27,1–11 behandelte Fall des Erbrechts von Töchtern erwähnt). Die Söhne Josefs, d. h. Efraim und Manasse, beklagen sich bei Josua über nicht ausreichenden Landbesitz, und Josua rät ihnen, Waldgebiete im Ostjordanland zu roden (17,14–18; der wohl in V. 14.17–18a enthaltene Grundtext zielte wahrscheinlich auf die Rodung des Gebirges Efraim). Für die sieben Stämme, die noch kein Siedlungsgebiet haben, läßt Josua die Städte des Landes aufzeichnen und ermittelt in Schilo ihren Anteil durch das Los (18,1–10). Die Grenzen und die Orte Benjamins (18,11–28), die Orte Simeons (19,1–9), die Grenzen und die Orte Sebulons (19,10–16), die Grenze und die Orte Issachars (19,17–23), die Grenzen und die Orte Aschers (19,24–31), die Grenzen und die Orte Naftalis (19,32–39), die Orte Dans und die Wanderung des Stammes in ein neues Siedlungsgebiet (19,40–48). Abschluß der Landverteilung (19,49–51). Auf Befehl Gottes wählen die Israeliten Asylstädte aus (20). Durch Losentscheid weisen die Israeliten in Schilo den Leviten Wohnorte und Weideland zu (21,1–42). Abschluß der Eroberung und Verteilung des Landes (21,43–45).

Josua schickt die Stämme Ruben, Gad und Halb-Manasse zurück in ihr ostjordanisches Siedlungsgebiet (22,1–8). Diese bauen an den »Steinkreisen des Jordans« (die Lokalität ist uns nicht bekannt) einen Altar, woraufhin die Israeliten (nämlich die westlich des Jordans) sich in Schilo versammeln und durch Boten die ostjordanischen Stämme anklagen, sie hätten mit dem Bau des Altars »neben dem Altar des Herrn« Untreue an Gott verübt und sollten, wenn ihr Land »unrein« sei, nach Westen übersiedeln; die ostjordanischen Stämme antworten, sie hätten den Altar nicht zum Darbringen von Opfern, sondern als »Zeugen« für die Zusammengehörigkeit des Volkes Israel errichtet, was die westjordanischen Stämme zufriedenstellt (22,9–34; die Erzählung vom Bau eines Altars am Jordan, der sich laut V. 10 in Kanaan, also westlich des Jordans befindet und in dem Nachtrag V. 11 an das Ostufer verlegt wird, entstammt der nachexilischen Zeit, die das Ostjordanland – wie aus 4Mose 34,12; Ez 47,12 hervorgeht – als nicht mehr zu Israel gehörig, als »unrein« ansah und die neben der zentralen Kultstätte in Jerusalem keinen Altar duldete; diese Erzählung will offensichtlich die Weiterexistenz eines Altars außerhalb Jerusalems legitimieren, indem sie ihn nicht mehr Opferstätte, sondern nur noch »Zeuge« sein läßt).

Der alt gewordene Josua ermahnt die Israeliten, Gott, dem Helfer Israels, treu zu bleiben und sich nicht mit »diesen Völkern«, den Kanaanäern, durch Anbetung ihrer Götter oder durch Heirat einzulassen, weil Gott sonst Israel aus dem Land vertreiben wird (23). In Sichem legt Josua dem Volk die Heilsgeschichte von Abraham bis zur Landnahme dar und stellt es vor die Alternative, fremden Göttern oder Gott zu dienen, worauf das Volk sich zu Gott bekennt; Josua schließt einen »Bund« mit dem Volk, d. h., er verpflichtet es zum Gehorsam gegenüber Gott, gibt dem Volk Gesetze, schreibt alles in ein Buch, stellt einen Stein als »Zeugen«, als Monument der Erinnerung auf und entläßt das Volk (24,1–28; der Text enthält einige Unebenheiten, von denen vor allem der Dialog in V. 19–24 als Nachtrag anzusehen ist). Josua stirbt und wird begraben (24,29–31), die Gebeine Josefs werden bei Sichem bestattet (24,32), Eleasar, der Sohn Aarons, stirbt und wird in einem Ort namens Gibea beigesetzt (24,33).

So weit der Bericht des Josuabuches, der die Einnahme des Westjordanlandes durch Israel im Zeitraum der Mannesjahre Josuas erfolgt sein läßt. Nun wird das im Josuabuch entworfene Bild eines siegreichen Eroberungsfeldzugs vom Alten Testament selbst an einer anderen Stelle getrübt. Denn das Eingangskapitel des Richterbuches enthält ein Dokument, das man »negatives Besitzverzeichnis« zu nennen pflegt und das zahlreiche Ortschaften aufzählt, die Israel *nicht* erobern konnte: Jerusalem, Bet-Schean, Taanach, Dor, Jibleam, Megiddo, Geser, Kitron, Nahalol, Akko, Sidon, Mehaleb, Achsib, Helba, Afek, Rehob, Bet-Schemesch, Bet-Anat, Har-Heres, Ajalon und Schaalbim (Richt 1,27–35). Interessanterweise liegen, mit Ausnahme Jerusalems, die meisten dieser Ortschaften, soweit sie lokalisierbar sind, in den Ebenen Palästinas, einige im Hügelland westlich von Jerusalem. Folglich konnte Israel sich zunächst weitgehend, wenn nicht gar überhaupt nur in den Gebirgsregionen Palästinas ansiedeln. Dazu paßt die Notiz: »Der Herr war mit Juda, daß es das Gebirge einnahm; es konnte aber die Bewohner der Ebene nicht vertreiben, weil sie eiserne Wagen hatten« (1,19), d. h., die Waffentechnik der Städter machte es den Israeliten unmöglich, die Städte zu erobern.

Übrigens bildeten einige der nicht eroberten Städte gleichsam zwei »Querriegel«, die das Siedlungsgebiet der Israeliten auf den Bergen in ost-westlicher Richtung durchschnitten. Der nördliche »Querriegel« mit Bet-Schean, Jibleam, Taanach, Megiddo und Dor erstreckte sich entlang der Jesreel-Ebene; der südliche »Querriegel« umfaßte Jerusalem, Ajalon, Har-Heres, Geser und – nach Jos 9 – Gibeon. Da der letztere das Siedlungsgebiet des Stammes Juda von dem der weiter nördlich wohnenden Stämme abschnitt, sollte er für die Geschichte Israels sehr bedeutsam werden.

Das »negative Besitzverzeichnis« korrigiert also die Landnahme-Darstellung des Josuabuches erheblich. Zu einer weiteren Korrektur zwingt die Archäologie. Als Beispiel mögen die beiden Berichte dienen, die ausführlich die Eroberung einer Stadt schildern, nämlich Jerichos (Jos 6) und Ais (8,1–29). Am deutlichsten ist die Sache im Falle Ais. Ai – der Name bedeutet »Trümmerhaufen« und kann niemals der Name einer Stadt gewesen sein – war seit dem 3. Jahrtausend v. Chr. nicht mehr städtisch besiedelt und bei der Landnahme Israels ein Dorf, das nicht erobert zu werden brauchte. Ähnlich steht es mit Jericho. Zwar ließe sich denken, daß der wunderhafte Bericht vom Einsturz der Mauern der Stadt – er hat übrigens wohl eine Erzählung verdrängt, wonach die Stadt durch Verrat eingenommen wurde, wie es die Geschichte von Rahab und den Kundschaftern (2) andeutet – ein historisches Ereignis fantasievoll ausschmücken und ins Außerordentliche steigern will. Aber nach Ausweis der Archäologie wurden die Mauern Jerichos um 1400 v. Chr. zerstört, lange bevor es zur Landnahme Israels kam.

Aufgrund des archäologischen Befundes scheiden die Landnahme-Erzählungen des Josuabuches als Dokumente historischer Vorgänge aus. Es handelt sich vielmehr um Sagen, deren historischer Kern nicht das berichtete Ereignis, sondern ein Sachverhalt zur Zeit des Berichterstatters ist. Das wird mehrfach mit der formelhaften Notiz unterstrichen, ein Sachverhalt bestehe »bis auf diesen / den heutigen Tag« (4,9; 5,9; 6,25; 7,26; 8,28–29; 9,27; 10,27), d. h. bis zur Gegenwart des Erzählers.

Wie aber erfolgte dann die Landnahme Israels? Wer war überhaupt das Israel, das sich in einem Teil Palästinas ansiedelte? Um es gleich zu sagen: es gibt lediglich Vermutungen und Theorien, jedoch keine Gewißheit. Was wir über die Umstände jener Zeit, in der die Landnahme Israels stattfand, und der ihr unmittelbar vorausliegenden Epoche mit einiger Wahrscheinlichkeit wissen, sei kurz dargestellt.

Während der Mittelbronzezeit II (1950–1550 v. Chr.) und der Spätbronzezeit (1550–1200 v. Chr.) war Palästina – genauer: seine Ebenen – ein Flickenteppich monarchisch regierter Stadtstaaten, deren Einwohnerschaft zum größten Teil aus Bauern bestand. Letztere versorgten die jeweilige Stadt, indem sie das zu ihr gehörende Territorium landwirtschaftlich nutzten. Eine in Dörfern wohnende Landbevölkerung gab es anscheinend nicht. Außerhalb der Städte lebten zwei Gruppen, nämlich einerseits Nomaden und andererseits Leute, die wir durch ägyptische und westsemitische Quellen als *'Apiru* oder *Chapiru* (auch in der Form *Chabiru*) kennen. Bei den Nomaden handelt es sich um nichtseßhafte Kleinviehzüchter in den Randzonen des Kulturlandes, die ihre während der Regenzeit in der Steppe weidenden Tiere während der Trockenzeit auf die abgeernteten Felder des Kulturlandes trieben, wo es für die genügsamen Schafe und Ziegen ausreichend Nahrung gab, und die entweder selbst Getreide anbauten oder es von den Städtern im Tauschhandel erwarben. Ihre Lebensform setzt regelmäßigen Kontakt zu den Bewohnern der Städte voraus und entspricht dem Bild, das die Erzväter-Geschichten von den Vorfahren Israels entwerfen. Gemeinsames Merkmal der als »'Apiru/Chapiru« bezeichneten Gruppe ist der Status des Flüchtlings, der nach Verlust seiner bisherigen Lebensform und sozialen Stellung zum gesellschaftlichen Außenseiter wird. Dabei bestand durchaus die Möglichkeit, daß ein solcher Flüchtling in den Dienst eines Stadtstaates trat und hier sozial aufstieg. Auch konnten 'Apiru/Chapiru sich, da die Städte häufig Krieg miteinander führten, als Söldner verdingen. Sehr oft bildeten sie ferner räuberische Banden und verschafften sich ihren Lebensunterhalt durch Erpressung oder durch Überfälle auf die Stadtbewohner.

Über die 'Apiru/Chapiru informieren uns auch die Amarna-Briefe. Es handelt sich um ein im Jahre 1887 auf dem Tell-el-Amarna, einem Ruinenhügel in Mittelägypten, ausgegrabenes Tontafelarchiv, das die diplomatische Korrespondenz ägyptischer Könige mit Herrschern in Babylonien und Assyrien, vor allem aber mit Stadtkönigen in Syrien und Palästina, die seit etwa 1480 v. Chr. der ägyptischen Hegemonie unterstanden, aus dem 14. Jahrhundert v. Chr. enthält. In den Amarna-Briefen ist häufig von Übergriffen der 'Apiru/Chapiru auf die Stadtstaaten Syriens und Palästinas die Rede.

Um die Wende von der Spätbronzezeit (1550–1200 v. Chr.) zur Eisenzeit I (1200–1000 v. Chr.) vollzog sich ein allgemeiner Niedergang der Stadtstaaten Palästinas; zahlreiche Städte wurden zerstört, viele aufgegeben oder verkleinert. Die Gründe dafür sind nicht bekannt. Gleichzeitig kam es zur Anlage einer großen Zahl neuer Siedlungen – Dörfer und Gehöfte – abseits der ehemaligen oder noch vorhandenen Städte, und zwar vor allem in Galiläa, auf dem west- und ostjordanischen Bergland und im Negeb, d. h. in den Gebieten, die bisher unbewohnt waren. Die Neuansiedler rodeten die Bergwälder und legten Terrassen und wasserdichte Zisternen an. Zweifellos ist dieser Vorgang, das Entstehen einer neuen, bäuerlich-agrarischen Kultur, identisch mit dem, was man »Landnahme Israels« zu nennen pflegt.

Daß damals eine Gruppe namens »Israel« in Palästina existierte, beweist die Erwähnung Israels auf einer Stele des ägyptischen Königs Merneptah, die im Jahre 1896 in der ägyptischen Stadt Theben entdeckt wurde und einen Sieg über eine Koalition von Feinden im Jahre 1219 v. Chr. beschreibt. Hier heißt es: »Verwüstet ist das Libyerland, und Chatti (d. h. Nordsyrien) ist befriedet, geplündert ist Kanaan mit allem Übel. Aschkelon ist fortgeholt und Geser gepackt; Jenoam ist zunichte gemacht, Israel liegt wüst und hat kein Saatkorn, Horu (d. h. Syrien oder Nordpalästina) ist zur Witwe für Ägypten geworden.« Es werden also Länder, drei Städte in Palästina (Aschkelon und Geser im Süden, Jenoam vielleicht im Norden) und ein Ackerbau betreibendes »Israel« erwähnt, ohne daß der Text über die Größe, den Wohnbereich und die ethnische Herkunft dieser Gruppe oder das Alter des Namens »Israel« Aufschluß gibt.

Bei der Suche nach einer Antwort auf die Frage, wer dieses Israel, also das sich in Palästina neu ansiedelnde Bevölkerungselement war, sind verschiedene Theorien aufgestellt worden. Da gibt es das in den 20er und 30er Jahren entwikkelte *Infiltrationsmodell*, wonach von außerhalb Palästinas kommende Nomaden unter Aufgabe ihrer bisherigen Lebensweise – Kleinviehzucht in den Steppen am Rande des Kulturlandes und regelmäßiger Weidewechsel zwischen Steppe und Kulturland – allmählich zur Seßhaftigkeit und zum Ackerbau übergingen. Dieses Modell setzt Nomaden voraus, die nur von der Kleinviehzucht lebten. Aber wenn das oben skizzierte Bild der gesellschaftlichen Verhältnisse

Palästinas zu Beginn der Eisenzeit zutrifft, dann hat das Nomadentum des Infiltrationsmodells darin kaum einen Platz. Ein anderes, das *Revolutionsmodell*, aus den 60er Jahren nimmt an, daß gesellschaftliche Außenseitergruppen (ʿApiru/Chapiru) und in Abhängigkeit von der städtischen Oberschicht lebende Hirten und Bauern sich gegen ihre Herren auflehnten und außerhalb des Machtbereichs der Städte zu einer neuen, unabhängigen Lebensform übergingen. Demnach kamen die Israeliten nicht von außerhalb des Kulturlandes, sondern entstammten der kanaanäischen Stadtbevölkerung. Gegen dieses Modell könnte sprechen, daß man erstens weder im Alten Testament noch in den Amarna-Briefen Belege für eine Revolution findet und daß sich zweitens das spätere Israel scharf von den Kanaanäern abgrenzte. Der zweite Einwand gilt auch gegenüber dem *Evolutionsmodell*, entstanden in den 70er Jahren, wonach der Niedergang der Städte Palästinas in der Spätbronzezeit bestimmte Gruppen – vor allem abhängige Hirten, Bauern und ʿApiru/Chapiru – veranlaßte, neue Siedlungen in den Bergregionen zu gründen.

Vielleicht wird es dem Befund des Alten Testaments (zu nennen wäre hier die Jos 17,14–18 angesprochene Rodung von Bergwäldern zur Anlage neuer Wohngebiete) am ehesten gerecht, die Neusiedler in den Bergregionen – und damit Israel – weitgehend von den Bewohnern der kanaanäischen Städte zu trennen. Dann waren es am Rande des Kulturlandes und in Kontakt und Tauschhandel mit den Städten lebende Nomaden, die der Niedergang der Städte zur Aufgabe ihrer bisherigen Lebensweise und zur neuen Existenzgründung in den Bergregionen nötigte. Ihrer Situation verwandt dürfte die der ʿApiru/Chapiru gewesen sein, deren Lebensweise – ob als Söldnerdienst, ob als Raub und Erpressung oder wie auch immer – ebenfalls von den Städten abhängig war und ihr Schicksal mit dem der Nomaden verband, was vielleicht darin zum Ausdruck kommt, daß die Israeliten im Alten Testament manchmal »Hebräer« heißen, wovon sogleich in einem Exkurs die Rede sein wird. Außerdem können sich ehemalige Bewohner der Städte den Nomaden und ʿApiru/Chapiru zugesellt haben. Ferner erlangten nichtseßhafte Gruppen vermutlich ihr Siedlungsgebiet um den Preis der Freiheit, indem sie sich den Städten als Lohnarbeiter verdingten; ein Beispiel dürfte der Stamm Issachar sein, wie später noch dargelegt werden soll. Auf jeden Fall ist der traditionelle Begriff »Landnahme« im Sinne einer »Seßhaftwerdung« zu verstehen.

Die alttestamentlichen Berichte lassen *Josua* als Hauptfigur jener Epoche erscheinen, was sicherlich unzutreffend ist. Der historische Josua stammte aus Efraim (Jos 24,30) und hat sich wohl als Kriegsmann während der Seßhaftwerdung Efraims und Benjamins ausgezeichnet.

Exkurs: »Hebräer«

Der Ausdruck »Hebräer«, »hebräisch« (*ʿibrī*) kommt 34mal im Alten Testament vor (in 1Kön 18,26.28 = Jes 36,11.13, ähnlich 2Chr 32,18 steht im Urtext nicht »hebräisch« [sprechen], sondern »judäisch«, »jüdisch«). Um diesen Ausdruck gibt es lange Diskussionen, weil er sprachlich und möglicherweise auch von der Sache her mit den Wörtern *ʿApiru* und *Chapiru* (*Chabiru*) zusammenhängt.

In der *Josefserzählung* (1Mose 37–50) wird Josef von Potifars Frau als »hebräischer Mann« (39,14) und »hebräischer Knecht« (39,17) und vom obersten Mundschenk als »hebräischer Jüngling« (41,12) bezeichnet; Josef erzählt, er stamme aus dem »Land der Hebräer« (40,15), und anläßlich des Gastmahls, das Josef für seine Brüder gibt, vermerkt der Erzähler, daß es ein Greuel für die Ägypter sei, mit den »Hebräern« zu essen (43,32). Hier meinen die Wörter »Hebräer«, »hebräisch« die Gruppe, der Josef und seine Brüder angehören, also die Vorfahren des Volkes Israel.

Dementsprechend sind die »Hebräer« in der *Auszugsgeschichte* (2Mose 1,1–15,21) identisch mit den Israeliten. Der Pharao beauftragt »hebräische Hebammen« (der Urtext erlaubt auch die vielleicht sogar zutreffendere Übersetzung: »die Hebammen der Hebräerinnen«), die neugeborenen Söhne »hebräischer Frauen« zu töten (1,15–16), was diese aber nicht tun, sondern dem Pharao sagen, daß die »hebräischen Frauen« kräftiger seien als die ägyptischen (1,19); vorher war vom »Volk der Israeliten« und von den »Israeliten« die Rede (1,9.12). Die Tochter des Pharao erblickt eines von den »Kindern der Hebräer«, nämlich Mose, und dessen Schwester will eine »von den Hebräerinnen« herbeiholen (2,6–7). Mose sieht, wie ein Ägypter einen »hebräischen Mann« schlägt und wie etwas später zwei »hebräische Männer« sich streiten (2,13). Mose und Aaron sagen zum Pharao: »So spricht der Herr, der Gott Israels: Laß mein Volk ziehen« (5,1abα), und nach der Weigerung des Pharaos sagen sie: »Der Gott der Hebräer ist uns erschienen« (5,3a; der Satz kommt auch schon 3,18 vor, dort aber an unpassender Stelle). Gott befiehlt, daß Mose zum Pharao gehen soll: »Und sage zu ihm: Der Herr, der Gott der Hebräer, hat mich zu dir gesandt und dir sagen lassen: Laß mein Volk ziehen, damit es mir diene in der Wüste« (7,16a). Ähnlich heißt es noch dreimal: »Und sage zu ihm: So spricht der Herr, der Gott der Hebräer: Laß mein Volk ziehen, damit sie mir dienen« (9,1b.13b; 10,3aβb etwas erweitert), daneben: »Und sage zu ihm: So spricht der Herr: Laß mein Volk ziehen, damit sie mir dienen« (7,26b; 8,16b). Die Wortverbindung »der Gott der Hebräer« wird also dem Gottesnamen Jahwe (»Herr«) nach Belieben zugefügt und ist gleichbedeutend mit »der Gott Israels« (5,1).

Auch in den *Berichten über die Kämpfe gegen die Philister* (1Sam 4–31) sind mit »Hebräern« meistens eindeutig die Israeliten gemeint. Fünfmal kommt das Wort »Hebräer« im Munde der Philister vor. Diese sagen bei der Ankunft der Lade im Lager der Israeliten: »Was ist das für ein gewaltiges Jauchzen im Lager der Hebräer?« (4,6aβ), und dann: »So seid nun stark und seid Männer, ihr Philister, damit ihr nicht dienen müßt den Hebräern« (4,9aα). Später findet sich die Notiz: »Es war aber kein Schmied im ganzen Lande Israel zu finden; denn die Philister sagten (sich): Die Hebräer könnten sich Schwert und Spieß machen« (13,19). Jonatan und sein Waffenträger gehen an den Wachtposten der Philister heran, und diese sagen: »Siehe, die Hebräer sind aus den Löchern hervorgekommen, in die sie sich verkrochen haben« (14,11bβ). David und seine Männer wollen mit Achisch in den Kampf gegen Israel ziehen: »Da sprachen die Obersten der Philister: Was wollen diese Hebräer? Da sprach Achisch zu den Obersten der Philister: Das ist David, der Knecht Sauls, des Königs von Israel« (29,3abα). Die Philister bezeichnen also die Israeliten als »Hebräer«. Außerdem sprechen sie von der »Lade des Gottes Israels« (5,8.10.11; 6,3), vom »Gott Israels« (6,5), vom »Heer Israels« (17,10), vom »Volk Israel« (27,12) und vom »König Israels« (29,3).

Daneben wird an einer Stelle ganz klar zwischen den »Hebräern« und »Israel« unterschieden: »Und die Hebräer, die wie vorher bei den Philistern gewesen und mit ihnen in den Krieg gezogen waren, die schlugen sich nun auch auf die Seite Israels, das zu Saul und Jonatan hielt« (14,21). Das gilt wohl auch für 13,3 und 13,7 (allerdings ist der Wortlaut des Urtextes umstritten). An der ersten Stelle heißt es: »Dann erschlug Jonatan den Vogt der Philister, der in Geba war, und die Philister hörten es. Saul aber ließ im ganzen Land ins Widderhorn blasen und sagte: Die Hebräer sollen es hören. Ganz Israel aber hörte: Saul hat den Vogt der Philister erschlagen.« Anscheinend rechnet Saul mit der Möglichkeit, daß er Gruppen zu sich hinüberziehen kann, die Israel nahestehen. Nach dem anschließenden Bericht rüsten die Philister zum Kampf gegen Israel, und Israel verbirgt sich in vielerlei Schlupfwinkeln (13,5–6). Weiter heißt es: »Hebräer aber gingen über den Jordan ins Land von Gad und Gilead« (13,7a).

Demnach gab es damals in Palästina als »Hebräer« bezeichnete, weder zu den Philistern noch zu den Israeliten gehörende Gruppen, von denen sich aufgrund des dürftigen Textmaterials nur sagen läßt, daß sie Söldnerdienste leisteten. Über ihre sonstigen Lebensumstände und ihre Volkszugehörigkeit erfahren wir nichts. Aber wahrscheinlich fühlten sie sich den Israeliten verwandt oder standen ihnen irgendwie nahe. Es handelt sich dann wohl um sozial untergeordnete Gruppen, entsprechend den ʻApiru/Chapiru. Wenn die Josefserzählung und die Auszugsgeschichte den Namen »Hebräer« für die Vorfahren Israels verwenden können und wenn die Philister das Volk der Israeliten als »Hebräer« bezeichnen, so hat das seinen Grund wohl darin, daß zumindest ein Teil des späteren Israel von Gruppen herstammt, die zu den ʻApiru/Chapiru gehörten.

Der Name »Hebräer« begegnet ferner im Zusammenhang *rechtlicher Bestimmungen über Sklaven.* Die älteste lautet: »Wenn du einen hebräischen Sklaven kaufst, so soll er sechs Jahre dienen; im siebenten Jahr aber soll er freigelassen werden ohne Lösegeld« (2Mose 21,2). Der Text gibt nicht zu erkennen, ob der Sklave als »Hebräer« zum Volk Israel gehört oder zu einer umfassenderen Gruppe, die auch sozial oder ethnisch verwandte Menschen mit nichtseßhafter Lebensweise – ähnlich den ʻApiru/Chapiru – einschließt. Ersteres ist eindeutig in einem späteren Gesetzestext der Fall: »Wenn sich dein Bruder, ein Hebräer oder eine Hebräerin, dir verkauft, so soll er dir sechs Jahre als Sklave dienen; im siebenten Jahr sollst du ihn als frei entlassen« (5Mose 15,12). Der präzisierende Ausdruck »dein Bruder« kennzeichnet den »Hebräer« und die »Hebräerin« als Angehörige des Volkes Israel. Das gilt auch für den Bericht, wonach während der Belagerung Jerusalems durch die Babylonier (588/587 v. Chr.) »jeder seinen hebräischen Sklaven und seine hebräische Sklavin freilassen sollte, damit niemand seinen judäischen Bruder als Sklaven halte« (Jer 34,9), und zwar aufgrund des Gesetzes: »Im siebenten

Jahr soll jeder seinen Bruder, einen Hebräer, der sich dir verkauft hat, freilassen; sechs Jahre soll er dir dienen, dann sollst du ihn freilassen« (34,14). Der »hebräische Sklave« ist ein »judäischer Bruder«, also ein Volksgenosse.

Außerdem gibt es noch zwei literarisch ganz späte Stellen, an denen der Name »Hebräer« vorkommt. Jona bekennt stolz gegenüber der ausländischen Schiffsbesatzung: »Ich bin ein Hebräer und fürchte den Herrn, den Gott des Himmels, der das Meer und das Trockene gemacht hat« (Jon 1,9). Ein »Hebräer« ist hier nichts anderes als ein Israelit. Die Erzählung, wie Abraham seinen Neffen Lot befreit, spricht von »Abram, dem Hebräer« (1Mose 14,13), womit der Verfasser, für den die Namen »Hebräer« und »Israelit« längst gleichbedeutend waren, wohl nur sagen will: Abraham gehört zu der Gruppe, aus der das Volk Israel hervorging.

2. Das Leben der Stämme in vorstaatlicher Zeit

Das an das Josuabuch anschließende Richterbuch bringt in seinem ersten Abschnitt (1,1–2,5) ergänzende Nachrichten zur Landnahme und schildert dann die Geschichte des im Lande ansässig gewordenen Israel in vorköniglicher Zeit, wobei im Hauptteil (2,6–16,31) Einzelgestalten, »Richter«, die wesentlichen Handlungsträger sind, während es in den Schlußkapiteln (17–21) um das Schicksal zweier Stämme geht. Den Inhalt der drei Teile des Richterbuches stellt die folgende Übersicht vor.

Juda und Simeon besiegen Adoni-Besek (den König) von Besek, der verstümmelt wird und den man (die Seinigen oder die Gegner) nach Jerusalem bringt (1,1–7). Juda nimmt Jerusalem ein (1,8) und zieht gegen Hebron und Debir (1,9–11; die Einnahme Hebrons durch Kaleb, in Jos 15,13–14 mitgeteilt, wird hier auf Juda übertragen). Kalebs Neffe Otniël erobert Debir (1,12–15 = Jos 15,15–19). Die »Söhne des Keniters, des Schwiegervaters des Mose« (so der berichtigte Urtext), lassen sich im Süden Palästinas nieder (1,16). Juda und Simeon vernichten die Stadt Zefat und benennen sie in Horma um (1,17). Juda vermag die (Philister-)Städte Gaza, Aschkelon und Ekron nicht einzunehmen, sondern nur das Gebirge (1,18–19), und gibt dem Kaleb die Stadt Hebron (1,20). Benjamin vermag Jerusalem nicht einzunehmen (1,21). Das »Haus Josef« erobert Bet-El (1,22–26). Manasse, Efraim, Sebulon, Ascher, Naftali und Dan vermögen zahlreiche Städte nicht einzunehmen (1,27–35). Beschreibung der (Nord-)Grenze Edoms (1,36; der Vers wirkt deplaziert). Ein Engel kündigt Gottes Strafe an, weil Israel sich mit den Bewohnern des Landes eingelassen hat (2,1–5).

Josua entläßt das Volk, stirbt und wird begraben (2,6–9; der Abschnitt wiederholt Jos 24,28–31). Die Generationen nach Josua – so wird in einer zusammenfassenden Vorausschau auf die anschließend berichteten Ereignisse mitgeteilt – fallen von Gott ab, worauf er sie Feinden in die Hand gibt, dann aber »Richter« sendet, die Israel befreien, nach deren Tod Israel erneut von Gott abfällt, weshalb es die anderen Völker im Land nicht vertreiben kann (2,10–3,6).

Otniël, ein Neffe Kalebs, befreit Israel von der Herrschaft des Kuschan-Rischatajim, des Königs von Aram (3,7–11). Ehud, ein Benjaminiter, befreit Israel von der Herrschaft des Moabiterkönigs Eglon, indem er Eglon mittels einer List tötet (3,12–30). Schamgar kämpft gegen die Philister und »errettet« Israel (3,31).

Jabin, der König der Stadt Hazor, und sein Heerführer Sisera, der in Haroschet-Gojim (Lutherbibel: »Haroschet der Heiden«) wohnt, unterdrücken Israel, woraufhin Debora, eine Richterin auf dem Gebirge Efraim, den Barak vom Stamm Naftali beauftragt, mit ihr und mit zehntausend Mann aus den Stämmen Naftali und Sebulon gegen das Heer des Sisera zu ziehen, das vernichtend geschlagen wird; Sisera flieht in das Zelt der Jaël, die ihn mit einem

Zeltpflock tötet (4; in der ursprünglichen Form der Erzählung kam nur Sisera vor, nicht aber Jabin [V. 2a.7a.17b.23–24], der nach Jos 11,1–10 von Josua besiegt und getötet und dessen Stadt Hazor zerstört wurde; die Bemerkungen über Heber in V. 11 und 17b sind wohl ein Nachtrag). In einem Lied besingen Debora und Barak den siegreichen Feldzug gegen Sisera, an dem einige der Stämme Israels teilnahmen, während andere sich fernhielten, und Jaëls Heldentat (5; nach der Überschrift V. 1 fordert das Lied in V. 2–3 zum Segnen und zum Hören auf, schildert in V. 4–5 Gottes Kommen, beschreibt in V. 6–8 den Zustand des Landes vor der Schlacht, ruft in V. 9–11 zum Segnen und zum Lobpreis, in V. 12–13 Debora und Barak, sich zu erheben, auf, beschreibt in V. 14–18 das Verhalten einiger Stämme, schildert in V. 19–22 den Kampf, verflucht in V. 23 die – sonst nicht bekannte – Stadt Meros, beschreibt in V. 24–27 Siseras Flucht und seine Ermordung durch Jaël, gibt in V. 28–30 ein Gespräch zwischen Siseras Mutter und ihrer klügsten Fürstin wieder und endet mit einem Fluch- und Segenswunsch in V. 31a; es folgt eine Notiz über die Ruhe des Landes in V. 31b).

Die Midianiter verheeren das Gebiet der Israeliten, worauf ein Profet mit einem Gotteswort zu den Israeliten kommt (6,1–10). Ein Engel beruft Gideon, den Sohn des Joasch, aus dem Ort Ofra in Manasse zum Retter, dieser richtet dem Engel ein Gastmahl zu und erbaut einen Altar (6,11–24; in die V. 11abα.19.21–24 umfassende Erzählung über das Mahl und den Altarbau ist mit V. 11bβ–18.20 nachträglich ein Bericht über den Auftrag an Gideon eingefügt). Gideon vernichtet die Baal-Kultstätte seines Vaters und heißt darum Jerubbaal; der Name bedeutet eigentlich »Baal streitet« oder »Baal zeigt sich groß«, wird hier aber zu »Baal streite gegen ihn« umgedeutet (6,25–32; der Abschnitt bereitet die Gleichsetzung Gideons mit Jerubbaal, dem in 9,1–57 genannten Vater Abimelechs, vor), ruft seine Verwandten und die Stämme Manasse, Ascher, Sebulon und

Naftali zum Kampf gegen die Midianiter und deren Verbündete zusammen (6,33–35), erhält von Gott ein doppeltes (Wunder-)Zeichen, das ihn des göttlichen Beistandes gewiß macht (6,36–40), verringert, wie Gott ihm befiehlt, sein Heer auf dreihundert Mann (7,1–8), überfällt mit seiner Truppe in der Nacht das Lager der Midianiter, wobei das Zerschlagen der Krüge vielleicht als wirkmächtiges Zeichen zu verstehen ist (7,9–22), bietet die Stämme Naftali, Ascher, Manasse und Efraim auf, nimmt die Midianiterfürsten Oreb (»Rabe«) und Seeb (»Wolf«) gefangen und tötet sie (7,23–25), weist den Vorwurf der Efraimiter, er habe sie nicht ausreichend am Kampf gegen Midian beteiligt, in geschickter Weise zurück (8,1–3), verfolgt die Midianiterkönige Sebach und Zalmunna und tötet sie, weil sie seine Brüder umgebracht haben, und bestraft die Städte Sukkot und Penuël, wegen unterlassener Hilfeleistung für ihn (8,4–21), lehnt die ihm von den Israeliten angebotene Königswürde ab (8,22–23) und läßt aus einem Teil der Beute einen Efod (ein Kultgerät) herstellen (8,24–27).

Abschlußnotizen: Israels Ruhe vor den Midianitern (8,28), Jerubbaals Heimkehr (8,29; hier wird – wie in 6,32; 7,1; 8,35 – Gideon mit dem in 9,1–57 genannten Jerubbaal, dem Vater Abimelechs, gleichgesetzt; ebenso erscheint in 8,31 Abimelech unter den Söhnen Gideons), Gideons Söhne (8,30–31) und sein Tod und Begräbnis (8,32), erneuter Abfall der Israeliten (8,33–35).

Abimelech, Sohn des Jerubbaal (er stammt wie Gideon aus Ofra), macht sich zum König von Sichem, indem er siebzig Brüder umbringt außer Jotam, der sich versteckt, dann in einer Fabel den Bürgern von Sichem demonstriert, wie ohnmächtig ein König sein kann, und flieht; nach drei Jahren kommt es zum Zerwürfnis zwischen Abimelech und den Bürgern von Sichem, die sich nun als Wegelagerer betätigen (9,1–25; der Grundbestand des Textes, der in V. 42–54 weitergeht, umfaßt V. 1–5a.6.23.25 und wurde um die Jotam-Fabel mitsamt berichtendem Rahmen V. 5b.7–21, um die Notiz, daß Abimelech König über ganz Israel gewesen sei, V. 22, und um das Urteil des Autors über die Bluttat an den siebzig Söhnen Jerubbaals V. 24 angereichert). Ein Mann namens Gaal, ein Nicht-Sichemit, wiegelt die Bürger Sichems gegen Abimelech, der seinen Wohnsitz in dem Ort Aruma hat, auf, aber Abimelech und sein Vogt Sebul besiegen die Sichemiten und vertreiben Gaal (9,26–41; diese Gaal-Geschichte ist literarisch wohl eher entstanden als die umrahmenden Texte V. 1–25* und V. 42–57*). Abimelech erobert Sichem, tötet die Einwohner, zerstört die Stadt und kommt bei der Eroberung der Stadt Tebez um (9,42–57; der Grundbestand des Textes umfaßt V. 42–54 und wurde um die Notiz, Abimelech sei König über ganz Israel gewesen, V. 55, und um das Urteil des Autors über die Bluttat an den siebzig Söhnen Jerubbaals V. 56–57 erweitert).

Tola und Jaïr richten Israel (10,1–2.3–5). Weil die Israeliten fremde Götter verehren, läßt Gott Feinde über sie kommen, worauf die Israeliten zu Gott umkehren (10,6–16). Die Israeliten in Gilead, von den Ammonitern bedrängt, suchen einen Anführer (10,17–18) und finden ihn in Jiftach, einem Gileaditer (11,1–11). Mit einem Botenaustausch tragen Jiftach und die Ammoniter ihre jeweiligen Ansprüche vor, die mit den Ereignissen bei der Landnahme Israels im Ostjordanland zur Zeit Moses begründet werden (11,12–28; der Abschnitt ist nicht einheitlich, denn er handelt in V. 12–14.15bβ und V. 27–28 von den Ammonitern, aber im Hauptteil V. 15bα.16–26 von den Moabitern). Jiftach verliert durch ein Gelübde für den Fall des Sieges über die Ammoniter, der ihm gelingt, seine Tochter (11,29–40; der Text läßt offen, was mit der Tochter geschieht – vielleicht handelt es sich um einen Ritus, bei dem ein Mädchen seine Jungfräulichkeit opfert). Die Männer des Stammes Efraim und die Männer Gileads führen Krieg gegeneinander, und die Gileaditer töten viele Efraimiter, die man daran erkennt, daß sie das Wort »Schibbolet« (»Ähre«) falsch, nämlich als »Sibbolet«, aussprechen (12,1–6). Jiftach richtet Israel

(12,7). Ibzan, Elon und Abdon richten Israel (12,8–10.11–12.13–15).

Während das gegenüber Gott ungehorsame Israel zur Strafe unter die Herrschaft der Philister kommt, erscheint ein Engel der Frau des Manoach aus dem Stamm Dan und kündigt ihr die Geburt eines Sohnes an, der ein Geweihter Gottes sein soll und Israel befreien wird; auf Manoachs Gebet hin erscheint der Engel auch ihm; Manoach bringt ein Brandopfer dar, und der Engel entschwindet; der Sohn namens Simson wird vom Geist, d. h. der Kraft Gottes, im »Lager«, d. h. im Gebiet Dans, »umgetrieben«, entfaltet also mancherlei Aktivitäten (13). Simson heiratet eine Philisterin und gibt anläßlich eines Trinkgelages den Philistern ein Rätsel auf, bei dem es um den Löwen zu gehen scheint, den Simson zuvor erlegt hatte: »Vom Fresser geht Speise aus, und vom Starken geht Süßes aus« (vielleicht verwendet Simson ein Jägersprichwort, das besagen will: Aus einem reißenden Tier wird wohlschmeckende Speise gewonnen); mit Hilfe seiner Frau lösen die Philister das Rätsel, indem sie sagen: »Was ist süßer als Honig, und was ist stärker als ein Löwe?« (gemeint ist sicherlich: die Liebe), worauf Simson dreißig Philister erschlägt (14). Simson nimmt Rache an den Philistern, weil seine Frau zuerst anderweitig verheiratet und dann getötet wurde (15,1–8), kann sich aus Fesseln befreien, erschlägt bei dem Ort Ramat-Lehi (»Kinnbackenhöhe«) tausend Philister mit einem Eselskinnbacken (15,9–17), ruft, von Durst gepeinigt, zu Gott, und der tut eine Quelle auf (15,18–19). Simson richtet Israel zwanzig Jahre (15,20), hebt, von den Philistern belauert, das Tor der Stadt Gaza aus (16,1–3) und heiratet die Philisterin Delila, die ihm auf Anstiftung ihrer Volksgenossen das Geheimnis seiner Kraft, nämlich seine langen Haare, entlockt und diese dem Schlafenden abschneidet, worauf die Philister ihn fesseln, blenden und zur Sklavenarbeit verurteilen; aber sein Haar wächst nach (16,4–22). Bei einem Siegesfest der Philister findet Simson, der als Spaßmacher auftreten muß, seinen Platz zwischen den Säulen des Versammlungshauses, das übervoll an Festteilnehmern ist; er bittet Gott um Kraft, bringt das Haus zum Einsturz und nimmt alle Insassen mit sich in den Tod; seine Familie bestattet ihn im väterlichen Grab (16,23–31a). Abschlußnotiz: Simson richtet Israel zwanzig Jahre (16,31b).

Ein Mann namens Micha auf dem Gebirge Efraim hatte seiner Mutter Geld entwendet, gibt es ihr aber zurück, und sie läßt dafür ein Gottesbild anfertigen; zu Micha kommt ein Levit aus Betlehem, den er als Priester anstellt (17; V 3b–4a dürfte ein Zusatz sein). Die Daniter suchen ein neues Siedlungsgebiet und senden fünf Kundschafter aus, die zum Haus Michas kommen, von dem Leviten-Priester den Bescheid erhalten, daß ihr Unternehmen erfolgreich sein wird, weiter zur Stadt Lajisch ziehen und bei ihrer Rückkehr den Stammesgenossen die Einnahme jenes schönen Landes anraten (18,1–10). Die Daniter schicken sechshundert Mann, begleitet von den fünf Kundschaftern, los, die zum Haus Michas kommen und den Leviten-Priester überreden, daß er sich ihnen anschließt und – gegen den Protest Michas – das Gottesbild und weitere Kultgeräte mitnimmt (18,11–26; die Abschnitte V. 14–16.17bβ–18aα sind nachträgliche Erweiterungen). Sie erobern Lajisch, zerstören die Stadt, geben ihr beim Wiederaufbau den Namen »Dan« und stellen dort das Gottesbild auf (18,27–31; nach der Notiz V. 30b führte sich die Priesterschaft von Dan auf einen sonst nicht bekannten Jonatan, angeblich einen Enkel des Mose, zurück; und nach V. 31b kam es zum Verlust des Gottesbildes ungefähr zum Zeitpunkt der Zerstörung des Heiligtums in Schilo, den wir aber nicht kennen).

Ein Levit vom Gebirge Efraim, dem seine Nebenfrau, die aus Betlehem stammt, entlaufen war, begibt sich in deren Elternhaus, wird dort gastfreundlich aufgenommen, macht sich mit seiner Nebenfrau auf die Rückreise und kommt nach Gibea in Benjamin, wo man ihm die Aufnahme verweigert, bis er bei einem alten Mann Unterkunft findet; die Männer der Stadt wollen dem Leviten Gewalt antun, der Gastgeber bietet ihnen seine Tochter an, aber die Männer vergewaltigen die Nebenfrau, woran sie stirbt; der Levit, zu Hause angekommen, zerstückelt die Leiche in zwölf Teile und schickt diese in ganz Israel umher (19; der Gedankengang von V. 22b–25 ist nicht ganz klar, der Text von V. 24 auch nicht). Israel versammelt sich in Mizpa, wo der Levit das Vorgefallene erzählt, und beschließt, als Strafaktion ein durch das Los ausgesuchtes Heer gegen Benjamin zu schikken; Benjamin, vergeblich zur Auslieferung der Übeltäter aufgefordert, rüstet zum Kampf gegen Israel, das sein Heer mustert, zum Kampf gegen Gibea ausrückt und zweimal eine Niederlage erleidet; nach einem günstigen Gottesbescheid in Bet-El rückt Israel noch einmal aus und kann, indem es einen Hinterhalt legt, Gibea einnehmen und Benjamin vernichtend schlagen; sechshundert Benjaminiter entkommen nach Sela-Rimmon (20; als Grundbestand der Erzählung, die zu den unübersichtlichsten des Alten Testaments gehört, darf man vielleicht V. 1.3b–10.12–14.17.19.21.24–27a.28aβ–34.37–39a.42–45aα.47aβb ansehen).

Israel, das in Mizpa geschworen hatte, keine seiner Töchter einem Benjaminiter zur Frau zu geben, bereut diesen Schwur, bringt in Bet-El Opfer dar, sucht einen Stamm, der nicht in Mizpa anwesend war, und kommt auf die Stadt Jabesch-Gilead, gegen die es einen Feldzug unternimmt und alle Bewohner tötet bis auf vierhundert Jungfrauen, die es nach Rückkehr der – sechshundert – Benjaminiter aus Sela-Rimmon mit diesen verheiratet; auf Anraten Israels rauben die Benjaminiter die fehlenden – zweihundert – Frauen aus Schilo, und der Feldzug gegen Benjamin ist zu Ende (21,1–24; der Grundbestand der Erzählung liegt in V. 1–5a.8b.10–24 vor). Abgeschlossen wird das Richterbuch mit der Bemerkung: »In jenen Tagen gab es keinen König in Israel; jeder tat, was ihm gefiel« (21,25), die sich ebenfalls in 17,6 und verkürzt in 18,1a und 19,1a findet.

So weit der Inhalt des Richterbuches, von dessen drei Abschnitten zunächst der mittlere, der Hauptteil (2,6–16,31), näher in Augenschein genommen sei. Er führt uns mehrere Gestalten vor, die in der zusammenfassenden Vorausschau als »Richter« bezeichnet werden (2,16–19).

Exkurs: »Richter«

Mit den »Richtern« sind in 2,16–19 offensichtlich zwölf Personen – unter Ausschluß Abimelechs, einer ganz negativen Herrscherfigur (9) – gemeint, von denen dann berichtet wird. Der Sprachgebrauch dieser Berichte weist einige Merkwürdigkeiten auf, was anhand einer Übersicht über das Vorkommen der Wörter »richten« und »Richter« und, weil damit zusammenhängend, der Wörter »retten« und »Retter« in den erzählenden Abschnitten – also nicht den Redepartien – des Richterbuchs erläutert sei.

»Und der Herr ließ *Richter* auftreten, und sie *retteten* sie (nämlich die Israeliten) aus der Hand ihrer Räuber. Und auch auf die *Richter* hörten sie nicht ... Und wenn der Herr *Richter* für sie auftreten ließ, dann war der Herr mit dem *Richter*, und er *rettete* sie aus der Hand ihrer Feinde, solange der *Richter* lebte ... Und wenn der *Richter* starb, wurden sie rückfällig und trieben es ärger als ihre Väter« (2,16–17aα.18a.19aα).

(1) *Otniël* (3,7–11): »Und die Israeliten schrien zum Herrn, und der Herr ließ einen *Retter* auftreten für die Israeliten, und er *rettete* sie, (nämlich) Otniël, den Sohn des Kenas, des jüngeren Bruders des Kaleb. Und es kam auf ihn der Geist des Herrn, und er *richtete* Israel, und er zog aus zur Schlacht, und der Herr gab in seine Hand den Kuschan-Rischatajim, den König von Aram« (3,9–10a).

(2) *Ehud* (3,12–30): »Und die Israeliten schrien zum Herrn, und der Herr ließ auftreten für sie einen *Retter*, (nämlich) Ehud, den Sohn des Gera, einen Benjaminiter« (3,15aα).

(3) *Schamgar* (3,31): »Und nach ihm war da Schamgar, der Sohn des Anat, und er schlug die Philister, sechshundert Mann, mit einem Ochsenstecken, und er *rettete*, auch er, Israel.«

(4) *Debora* (4–6): »Debora aber war eine profetische Frau, die Frau des Lappidot. Sie aber *richtete* Israel in jener Zeit. Und sie saß unter der Debora-Palme zwischen Rama und Bet-El auf dem Gebirge Efraim. Und die Israeliten zogen zu ihr hinauf zum Gericht (d. h., um sich Recht sprechen zu lassen)« (4,4–5).

(5) *Gideon* (6–8): keine Belege für »richten« oder »retten«.

(6) *Tola* (10,1–2): »Und nach Abimelech trat auf, um Israel zu *retten*, Tola, der Sohn des Pua, des Sohnes des Dodo, ein Mann aus Issachar … Und er *richtete* Israel dreiundzwanzig Jahre« (10,1a.2a).

(7) *Jaïr* (10,3–5): »Und nach ihm trat auf Jaïr, ein Gileaditer, und der *richtete* Israel zweiundzwanzig Jahre« (10,3).

(8) *Jiftach* (10,6–12,7): »Und Jiftach *richtete* Israel sechs Jahre« (12,7a).

(9) *Ibzan* (12,8–10): »Und nach ihm *richtete* Israel Ibzan aus Betlehem … Und er *richtete* Israel sieben Jahre« (12,8.9b).

(10) *Elon* (12,11–12): »Und nach ihm *richtete* Israel Elon, ein Sebuloniter, und er *richtete* Israel zehn Jahre« (12,11).

(11) *Abdon* (12,13–15): »Und nach ihm *richtete* Israel Abdon, der Sohn des Hillel, aus Piraton … und er *richtete* Israel acht Jahre« (12,13.14b).

(12) *Simson* (13–16): »Und er *richtete* Israel zur Zeit der Philister zwanzig Jahre« (15,20); »er aber *richtete* Israel zwanzig Jahre« (16,31b).

Hier ist einiges auffällig. Im Eingangsteil (2,16–19) sind die »Richter« zugleich »Retter« aus Feindesnot. Aber bei den dann namentlich vorgestellten zwölf Einzelpersonen findet sich ein sehr inkonsequenter Sprachgebrauch: Otniël ist »Retter«, »rettet« (3,9) und »richtet« (3,10); Ehud ist »Retter« (3,15); Schamgar »rettet« (3,31); Debora »richtet« (4,4); über Gideon verlautet nichts dergleichen (der Begriff »retten« erscheint in Redepartien: 6,14.15.36.37; 7,2.7; 8,22); Tola »rettet« und »richtet« (10,1–2); Jaïr »richtet« (10,3); Jiftach »richtet« (12,7; die Begriffe »retten« und »Retter« begegnen in Redepartien: 10,12–14; 12,2–3); Ibzan, Elon und Abdon »richten« (12,8.9.11.13.14); Simson »richtet« (15,20; 16,31; die Begriffe »retten« und »Rettung« finden sich in Redepartien: 13,5; 15,18). Dazu kommt, daß die Bemerkung über das »Richten« Otniëls (3,10) im dortigen Zusammenhang ganz seltsam klingt; daß wir nicht erfahren, vor wem Israel durch Tola »gerettet« wurde (10,1) und daß man sich verwundert fragen muß, inwiefern der Raufbold und Streichemacher Simson Israel »gerichtet« haben soll (15,20; 16,31). Außerdem erwähnt das Alte Testament sonst nirgendwo »Richter« als »Retter«, d. h. in kriegerischer Funktion (wenn die Wörter »richten« und »retten« anderwärts nebeneinander stehen, geht es um ein Handeln Gottes: Ps 7,11–12; 72,4; Jes 33,22; Ez 34,22).

Allem Anschein nach wollte der Endverfasser der uns interessierenden Texte des Richterbuches ganz unterschiedliche Personen zu einer Zwölfzahl – entsprechend den zwölf Stämmen Israels – vereinen. Dazu benutzte er ein vielgestaltiges Material. Ihm lagen einerseits zwei sehr stereotyp formulierte (und ursprünglich wohl zusammengehörende) Listen über Tola, Jaïr, Ibzan, Elon und Abdon, die »Israel richteten«, vor, andererseits Mitteilungen über kriegerisch aktive Gestalten der Frühzeit Israels. Er glich die beiden Personenkreise einander an, indem er Otniël und

Simson »Israel richten« und Tola »Israel retten« ließ; Debora und Jiftach könnten sowohl »Richter(in)« als auch »Retter(in)« gewesen sein.

Fragt man nun, was der Ausdruck »Israel richten« bedeutet, so hat man natürlich von den »Richtern« des Eingangsteils (2,16–19) abzusehen, denn sie sind ein Kunstprodukt. Debora war »Richterin« im eigentlichen Sinne des Wortes, d. h., sie sprach Recht und schlichtete Streitigkeiten (4,4–5). Aber deshalb müssen die fünf Männer, deren Hauptaufgabe darin bestand, »Israel zu richten« (10,1–5; 12,8–15; vielleicht auch Jiftach 12,7), nicht unbedingt dieselbe Funktion ausgeübt haben. Zwar meinen die Wörter »richten« und »Richter« auch sonst häufig »über Streitfälle entscheiden, Urteile fällen«. Beispiele: Mose setzt Männer für die Rechtsprechung ein (2Mose 18,13.16.22.26); die Gemeinde soll zwischen dem Totschläger und dem Bluträcher richten (4Mose 35,24); der Richter hat die Strafe nach der Schwere des Vergehens zu bemessen (5Mose 25,1–3). Andererseits jedoch ist »richten« manchmal gleichbedeutend mit »herrschen, regieren«. Beispiele: »Setze einen König ein, der uns richte« (1Sam 8,5–6, ähnlich V. 20); »der Herr aber plagte den König (nämlich Asarja), daß er aussätzig war bis an seinen Tod, und er wohnte in einem besonderen Hause. Jotam aber, der Sohn des Königs, stand dem Hause des Königs vor und richtete das Volk des Landes«, d. h., er war Mitregent (2Kön 15,5); »und sie (nämlich die Männer von Sodom) sagten: Mach dich fort! und sie sagten: Kommt da so ein einzelner Fremder (nämlich Lot) daher und will sich als Richter aufspielen«, d. h. regieren (so auch die Lutherbibel; 1Mose 19,9aα). Demnach kann der Ausdruck »Israel richten« sowohl bedeuten »in/für Israel Recht sprechen« als auch »Israel leiten, regieren«. Die Ausleger deuten diese Wendung heutzutage im Sinne von »regieren«, was richterliche Funktionen durchaus einschließen kann. Auf jeden Fall hat derjenige, der den Abschnitt über die »Richter«

(2,16–19) schuf, diese vor allem als »Herrscher« verstanden, indem er sie »Israel retten« läßt; er schreibt ihnen damit ja kriegerische und folglich eher Herrschafts- als Richter-Aufgaben zu.

Der Hauptteil des Richterbuches nennt sowohl für die jeweilige Amtsdauer der Richter als auch für die Zeit der Unterdrückung zwischen dem Auftreten der Richter Jahreszahlen: vor Otniël acht Jahre (3,8), Otniël vierzig Jahre (3,11), vor Ehud achtzehn Jahre (3,14), Ehud achtzig Jahre (3,30), vor Debora zwanzig Jahre (4,3), nach Debora vierzig Jahre (5,31), vor Gideon sieben Jahre (6,1), Gideon vierzig Jahre (8,28), Tola dreiundzwanzig Jahre (10,2), Jaïr zweiundzwanzig Jahre (10,3), Jiftach sechs Jahre (12,7) Ibzan sieben Jahre (12,9), Elon zehn Jahre (12,11), Abdon acht Jahre (12,14), Simson zwanzig Jahre (15,20; 16,31). Demnach hat die Richterzeit dreihundertneunundvierzig Jahre gedauert. Diese Zahl ist aber viel zu hoch, wenn die Landnahme um 1200 v. Chr. und die Königszeit Ende des 11. Jahrhunderts v. Chr. begann. Außerdem liefern runde Zahlen wie zwanzig, vierzig oder achtzig Jahre schwerlich zuverlässige Informationen, sondern sie sind schematisch zu verstehen, da nach biblischer Auffassung die Lebensdauer einer Generation vierzig Jahre beträgt. Dann darf man auch bezweifeln, daß die Richter in der hier geschilderten Weise aufeinander folgten. Überdies sollen die Richter stets für ganz Israel gewirkt haben, was nicht zutrifft, denn sie waren jeweils nur in einem begrenzten Raum tätig. Möglicherweise traten auch zwei oder mehr Richter nebeneinander auf. Die Einzelgestalten seien nun der Reihe nach betrachtet.

Der Bericht über *Otniël* (3,7–11) ist ein literarisches Kunstprodukt, historisch unbrauchbar. Die farbig-drastische Erzählung über *Ehud*, einen Benjaminiter, der den Moabiterkönig Eglon ermordet haben soll (3,12–30), setzt das Vordringen Moabs bis nach Jericho voraus, das aber erst in späterer Zeit erfolgte, und dürfte in den Bereich der Sage zu verweisen sein. Die kurze Notiz über *Schamgar* (3,31) wirkt so originell, daß man sie für glaubhaft halten darf; nach der Angabe in 5,6 war Schamgar tatsächlich eine Gestalt der Frühzeit Israels.

Über *Debora* (und Barak) liegen sowohl eine Prosaerzählung (4) als auch ein Lied (5) vor. Gegenstand beider ist der Sieg eines israelitischen Heeres über ein Heer der Kanaanäer, das von Sisera aus der Stadt Haroschet angeführt wurde, am Bach Kischon (im Norden der Jesreel-Ebene) und Siseras Tod durch die Hand der Jaël. Wenn es im Lied heißt: »In den Tagen Schamgars, des Sohnes Anats, in den Tagen Jaëls hörten die Wege auf, und die auf Pfaden gingen, mußten auf verschlungenen Wegen gehen« (5,6), so ist damit wohl gemeint, daß die Kanaanäer den Israeliten die Hauptverkehrswege durch die Jesreel-Ebene sperrten und dies für die Israeliten zum Kriegsanlaß wurde. Teilnehmer am Kampf waren auf israelitischer Seite nach 4,6.10 die Stämme Sebulon und Naftali, nach 5,14–15a darüber hinaus die Stämme Efraim, Benjamin, Machir und Issachar; wahrscheinlich hat der Verfasser der Prosaerzählung vereinfachend die Teilnehmer auf die beiden Stämme reduziert, deren Gebiete an den Berg Tabor grenzten (4,6). Über den Zeitpunkt läßt sich nur sagen, daß der Krieg irgendwann im 11. Jahrhundert v. Chr. stattgefunden hat.

Die Erzählungen über *Gideon* aus Ofra in Manasse (6–8), der den in Palästina eingefallenen und Israel tödlich bedrohenden Kamelnomadenstamm der Midianiter mit Hilfe der Stämme Manasse, Ascher, Sebulon, Naftali (6,35) und Efraim (7,24–8,3) durch einen gewaltigen Sieg (8,10) für immer aus Palästina verdrängt haben soll (8,28), steigern zweifellos ein historisches Geschehen ins Übergroße und Wunderhafte. Wahrscheinlich gelang es Gideon, indem er mit Männern seiner Sippe (6,34) und vielleicht auch mit Hilfswilligen anderer Regionen ein Lager der Midianiter an der

Harod-Quelle (im Osten der Jesreel-Ebene; 7,1) überfiel, diese in die Flucht zu schlagen und sie bis ins Ostjordanland zu verfolgen (8,4–21), woraufhin die Midianiter keine weiteren Einfälle mehr nach Palästina unternahmen.

Die *Abimelech*-Geschichte (9) unterscheidet sich von den Richter-Erzählungen, da sie nicht wie diese ein rettendes Handeln, sondern ein gewaltsam erlangtes und mit dem Untergang Sichems und Abimelechs endendes Regiment schildert; in welche Zeit das hier Berichtete fällt, wissen wir nicht.

Die Notizen über *Tola* (10,1–2), *Jaïr* (10,3–5), *Ibzan* (12,8–10), *Elon* (12,11–12) und *Abdon* (12,13–15) stellen uns fünf Männer aus verschiedenen Orten oder Gegenden vor, die »Israel richteten«. Das Wort »richten« umfaßt – wie im obigen Exkurs dargelegt – sowohl richterliche Funktionen als auch die Herrschaftsausübung. Läßt man die – zweifellos erst nachträglich hinzugefügte – Bemerkung »über Israel« beiseite, so handelt es sich hier um fünf Männer, die jeweils in ihrem begrenzten Gebiet eine Führungsposition innehatten, wobei offenbleibt, ob sie nacheinander oder zumindest teilweise gleichzeitig wirkten.

Aus den Erzählungen über *Jiftach* (10,6–12,6) läßt sich entnehmen, daß dieser, nicht gerade bürgerlicher Herkunft (11,1) und Anführer einer Gruppe von Abenteurern (11,3), dem die Ältesten von Gilead angesichts einer Bedrohung durch die Ammoniter das Amt eines Militärführers übertrugen (11,5–6), in einem lokalen Konflikt zwischen Gileaditern und Ammonitern den Sieg über die letzteren errang (11,32–33) und aufgrund dessen das Amt eines »Richters«, also Herrschaftsaufgaben in Gilead ausübte (12,7).

Die Erzählungen über *Simson* (13–16) zeigen uns einen Berserker aus dem Grenzbereich zwischen Israel und den Philistern, der sich durch Streiche und Krafttaten auszeichnete und Frauen sehr zugetan war. Dieser Simson ist sicherlich als historische Gestalt aus der Frühzeit Israels anzusehen, aber wir wissen nicht, ob auch alle Taten, die von ihm berichtet werden, historisch sind.

Wenden wir uns den Anhängen des Richterbuches (17–21) zu, so liegt der Erzählung, wie der Stamm Dan sich ein neues Siedlungsgebiet suchte (17; 18), offenbar ein historisches Ereignis zugrunde; der Erzählkranz, der von der Schandtat in Gibea (19) über den Feldzug Israels gegen Benjamin (20) bis zur Gewinnung neuer Frauen für die Benjaminiter (21) reicht, bewahrt vielleicht Erinnerungen an einen Konflikt Benjamins mit den Nachbargebieten in vorstaatlicher Zeit.

Es verbleibt der Einleitungsteil des Richterbundes (1,1–2,5), der vor allem *Stämme Israels* zum Gegenstand hat. Und zwar werden hier neun Stämme genannt: Juda mit Simeon (1,1–20; die Notiz in V. 8, daß Juda die Stadt Jerusalem in vorstaatlicher Zeit erobert habe, ist unhistorisch), Benjamin (1,21), Manasse (1,27–28), Efraim (1,29), Sebulon (1,30), Ascher (1,31–32), Naftali (1,33) und Dan (1,34–35). Nicht erwähnt werden die Stämme Gad, Issachar und Ruben, die das Alte Testament als dem Zwölf-Stämme-Verband »Israel« zugehörig betrachtet.

Bei den Listen der zwölf Stämme lassen sich zwei Systeme unterscheiden, nämlich eines mit Josef und Levi (so in 1Mose 35,23–26; ähnlich 29,31–30,24 mit 35,16–20; 46,8–25; 49,3–27 [Segen Jakobs]; 2Mose 1,2–4; 5Mose 27,12–13; 33,6–24 [Segen Moses]; 1Chr 1,2–4; Ez 48,31–34), das andere ohne Levi und statt Josef mit Efraim und Manasse (so in 4Mose 1,5–15; ähnlich 1,20–43; 2,3–31; 7,12–83; 10,14–28; 13,4–15; 26,5–51; Jos 13–18):

Ruben	Ruben
Simeon	Simeon
Levi	
Juda	Juda
Issachar	Issachar
Sebulon	Sebulon
Josef	Efraim
	Manasse

Benjamin	Benjamin
Dan	Dan
Naftali	Ascher
Gad	Gad
Ascher	Naftali

Über die Wohnsitze der einzelnen Stämme informiert uns das Alte Testament vor allem im »negativen Besitzverzeichnis« (Richt 1,21.27–35) und in den Landverteilungsangaben des Josuabuches (Jos 13–18).

(1) *Ruben* siedelte auf der Hochebene östlich des Toten Meeres um die Orte Heschbon und Baal-Meon (4Mose 32,37–38), umgeben vom Wohngebiet des Stammes Gad (32,34–36); in der – späteren – Liste Jos 13,15–28 wird dem Stamm Ruben der Süden (V. 15–23) und dem Stamm Gad der Norden (V. 24–28) jener Hochebene zugeteilt.

(2) *Simeons* Siedlungsbereich im Negeb (Jos 19,1–9) gehörte nach 15,21b–32 zu Juda; wahrscheinlich ging der Stamm, den die Stammesspruchsammlung 5Mose 33 als einzigen nicht erwähnt, schon früh in Juda auf.

(3) *Levi* ist unter den Stämmen Israels der rätselhafteste. Denn das Alte Testament erwähnt zwar häufig Leviten mit priesterlich-kultischer Funktion, und dementsprechend wird – im späten Schrifttum des Alten Testaments – ein Priesterstamm Levi ohne Landbesitz genannt (z. B. Jos 13,14.33). Aber ob je ein »weltlicher« Stamm Levi existiert hat, ist fraglich. Einen Hinweis bietet vielleicht die Erzählung von der Schandtat an Jakobs Tochter Dina und dem Blutbad zu Sichem (1Mose 34), wo von den Jakob-Söhnen nur Simeon und Levi namentlich erscheinen (V. 25.30). Sollte ein »weltlicher« Stamm Levi – zusammen mit Simeon – einmal um Sichem in Mittelpalästina gelebt haben und von dort zerstreut worden sein? Dazu könnte auch der Spruch über Simeon und Levi im Segen Jakobs passen: »Die Brüder Simeon und Levi, ihre Schwerter sind mörderische

Waffen ... Denn in ihrem Zorn haben sie Männer gemordet, und in ihrem Mutwillen haben sie Stiere gelähmt ... Ich will sie versprengen in Jakob und zerstreuen in Israel« (1Mose 49,5.6b.7b). Vielleicht gingen – so ließe sich weiter spekulieren – die Angehörigen des Stammes Levi teils in anderen Stämmen auf, teils übernahmen sie priesterliche Aufgaben.

(4) *Judas* Siedlungsgebiet lag auf dem Südteil des mittelpalästinischen Berglandes, im Norden begrenzt durch den südlichen »Sperriegel« etwa auf der Höhe von Jerusalem, im Westen durch die in der Küstenebene wohnenden Philister. In dem Stamm Juda ging nicht nur der Stamm Simeon auf, sondern ihm schlossen sich auch einige Sippenverbände an, über die das Alte Testament lediglich zerstreute Nachrichten liefert: die *Kalebiter* in und um Hebron, die sich auf Kaleb zurückführten (4Mose 13–14; Jos 14,6–15), und die *Otniëliter*, die sich auf Otniël zurückführten (Jos 15,15–19; Richt 1,11–15); beide gehörten zu den *Kenisitern*, die sich auf Kenas zurückführten (4Mose 32,12; Jos 14,6.14; 15,17); die *Keniter* (Richt 1,16; 1Sam 27,10; 30,29) und die *Jerachmeeliter* (1Sam 27,10; 30,29). Über diese Gruppen gewann Juda die Hegemonie, und so kam sein Gebiet auf den in Jos 15,1–12.20–42.48–62 beschriebenen Umfang, der den Negeb bis südlich von Beerscheba einschloß. Ein interessantes Dokument für die Frühzeit Judas ist vielleicht der Spruch über Juda im Segen des Mose: »Erhöre, Herr, die Stimme Judas, und bringe ihn zu seinem Volk! ⟨Mit deinen Händen streite⟩ für ihn, und sei eine Hilfe gegen seine Feinde!« (5Mose 33,7). Hier könnte der Wunsch der nördlich siedelnden Stämme nach Vereinigung mit dem durch den südlichen »Sperriegel« abgetrennten Juda zum Ausdruck kommen; der Spruch entstand dann vor der Zeit Davids, der Juda und die Nordstämme politisch zusammenfügte.

(5) *Issachar* wohnte auf dem südöstlichen Teil des galiläischen Berglandes; sein Gebiet grenzte im Westen an den

Berg Tabor, im Süden an die Jesreel-Ebene, im Osten an den Jordan und reichte im Norden bis auf die Höhe des Südrandes des Sees Gennesaret (Jos 19,17–23). Höchst bemerkenswert ist der Spruch über Issachar im Segen Jakobs: »Issachar ist ein knochiger Esel, der lagert zwischen Sattelkörben. Da sah er einen Rastplatz, daß er ⟨gut⟩, und das Land, daß es lieblich sei, und neigte seinen Rücken zum Lasttragen und wurde zum Fronknecht« (1Mose 49, 14–15). Aus diesem Spruch klingt deutliche Kritik: Issachar, ein zwar starker (»knochig«), jedoch fauler Lastesel, gab für den Landerwerb die Freiheit auf, was wohl bedeutet, daß Issachar bei der Einnahme seiner Wohnsitze in Abhängigkeit, wenn nicht gar Sklaverei gegenüber der kanaanäischen Stadtbevölkerung geriet. Dies wird wahrscheinlich beleuchtet durch einen Brief der Amarna-Korrespondenz, der gemietete Arbeiter erwähnt, die das Land um die zerstörte Stadt Schunem – sie lag im Siedlungsbereich Issachars (Jos 19,18) – wiederaufbauten. Möglicherweise läßt sich – dazu passend – der Name »Issachar« als »Lohnarbeiter« deuten. Außerdem haftete Issachar – ebenso wie seinem Nachbarstamm Sebulon – ein Hauch des Fremden, Nicht-Israelitischen an, wie aus dem Spruch über Issachar und Sebulon im Segen des Mose hervorgeht: »Freue dich, Sebulon, über deinen Ausgang, und Issachar, über deine Zelte! Völker rufen sie auf den Berg, dort schlachten sie richtige Schlachtopfer. Ja, den Überfluß des Meeres saugen sie ein und die verborgenen Schätze des Sandes« (5Mose 33,18–19). Offenbar bestanden Zweifel an der kultischen Reinheit der – wohl auf dem Berg Tabor, an den das Gebiet Issachars und Sebulons grenzte, dargebrachten – Opfer der beiden Stämme, deren »Richtigkeit« ausdrücklich betont werden mußte. Ferner läßt der Spruch erkennen, daß Issachar in Zelten, also nomadisch lebte und daß die beiden Stämme Nutzen aus dem Seehandel (nämlich der Phönizier) zogen.

(6) *Sebulon*, Issachars Nachbar im Westen, auf dem südwestlichen Teil des galiläischen Berglandes (Jos 19,10–16;

Richt 1,30), wird – wie in dem bereits erwähnten Spruch 5Mose 33,18–19 – auch in dem Sebulon-Spruch des Jakob-Segens mit dem Meer in Verbindung gebracht: »Sebulon wohnt am Meeresgestade, und zwar am Gestade der Schiffe, und seine Flanke lehnt sich an Sidon« (1Mose 49,13). Das ist poetisch übertrieben, denn Sebulons Gebiet reichte nicht bis an die Küste und schon gar nicht bis nach Sidon, zeigt aber, wie sehr Sebulon vom Seehandel der Phönizier profitierte, wobei offenbleibt, in welcher Weise Sebulon daran beteiligt war.

(7) *Josef* (*Efraim* und *Manasse*). Wir wissen nicht, wie es zu der Bezeichnung »Josef« für die Stämme Efraim und Manasse, die beide auf dem mittelpalästinischen Bergland wohnten, kam (beide gelten laut 1Mose 41,50–52 und 48 als Söhne Josefs und damit als Enkel Jakobs, während die Ahnherren der anderen Stämme als Söhne Jakobs betrachtet werden). *Efraims* Siedlungsgebiet reichte im Süden bis zu einer Linie etwa auf der Höhe von Bet-El und im Norden bis zu einer Linie 5–10 km südlich von Sichem (Jos 16,5–9; Richt 1,29). *Manasses* Wohngebiet grenzte im Süden an das von Efraim und im Norden an die Jesreel-Ebene (Jos 17,1–2a.7–10; Richt 1,27–28). Allerdings reichte keines der beiden Stammesgebiete – entgegen den Notizen Jos 16,3b.6aα.8aβ; 17,9bβ.10aβ – bis an das Meer. Außerdem soll Halb-Manasse im Ostjordanland gewohnt haben (Jos 13,29–31), und zwar nördlich des Stammes Gad. Obwohl Efraim und Manasse durch den Namen »Josef« als »Bruderstämme« eng verbunden sind, läßt die Erzählung, wie Gideon einen Streit zwischen Efraim und Manasse schlichtet (Richt 8,1–3), eine Rivalität beider Stämme durchscheinen.

(8) Der Name *Benjamin* bedeutet »Sohn der rechten Seite«, d. h. »Sohn des Südens« (Israel orientierte sich bei den Himmelsrichtungen nach Osten, der »vorn« lag), stammt also von Nachbarn im Norden. Benjamins Wohngebiet war ein schmaler Landstreifen auf dem mittelpalästi-

nischen Bergland zwischen Jerusalem im Süden und Bet-El im Norden, dem Jordan im Osten und dem Ort Bet-Horon im Westen (Jos 18,11–28; Richt 1,21). Durch dieses Territorium führten wichtige Verkehrswege, und wenn der Spruch über Benjamin im Segen Jakobs sagt: »Benjamin ist ein reißender Wolf; am Morgen frißt er den Raub, und zum Abend hin verteilt er die Beute« (1Mose 49,27), so preist er Benjamins kriegerische Qualität, läßt aber vielleicht auch durchblicken, daß der Stamm Wegelagerei betrieb und Karawanen ausraubte.

(9) *Dan* besiedelte ursprünglich ein kleines Gebiet am westlichen Rand des mittelpalästinischen Berglandes südöstlich des Flusses Jarkon (die Ortsliste in Jos 19,40–46 läßt Dan fälschlich bis ans Meer wohnen), wo die Erzählungen von Simson spielen (Richt 13–16). Der Versuch, weiter westwärts vorzudringen, scheiterte (1,34–35), der Stamm – oder ein Teil von ihm – entschloß sich, in nordöstlicher Richtung auszuwandern, und wurde im Gebiet der Stadt Lajisch seßhaft, die er einnahm und in »Dan« umbenannte (18). Der Spruch über Dan im Debora-Lied: »Und Dan – warum hält er sich auf bei den Schiffen?« (5,17aβ), spiegelt wohl Dans Teilnahme am Seehandel der Phönizier wider.

(10) *Naftali* wohnte auf dem nordöstlichen Teil des galiläischen Berglandes vom Südrand des Sees Gennesaret bis zum Hule-See mit dem See Gennesaret und dem oberen Jordan als Ostgrenze und hatte im Westen Ascher als Nachbarn (Jos 19,32–39; Richt 1,33).

(11) *Gads* Siedlungsgebiet lag auf dem Hochland östlich des Toten Meeres mit dem Fluß Arnon als Südgrenze und reichte im Norden über die Städte Betonim und Jogboha hinaus (4Mose 32,34–36), vielleicht sogar bis an den See Gennesaret (Jos 13,24–28); es umschloß das Gebiet des Stammes Ruben.

(12) *Ascher* bewohnte den nordwestlichen Teil des galiläischen Berglandes westlich von Naftali mit dem Karmel als Südgrenze und im Norden bis auf die Höhe von Sidon,

jedoch ohne das Küstengebiet (Jos 19,24–29a.30b–31; Richt 1,31–32). Wenn es im Debora-Lied heißt: »Ascher saß am Ufer des Meeres, und er blieb bei seinen Buchten (?)« (Richt 5,17b), wird deutlich, daß Ascher – wie Issachar, Sebulon und Dan – vom Seehandel der Phönizier profitierte.

Seit wann es dieses Zwölf-Stämme-System gab, d. h., seit wann Israel als in einem Zwölf-Stämme-Verband zusammengehörig betrachtet wurde, wissen wir nicht. Auf jeden Fall kann das System nicht allzuweit in die Frühzeit Israels hinaufreichen, wie sich aus dem Debora-Lied (Richt 5) ergibt, das nur *zehn* Stämme aufzählt. Die betreffenden Verse lauten:

»(14) Von Efraim ⟨schritten sie ins Tal⟩, hinter ⟨ihm⟩ Benjamin mit ⟨seinen⟩ Scharen, von Machir zogen Gebieter herab und von Sebulon, die einen Amtmannstab tragen. (15) ⟨Die Fürsten⟩ Issachars waren mit Debora, und Issachar war ein Stützpunkt für Barak, zu Tal gesandt hinter ihm drein. An den Bächen Rubens waren groß die ⟨Erwägungen⟩ des Herzens. (16) Warum saßest du zwischen den Hürden, um zu hören die Flötenspiele der Herden (d. h. der Hirten)? An den Bächen Rubens waren groß die Erwägungen des Herzens. (17) Gilead blieb jenseits des Jordans, und Dan – warum hält er sich auf bei den Schiffen? Ascher saß am Ufer des Meeres, und er blieb bei seinen Buchten (?). (18) Sebulon – ein Volk, das sein Leben dem Tode preisgab, und Naftali – auf den Höhen des Gefildes.«

Der Gedankengang des Textes weist Merkwürdigkeiten auf: Warum werden zunächst fünf Stämme (Efraim, Benjamin, Machir, Sebulon und Issachar) für die Teilnahme am Kampf gelobt, dann vier (Ruben, Gilead, Dan, Ascher) für ihr Fernbleiben getadelt und anschließend die Stämme Sebulon (der bereits erwähnt war) und Naftali gelobt? Warum erscheint ein Satz über Ruben zweimal (V. 15b und 16b)? Das mag jedoch auf sich beruhen.

Für die Frage nach dem Alter des Zwölf-Stämme-Systems ist der Abschnitt deshalb interessant, weil er offensichtlich *alle* zum Abwehrkampf verpflichteten Stämme aufzählt, aber vier der zum System gehörenden Stämme – nämlich Simeon, Juda, Manasse und Gad – nicht erwähnt, dafür jedoch Gilead und Machir.

Gilead erscheint nur im Debora-Lied als eigener Stamm; ansonsten gilt Gilead als Sippe, als Teil Manasses (4Mose 36,1) und der Ahnherr Gilead als Sohn Machirs und Enkel Manasses (4Mose 27,1; Jos 17,1). Außerdem bezeichnet der Name »Gilead« sehr häufig eine Region im Ostjordanland beiderseits des Flusses Jabbok (z. B. Jos 12,2), die das Zwölf-Stämme-System den Stämmen Gad und Halb-Manasse zuweist (Jos 13,24–31; 22,9–34). *Machir* begegnet ebenfalls nur im Debora-Lied als eigener Stamm; ansonsten gilt auch Machir als Sippe, als Teil Manasses, wohnhaft in Gilead, und der Ahnherr Machir als Manasses Sohn (4Mose 26,29; 32,39–40). Der Name »Machir« bedeutet »der sich als Lohnarbeiter verdingt«, woraus man folgern darf, daß der Stamm sein Wohngebiet in ähnlicher Weise wie Issachar erwarb. Offenbar waren Gilead und Machir einst eigenständige Gruppen, die man im Lauf der Zeit dem Stamm Manasse ein- und unterordnete und dabei der Gruppe Gilead einen Platz innerhalb der Gruppe Machir zuwies.

Die Situation, die das Debora-Lied erkennen läßt, könnte man sich etwa so vorstellen: Juda und Simeon werden nicht zu Israel gerechnet, weil der südliche »Sperriegel« sie zu einer Außenseiterrolle zwang; die Stammesnamen Gad und Manasse waren noch nicht – oder nicht überall – bekannt, sondern ihren Platz nahmen Gilead und Machir ein.

Wenn das zutrifft, ist das geläufige Zwölf-Stämme-System erst nach Abfassung des Debora-Liedes entstanden, und dafür kommt am ehesten die Zeit Davids, der die

Gesamtheit Israels zu einem Reich vereinigte, in Frage. Vermutlich sollte durch die Zwölfzahl, die das In-sich-Geschlossen-Sein und die Einheit einer Größe zum Ausdruck bringt, die Zusammengehörigkeit der israelitischen Bevölkerung im Reich Davids symbolisiert werden. Weil man die Zwölfzahl brauchte, fand der damals sicherlich längst bedeutungslose Stamm Simeon oder der Stamm Levi, wenn er überhaupt jemals existierte, Aufnahme in das System.

In der vorstaatlichen, der Frühzeit Israels, die das Richterbuch schildert, gab es offensichtlich keine Instanz oberhalb der Stämme, sondern diese regelten ihre Angelegenheiten unabhängig voneinander. Nur der Druck von außen verband sie gelegentlich zu Koalitionen, wofür das Debora-Lied das deutlichste Beispiel ist.

Über die *Struktur der Stämme* liefert uns das Alte Testament vereinzelte Nachrichten. Der Stamm (hebräisch *schebaet, mattē*) gliederte sich in Sippen oder »Geschlechter« (hebräisch *mischpāchā*), und diese wiederum in Familien (hebräisch *bēt 'āb* »Vaterhaus« oder einfach *bajit* »Haus«; ein eigenes Wort für »Familie« gibt es im Hebräischen nicht). Die Familie umfaßte den Familienvater, seine Frau oder seine Frauen und die unverheirateten Kinder, doch konnte auch ein weiterer Teil von Verwandten – Geschiedene oder Witwen – an ihr teilhaben. Oft lebte die Sippe an einem Ort zusammen (z. B. Richt 6,34: Ofra ist der Ort der Sippe Abiëser; Rut 4,11, 1Sam 17,12 und Micha 5,1: Betlehem ist der Ort der Sippe Efrata). Zweifellos sind die Sippen gewöhnlich älter als der Stamm: Dieser ist ein Zusammenschluß mehrerer Sippen aufgrund gemeinsamer Schicksale. Dabei konnten die Sippen durchaus ihre Stammeszugehörigkeit wechseln (z. B. wird die Sippe Schalischa/Schilscha in 1Sam 9,4 und 2Kön 4,42 zu Efraim, in 1Chr 7,37 zu Ascher gerechnet).

III.
Das frühe Königtum in Israel und Juda

Ein deutlich erkennbarer und markanter Einschnitt in der Geschichte Israels ist die Zeitspanne, während der aus einem losen Verband einzelner Stämme ein monarchisch regierter, für die damalige Zeit ansehnlicher Staat hervorging. Darüber berichtet das Alte Testament in den Samuelbüchern und in der ersten Hälfte des 1. Königsbuches. Die alttestamentliche Darstellung verwendet hier anfangs Sagen oder Legenden, deren historischer Kern nicht immer klar zutage tritt, und nähert sich weiter fortschreitend dem, was man als Geschichtsschreibung im modernen Sinne bezeichnen kann, während sie am Ende, wo es um die Epoche Salomos geht, vielfach die Form des Märchenhaften annimmt.

1. Saul

Die Geschichte Sauls, die das 1. Samuelbuch beschreibt, hängt sowohl mit dem Lebensweg Samuels als auch mit dem Aufstieg Davids zusammen. Dementsprechend läßt sich das Buch in drei Teile gliedern: Samuel (1Sam 1–7), Samuel und Saul (8–15), Saul und David (16–31), wobei allerdings Samuels Wirken in den dritten Teil hineinreicht, wie aus der nachstehenden Inhaltsübersicht hervorgehen wird.

Hanna, eine der zwei Frauen des Elkana, ist unfruchtbar und gelobt bei einem Opferfest in Schilo, sie werde, wenn Gott ihr einen Sohn schenke, diesen Gott weihen, was der Priester Eli hört, der ihr die Erfüllung ihrer Bitte zusagt; Hanna bekommt einen Sohn, den sie Samuel nennt, und bringt ihn nach dem Abstillen (mit etwa drei Jahren), begleitet von Elkana, zu Eli nach Schilo (1; der Hinweis auf die Söhne Elis V. 3b dürfte ein Zusatz sein ebenso wie der auf die Sticheleien der anderen Frau V. 6.7aβ, der den Zusammenhang unterbricht) und preist in einem Lied das machtvolle Handeln Gottes (2,1–10). Elkana kehrt (mit Hanna) nach Hause zurück, und Samuel tritt seinen Dienst bei Eli an (2,11). Die Söhne Elis vergehen sich an den Opfern und nehmen statt des gekochten Fleisches, das ihnen zusteht, rohes, um es zu kochen (2,12–17). Samuel versieht seinen Dienst bei Eli, dieser segnet Hanna, und sie bekommt weitere Kinder (2,18–21). Eli schilt seine Söhne, aber vergeblich (2,22–25). Samuel gewinnt immer mehr Gunst bei Gott und den Menschen (2,26). Ein »Gottesmann« kündigt Eli den Tod seiner beiden Söhne und den Untergang seines Hauses, dem nur einer (nämlich Abjatar) entkommen wird, und die Einsetzung eines »treuen/zuverlässigen Priesters« (nämlich Zadoks) an (2,27–36). In einer nächtlichen Offenbarung teilt Gott dem Samuel ein Gerichtswort über das Haus Elis mit; Samuel wird von ganz Israel als Profet anerkannt (3,1–21a; V. 21b ist ein Zusatz, der sicherstellen will, daß Gott sich durch das Profetenwort – nicht etwa durch eine Vision – offenbart). Samuel wird zur entscheidenden Autorität in Israel (4,1a; in der Lutherbibel 3,21b).

Im folgenden (4–6, ferner in 2Sam 6; 1Kön 8,1–11) geht es um das Schicksal der *Lade*; deshalb seien an dieser Stelle ein paar Bemerkungen über sie eingefügt. Die Lade, der wichtigste Kultgegenstand des frühen Israel, war ein Kasten mit Tragestangen (1Kön 8,7–8), nach dem – allerdings späten – Bericht 2Mose 25,10–22 aus Akazienholz und 125 cm lang, 75 cm breit und 75 cm hoch. Sie wurde in den Krieg mitgenommen (1Sam 4), weil sie Gottes schützende und machtvolle Gegenwart vermittelte (4Mose 10,35). Im Jerusalemer Tempel galt sie anscheinend als »Fußschemel« des unsichtbar darüber thronenden Gottes (1Chr 28,2; Ps 132,7–8); wie man sich in früherer Zeit die Beziehung der Lade zu Gott vorstellte, wissen wir nicht. Offen bleibt auch, ob sie ursprünglich ein leerer Kasten war. Die Texte, nach denen die Lade als Behälter für die beiden Tafeln mit den Zehn Geboten diente (5Mose 10,1–5; 1Kön 8,9), stammen aus spät- oder nachexilischer Zeit. Entsprechend der Vorstellung, daß die Lade die Gesetzestafeln enthielt, wird sie des öfteren als »Lade mit dem Gesetz« (»Lade der Bundesurkunde«; z. B. 2Mose 25,22; 26,33–34; 4Mose 4,5; 7,89) und recht häufig als »Bundeslade« (z. B. Jos 3,6.8.14; 4,9; 6,6) oder »Lade des Bundes des Herrn« (»Bundeslade des Herrn«; z. B. Jos 3,3.17; 4,7; 6,8; 1Sam 4,3–5; 1Kön 3,15) bezeichnet. Daneben heißt sie »Lade des Herrn« (z. B. Jos 3,13; 6,6; 1Sam 5,3), »Lade Gottes« (z. B. 1Sam 4,13; 2Sam 6,4) oder einfach »Lade« (z. B. Jos 3,15; 4,10; 6,4; 1Sam 7,2; 1Kön 8,5).

Es kommt zum zweimaligen Kampf zwischen Israel und den Philistern, Israel unterliegt, die Lade wird von den Philistern erbeutet, und die beiden Söhne Elis, Hofni und Pinhas, fallen (4,1–11; die Hinweise auf die Söhne Elis V. 4b und auf Gottes Handeln in Ägypten V. 8 sind Zusätze). Auf die Nachricht vom Tod seiner Söhne und vom Verlust der Lade stirbt Eli (4,12–18). Die schwangere Frau des Pinhas erfährt das Geschehene und nennt den Sohn, den sie gebiert, Ikabod (»Wo ist die Herrlichkeit?«), weil die »Herrlichkeit«, nämlich die Lade, weggenommen sei (4,19–22; V. 21b–22a ist ein Zusatz). Die Lade wird nach Aschdod gebracht, woraufhin die Statue des Gottes Dagon umstürzt und eine Beulenpest die Bewohner Aschdods befällt, dann ebenfalls die Bewohner Gats und Ekrons, nachdem die Lade dorthin überführt wurde (5). Die Philister stellen die Lade und einen Kasten mit einer »Sühnegabe«, nämlich Geschwüren und Mäusen aus Gold, auf einen Wagen und spannen zwei Kühe davor, die den Wagen nach Bet-Schemesch ziehen; die Bewohner von Bet-Schemesch freuen sich und bringen die Kühe als Brandopfer dar (6,1–18; später hinzugefügt sind die Hinweise auf Israels Behandlung durch die Ägypter V. 5b–6 und auf die Leviten V. 15). Gott tötet siebzig Mann, weil die Bewohner von Bet-Schemesch die Lade angeschaut hatten, und diese bitten die Bewohner von Kirjat-Jearim, sie möchten die Lade übernehmen (6,19–21); die Lade kommt nach Kirjat-Jearim in das Haus Abinadabs (7,1).

Die Lade bleibt zwanzig Jahre in Kirjat-Jearim, und Israel »klagte hinter dem Herrn her« (so der Urtext; den Grund der Klage erfahren wir nicht); auf Samuels Anweisung entfernt das Volk die »fremden Götter« und findet sich in Mizpa zu einer Fastenversammlung ein, wobei Samuel »Israel richtet«; die Philister rücken heran, Samuel bringt ein Opfer dar und hält Fürbitte, und Israel siegt über die Philister; Samuel stellt einen Stein als Gedenkstätte auf (7,2–12). Israel dominiert über die Philister und die Amoriter (d. h. die Kanaanäer; 7,13–14). Samuel »richtet Israel«, baut in Rama einen Altar (7,15–17) und setzt seine beiden Söhne zu »Richtern« – und zwar in Beerscheba, im Süden Palästinas – ein, die jedoch ihr Amt mißbrauchen, weshalb alle Ältesten Israels zu Samuel nach Rama kommen und von ihm die Einsetzung eines Königs fordern; das mißfällt Samuel, er betet zu Gott und erhält die Antwort, das Volk habe nicht Samuel, sondern Gott verworfen, und Samuel solle dem Volk zu Willen sein, es aber verwarnen, indem er ihm das »Recht des Königs« vorträgt; Samuel legt dem Volk dar, wie nachteilig die Herrschaft eines Königs sei, das Volk jedoch beharrt auf seinem Wunsch nach einem König; wieder betet Samuel zu Gott und erhält die Antwort, er solle einen König einsetzen; Samuel entläßt das Volk (8; möglicherweise ist hier ein V. 1–5bα.20b–22 umfassender Grundbestand – Gott stimmt dem Wunsch des Volkes nach einem König zu, dieser Wunsch wird also positiv gesehen – nachträglich um das Mittelstück V. 5bβ–20a, das die Herrschaft eines Königs negativ beurteilt, erweitert worden).

Der junge Saul begibt sich mit einem Knecht auf die Suche nach Eselinnen, die seinem Vater Kisch entlaufen sind, und wendet sich, weil er die Eselinnen nicht findet, an den

»Gottesmann« Samuel, der zunächst seltsamerweise namenlos bleibt; Samuel bewirtet die beiden, nimmt sie über Nacht zu sich auf und sagt am nächsten Tag dem Saul voraus, daß er bald von zwei Männern die Mitteilung erhalten wird, die Eselinnen hätten sich eingefunden, und daß er anschließend drei Männer treffen wird, die ihn mit Speise versorgen; dann soll er zupacken (gemeint ist wohl: die Feinde, die Philister, angreifen); die Voraussagen Samuels treffen ein (9,1–10,16; der ursprüngliche Bestand der Erzählung liegt wohl in 9,1–8.10.14a.18–19.22–27; 10,2–4.7.9b vor; alles übrige – insbesondere das Motiv der Salbung in 9,15–17 und 10,1 und die Kurzerzählung 10,10–13, wie Saul mit einer Gruppe von Ekstatikern zusammentrifft, woraus das Sprichwort entsteht: »Ist Saul auch unter den Profeten?«, dürfte nachträglich hinzugefügt sein).

Samuel versammelt das Volk in Mizpa und befiehlt, es solle sich nach Stämmen und Sippen geordnet aufstellen; »getroffen« (nämlich durch das Los) wird Saul, der alle anderen um Haupteslänge überragt; Samuel stellt ihn als den Erwählten Gottes vor, das Volk erkennt ihn als König an, Samuel schreibt das »Königsrecht« auf und entläßt das Volk (10,17–27; anscheinend wurde hier eine V. 17–18aα*.19b–21bα.23aβ–25 umfassende Grunderzählung nachträglich mit dem Vorwurf an das Volk V. 18aα*–19a, dem Bericht, daß Saul sich versteckt habe und man ihn findet V. 21bβ–23aα, und dem Hinweis auf die Anhänger und Gegner Sauls V. 26–27 versehen). Saul kommt der von den Ammonitern belagerten Stadt Jabesch in Gilead zu Hilfe, indem er ein israelitisches Heer aufbietet, und wird in Gilgal zum König eingesetzt (11; die ursprüngliche Erzählung liegt in V. 1–11.15 vor [außer »und Samuel« in V. 7a]; nachträglich kamen in V. 12–13 und 14 die Notizen hinzu, daß Saul seine Widersacher – die von 10,27 – verschont und daß Samuel das Königtum »erneuert«; letztere soll die Königserhebung von 10,24 mit der von 11,15 in Einklang bringen). Samuel legt Rechenschaft über seine Amtsführung ab, beschreibt, wie es zur Einführung der Monarchie kam, läßt das Volk ein Zeichen vom Himmel erleben, so daß sich das Volk fürchtet und Samuel um Fürsprache bittet, und schließt mit Ermahnungen (12).

Notiz über Sauls Alter und Regierungszeit (13,1; die erste Zahl ist verlorengegangen, die zweite fehlerhaft). Saul und sein Sohn Jonatan erschlagen den Vogt der Philister in dem Ort Geba, die Philister stellen sich bei dem Ort Michmas auf; die Israeliten verstecken sich oder flüchten bis auf sechshundert Mann, die bei Saul und Jonatan bleiben; die Philister unternehmen Raubzüge in die Umgebung und sichern sich das Monopol im Schmiedehandwerk (13,2–22; der Bericht über die Auseinandersetzung zwischen Samuel und Saul in Gilgal V. 4b.7b–15 ist nachträglich eingefügt; übrigens nennt die Lutherbibel in V. 3 und 16 fälschlich Gibea statt Geba). Jonatan und sein Waffenträger erschlagen bei Michmas, gegenüber von Geba, einen Vorposten der Philister (13,23–14, 15; die ursprünglich wohl nur 13,23 und 14,1a.6aβ–15 umfassende Erzählung ist eine Parallele zu der kurzen Mitteilung in 13,3). Saul bemerkt das Fehlen Jonatans und rückt zum Kampf gegen die Philister aus, die sich in Panik gegenseitig umbringen (14,16–23). Weil die Israeliten in Bedrängnis (nämlich durch die Philister) sind, verpflichtet Saul seine Männer, sich jeglicher Speise zu enthalten, was sie auch tun und so die Philister bei Michmas und Ajalon besiegen; Saul erkennt, daß sich jemand nicht an die Askese gehalten hat; durch das Los wird Jonatan ermittelt, der auch zu sterben bereit ist; aber das Volk setzt sich für ihn ein und rettet ihm das Leben (14,24–46; nachträglich könnten der vorwegnehmende Hinweis auf Jonatans Vergehen und seine Rechtfertigung V. 27–30 und der Bericht, daß Saul einen Altar baut, weil man nur an ihm geopfertes Fleisch essen darf, V. 32–35, hinzugefügt sein). Notizen über Sauls Erfolge im Krieg gegen andere Völker (14,47–48), seine Familienangehörigen (14,49–51) und sein Heer (14,52).

Saul rückt gegen Amalek (die Amalekiter) heran, läßt die befreundeten Keniter sich aus dem Gebiet Amaleks entfernen, besiegt Amalek, nimmt den König Agag gefangen und trifft sich in Gilgal mit Samuel, der den Agag in Stücke haut (15; der Grundbestand des Textes, nach dem Saul und Samuel einträchtig miteinander wirken, liegt in V. 4a.5–6aα.b–8a.12b–13a.32–33 vor; dieser Grundbestand wurde später in einem mehrstufigen Prozeß erweitert).

Samuel salbt David, den jüngsten Sohn des Betlehemiters Isai, im Haus Isais zum zukünftigen König (16,1–13). Für Saul, der von einem »bösen Geist« befallen ist, sucht man einen Zitherspieler, der Sauls Krankheit lindern kann, und findet ihn in David, der zu Saul kommt, sein Waffenträger wird und für ihn Zither spielt (16,14–23).

David tötet mit einer Steinschleuder den schwerbewaffneten Philister Goliat (17; der doppelte Bericht vom Auftreten Goliats – nämlich in V. 4 und 23 – und von seinem Tod – nämlich in V. 50 und 51 – führt darauf, daß hier zwei Erzählungen ineinandergearbeitet sind; die eine – sie setzt Davids Dienst im Heer voraus – hat folgenden Inhalt: Philister und Israeliten stehen einander kampfbereit gegenüber, und Goliat fordert die letzteren zum Zweikampf auf [V. 1–9], David läuft dem Philister aus der Schlachtreihe – nämlich der israelitischen – entgegen [V. 48b] und tötet ihn [V. 50], worauf die Philister fliehen und von den Israeliten besiegt werden [V. 51b–53]; die andere Erzählung berichtet folgendes: David wird als Sohn des Isai vorgestellt, drei der Söhne Isais dienen im Heer Sauls [V. 12.13a*], Isai schickt David mit Proviant zu seinen Brüdern [V. 17–18], David kommt zum Heer, das sich – wie auch die Philister – kampfbereit aufgestellt hat, Goliat erscheint, bei seinem Anblick geraten die Israeliten in Furcht, David erfährt, daß Saul denjenigen, der den Philister besiegt, reich beschenken und zu seinem Schwiegersohn machen will, und äußert sich geringschätzig über den Philister [V. 20–23a.24–30]. Das wird dem Saul berichtet, dieser läßt David holen, David ermutigt

Saul, und auf Sauls Einwand, David könne als Knabe nicht gegen den Kriegsmann Goliat kämpfen, erwidert David, er habe als Hirt manchen Kampf bestanden [V. 31–36], nimmt Schleuder und Steine und geht dem Philister entgegen, der ihn und seinen Gott verhöhnt [V. 40.42a.43]. Aber David tötet ihn mit seiner Schleuder und schlägt ihm mit dessen Schwert den Kopf ab [V. 49.51a]. Saul erfährt, daß David ein Sohn Isais ist [V. 55–58]; die übrigen Teile des Kapitels sind nachträglich hinzugefügt.)

Sauls Sohn Jonatan schließt Freundschaft mit David; diesem, der im Kampf gegen die Philister erfolgreich ist, jubeln insbesondere die Frauen zu, was Sauls Mißtrauen auslöst (18,1–9). In einem Anfall von Raserei sucht Saul David zu töten (18,10–11). Aus Angst vor David macht Saul ihn zum Obersten und entfernt ihn so vom Hof, aber David hat Erfolg und gewinnt noch mehr Ansehen (18,12–16). Saul verspricht dem David seine Tochter Merab, gibt sie aber einem Adriël zur Frau und verheiratet David mit seiner älteren Tochter Michal (18,17–27; die ursprüngliche Erzählung enthielt wohl noch nicht die Sätze über Sauls Hinterlist V. 17b.21.25b). Davids Erfolge und dementsprechend Sauls Furcht nehmen weiter zu (18,28–30).

Jonatan nimmt seinem Vater, der David töten will, das Versprechen ab, David nichts anzutun, was Jonatan dem David berichtet (19,1–7; die hier sinnlose Notiz über Davids Versteck V.2b–3aα dürfte durch 20,18–24 angeregt sein). David besiegt die Philister (19,8), Saul versucht erneut, ihn zu töten, und David flieht (19,9–10; V. 9–10a stimmt weitgehend mit 18,10–11 überein). Sauls Leute lauern David vor seinem Haus auf, aber Michal läßt ihn durch das Fenster hinab (offenbar lag Michals Gemach an der Stadtmauer), so daß er fliehen kann, und täuscht Sauls Leute und Saul, indem sie ein »Götzenbild« (oder »Götterbild«, hebräisch *t^erāfim*; unklar ist, ob es sich um eine Maske oder eine mannshohe Figur handelt) ins Bett legt; Saul merkt zu spät, daß er getäuscht, ja lächerlich gemacht wurde (19,11–17). David flieht nach Rama zu Samuel, der in einem »Profetenhaus« (Lutherbibel: »Najot«) wohnt und hier eine Gruppe von »Profeten«, nämlich Verzückte, Ekstatiker, leitet; sowohl die Boten, die Saul schickt, als auch er selber geraten in Verzückung, woraus das Sprichwort entsteht: »Ist Saul auch unter den Profeten?« (19,18–24; es handelt sich um eine Parallele zu 10,10–13).

David sucht Jonatan auf und bittet ihn, beim Neumondfest, an dem David eigentlich in Sauls Tafelrunde erscheinen müßte, aber fernbleiben will, zu erkunden, ob Saul ihm, David, nach dem Leben trachtet; Jonatan, der Sauls Tötungsabsicht bezweifelt, sagt zu und verabredet mit David, der sich auf dem Feld verstecken soll, ein Zeichen; weil David auch am Tag nach dem Neumond nicht anwesend ist, spricht Saul offen aus, daß er David töten will, und bedroht Jonatan, der David in Schutz nimmt, mit dem Speer; dies übermittelt Jonatan dem David durch das verabredete Zeichen, dann trennen sie sich (20; der Abschnitt V. 11–17, der den Zusammenhang unterbricht und mancherlei Unklarheiten enthält, dürfte nachträglich zugefügt sein).

David kommt zu dem Priester Ahimelech in dem Ort Nob, bittet ihn um Brot für sich und seine Männer und erhält, während der im Dienst Sauls stehende Edomiter Doëg dort anwesend ist, »Schaubrote« vom Altar und das Schwert Goliats (21,1–10). Auf der Flucht vor Saul begibt David sich zu dem König Achisch von Gat, dessen Diener ihm den David als erfolgreichen (und damit gefährlichen) Heerführer melden; David gerät in Furcht und stellt sich wahnsinnig, und Achisch lehnt die Aufnahme Davids mit der – israelitische Hörer dieser Anekdote sicherlich erheiternden – Bemerkung ab, er habe schon genug Verrückte bei sich (21,11–16). Um David, der sich im Westen Judas aufhält, scharen sich einige seiner Angehörigen und etwa vierhundert sozial abgesunkene Männer; er bringt seine Eltern beim König von Moab unter und begibt sich in das Kernland Judas (22,1–5). Während Saul seine Diener anklagt, sie wollten sich gegen ihn verschwören, berichtet Doëg von der Unterstützung Davids durch Ahimelech; Saul läßt Ahimelech und die gesamte Priesterschaft von Nob holen, und auf Sauls Vorwurf rechtfertigt Ahimelech sein Handeln mit dem Hinweis auf die Verdienste Davids; Sauls Befehl zur Tötung der Priester, dem nachzukommen seine Diener sich weigern, wird von Doëg ausgeführt; der anschließenden Vernichtung des Ortes Nob entgeht nur Ahimelechs Sohn Abjatar, der zu David flieht (22,6–23). David befreit die Stadt Keïla von den Philistern, muß die Stadt aber mit seinen sechshundert Mann verlassen, da Saul mit einem Heer heranziehen will und die Bürgerschaft von Keïla nicht zu David hält (23,1–13).

Jonatan besucht David in Horescha und schließt einen Bund mit ihm (23,14–18). Die Bewohner des Ortes Sif bieten Saul an, den Aufenthaltsort Davids, nämlich den Hügel Hachila, zu verraten, und Saul macht sich auf den Weg dorthin (23,19–24a; eine Paralleltradition liegt in 26,1–3a vor). Saul verfolgt David in der Gegend von Maon, wird aber durch die Nachricht von einem plötzlichen Einfall der Philister zum Rückzug gezwungen, weshalb man den Ort Sela-Machlekot (»Fels der Trennung«) nennt (23,24b–28). David begibt sich in die Berge von En-Gedi, wo Saul ihn verfolgt (24,1–3). Saul geht, um seine Notdurft zu verrichten, in eine Höhle, in der sich bereits David und seine Männer befinden; diese fordern David auf, Saul zu töten, was David zurückweist; er schneidet heimlich einen Zipfel von Sauls Mantel ab, geht hinter Saul, der die Höhle verläßt, her und wirft ihm vor, daß er ihn, David, töten wolle, der ihn doch verschont habe; Saul gesteht seine Schuld ein und nennt David den kommenden König; beide trennen sich (24,4–23; diese Erzählung, die von der Paralleltradition in 26,3b–25 beeinflußt worden ist, dürfte in einer früheren, aber wohl kaum noch rekonstruierbaren Form erheblich kürzer gewesen sein).

Samuel stirbt und wird in Rama begraben (25,1a). David

begibt sich in die Wüste Paran auf der Sinaihalbinsel (25,1b), schickt zehn Männer zu dem reichen Herdenbesitzer Nabal in Karmel (südlich von Hebron) und verlangt »Schutzgelder«, nämlich Lebensmittel, von ihm, was Nabal grob zurückweist, worauf David mit vierhundert Männern zu Nabal aufbricht; dessen kluge und schöne Frau Abigajil reitet mit einer großen Menge Proviant ohne Wissen Nabals dem David entgegen, der gerade droht, Nabal samt seiner Familie zu töten; bei David angekommen, hält sie ihn davon ab, Blutschuld auf sich zu laden; David lobt Abigajils Klugheit, nimmt den Proviant entgegen und schickt sie nach Hause; ihrem Mann erzählt sie erst am nächsten Morgen das Vorgefallene; zehn Tage später stirbt Nabal, und David heiratet Abigajil (25,2–42; Abigajils Rede ist zumindest um den Hinweis auf Davids späteres Königtum V. 28b–31 nachträglich erweitert worden). Vorher hatte David eine Frau namens Ahinoam geheiratet (25,43), während Saul seine Tochter und Davids Frau Michal mit einem Mann namens Palti verheiratet hatte (25,44).

Die Leute von Sif verraten dem Saul den Aufenthaltsort Davids, den Hügel Hachila, und Saul bricht dorthin auf (26,1–3a; es handelt sich um eine Paralleltradition zu 23,19–24a). David dringt (während der Nacht) mit seinem Neffen Abischai in das Lager Sauls ein, entwendet den Speer und den Wasserkrug des schlafenden Saul, und beide entfernen sich unbemerkt; über ein Tal hinweg redet David zunächst mit Sauls Heerführer Abner, dann mit Saul selbst und sagt, daß er ohne Grund verfolgt werde und bei der Wegnahme des Speeres Saul nicht getötet habe; Saul gesteht seine Schuld ein, bittet David um Rückkehr und sagt ihm Erfolg voraus; beide trennen sich (26,3b–25; diese Erzählung, eine Paralleltradition zu 24,4–23, enthielt auf einer früheren Überlieferungsstufe zumindest die Passage mit Abischai V. 6–11 wohl noch nicht).

Aus Furcht vor Saul begibt David sich mit seinen sechshundert Mann, deren Familien und seinen zwei Frauen zu dem Philister Achisch, dem König von Gat, erhält von diesem den Ort Ziklag als Wohnort, als Lehen, und mit seiner Truppe überfällt er im Süden Palästinas lebende Gruppen, täuscht dem Achisch aber vor, er habe gegen die Judäer (also seine Stammesgenossen) und verwandte Gruppen Raubzüge unternommen (27). Beim Aufmarsch der Philister gegen Israel sagt David dem Achisch zu, er werde am Kampf teilnehmen (28,1–2).

Samuel war gestorben, und Saul hatte die Totenbeschwörer und Wahrsager aus dem Land vertrieben (das wird mitgeteilt, weil es zum Verständnis dessen, was Saul dann unternimmt, wichtig ist); aus Angst vor dem Aufmarsch der Philister wendet sich Saul nach dem erfolglosen Versuch, einen Gottesbescheid (nämlich über die Zukunft) einzuholen, an eine Frau in En-Dor, damit sie ihm durch einen Totengeist (oder ein Beschwörungsmittel) wahrsagt, d. h. Samuel aus der Unterwelt heraufholt; Samuel erscheint und kündigt dem König seinen und seiner Söhne Tod und die Niederlage Israels an; Saul bricht zusammen, und die Frau stärkt ihn mit einem kräftigen Mahl (28,3–25; die Erzählung, in V. 17–19aα mit einem nachträglichen Zusatz versehen, ist leider an entscheidender Stelle, nämlich dem Bericht über das Heraufsteigen Samuels V. 12–14, recht unklar; das hebräische Wort für »Totenbeschwörer« in V. 3 und 9 bezeichnet in V. 7 und 8 offenbar ein Mittel der Totenbeschwörung).

Nach dem Aufmarsch der Philister und der Israeliten im Norden Palästinas lehnen die Obersten der Philister die Teilnahme Davids am Kampf ab, was Achisch dem David mitteilt; David und seine Männer begeben sich zurück ins Philisterland (29). Unterdes hatten die Amalekiter Ziklag niedergebrannt und die Frauen und Kinder mit sich weggeführt; David verfolgt mit seiner Truppe die Amalekiter, zu denen ein ägyptischer Sklave ihnen den Weg weist, und kann den Amalekitern alle Beute wieder abnehmen; diese verteilt er gerecht unter seine Krieger, womit er einen auf Dauer gültigen Brauch in Israel einführt (30,1–25). Einen

Teil der Beute schickt er nach Juda (30,26–31; da das nach dem Vorangehenden – David verteilt die Beute unter seine Männer – nicht möglich ist, meint der Text vielleicht zusammenfassend die Geschenke, die David im Lauf der Zeit nach Juda sandte). Die Philister siegen über die Israeliten auf dem Gilboa-Gebirge; drei Söhne Sauls fallen, und dieser gibt sich selbst den Tod; es kommt zu einer allgemeinen Flucht der Israeliten; die Philister schneiden Saul den Kopf ab und heften die Leichname Sauls und seiner gefallenen Söhne an die Stadtmauer von Bet-Schean, aber die Männer von Jabesch in Gilead nehmen die Leichname herab und begraben sie in Jabesch (31).

Aus dieser vielgestaltigen Darstellung des 1. Samuelbuches läßt sich auf weite Strecken nur mit Mühe und versuchsweise erheben, was damals wirklich geschah. Das gilt vor allem für die Berichte über *Samuel*, dessen Gestalt das Bild jener Epoche kurz vor und zu Anfang der Königsherrschaft Sauls entscheidend prägt. Geht man die Texte entlang, so verbrachte Samuel seine Kindheit und Jugend und wohl auch seine frühen Mannesjahre bei dem Priester Eli, wuchs also in *priesterliche* Aufgaben hinein (2,11.18–21.26) und betätigte sich als Priester (7,9a), wurde auch *Profet* (3,20–21a; 7,3) und *Richter* (7,6b.15–17), wirkte entscheidend an der Erhebung Sauls zum König mit (8,1–5bα.20b–22; 10,17–25*; 11,14), erscheint als *Mann Gottes* oder *Seher*, der gegen Entgelt Auskunft über die Zukunft gibt (9,6–8.18–19), beteiligte sich an einem Unternehmen Sauls gegen die Amalekiter (15*) und trat als Oberhaupt, Leiter von *Profeten* auf (19,18–24), womit hier Menschen bezeichnet werden, die sich in Verzückung, in Ekstase versetzten. Das alles zusammen kann der historische Samuel kaum gewesen sein. Was sich über ihn noch ermitteln läßt, sei im folgenden dargelegt.

Samuel, der Sohn des Elkana und der Hanna aus dem benjaminitischen Ort Rama 8 km nördlich von Jerusalem

(1,19; ferner z. B. 2,11; 7,17; 8,4; 25,1; nach einer anderen Tradition soll Ramatajim in Efraim der Heimatort Samuels gewesen sein, 1,1), war zweifellos eine Persönlichkeit von erheblichem Ansehen und Einfluß in Israel während der zweiten Hälfte des 11. Jahrhunderts v. Chr. Im Dienst des Priesters Eli am Heiligtum von Schilo wurde auch er Priester (2,11.18–21.26), der sich vielleicht sogar als »Nasiräer« durch kultische Reinheit und Askese hervortat (1,11.28). Mit dem Schicksal der Lade, ihrer Erbeutung und Rückgabe durch die Philister (4–6; die Berichte dürften weitgehend historisch sein) hatte Samuel offenbar nichts zu tun. Außer als Priester war er als »Richter« tätig (7,6b.15–17), und dabei ging es wohl um ein Amt wie das der »Kleinen Richter« (Richt 10,1–5; 12,8–15), das neben der Rechtsprechung auch politisch-herrschaftliche Aufgaben – und zwar wohl nicht in ganz Israel, sondern in einem begrenzten Gebiet – umfaßt haben dürfte. Ob und inwiefern Samuel an der Erhebung Sauls zum König beteiligt war, läßt sich nur vermutungsweise ergründen. Wahrscheinlich wurde Saul nach seinem Sieg über die Ammoniter in *Gilgal* zum König gewählt, und zwar ohne Mitwirkung Samuels (1Sam 11,1–11.15). Andererseits lassen die Texte 8,1–5bα.20b–22 (Versammlung der Ältesten in *Rama*) und 10,17–25* (Sauls Wahl zum König in *Mizpa*) Samuel als Hauptfigur bei der Inthronisation Sauls auftreten. Vielleicht schimmert hier die Erinnerung durch, daß Sauls Königtum unter Mitsprache des einflußreichen Samuel zustande kam. Dem entspricht die Erzählung über ein gemeinsames, einträchtiges Unternehmen Sauls und Samuels, wobei letzterer den Amalekiter Agag »vor dem Herrn« – wie ein opfernder Priester – in Stücke haut (15*). Ob die Berichte über das tiefe Zerwürfnis zwischen Samuel und Saul (13,4b.7b–15a; 15,17–26) historisch zutreffen oder literarische Fiktion sind, wissen wir nicht. Als unhistorisch darf man auf jedem Fall Samuels Berufung zum Profeten (3,1–21a), seine Leitungsfunktion in einer Gruppe von Ekstatikern (19,18–24) und die Salbung Davids (16,1–13) ansehen.

Deutlicher als Samuel wird für uns die zweite Hauptfigur des 1. Samuelbuches, nämlich *Saul*, in seinem Handeln, seinem Charakter und seinem Schicksal erkennbar. Er stammte aus dem benjaminitischen Ort Gibea, und die einleitende Notiz der Saul-Erzählungen (9,1–2) stellt ihn mit einer fünfgliedrigen Genealogie – was auf den Rang der Familie hinweisen dürfte – als Sohn des Kisch, eines »angesehenen/wohlhabenden« Mannes und als einen Jüngling von stattlicher Körpergröße vor. Als die israelitische Stadt Jabesch in Gilead von den Ammonitern belagert wurde und das übrige Israel um Hilfe bat, konnte Saul – offenbar spontan, überraschenderweise – den Heerbann, die waffenfähigen Männer Israels, hinter sich bringen und die Ammoniter schlagen, und dieser Erfolg zog Sauls Wahl zum König nach sich (11,1–11.15). Das geschah gegen Ende des 11. Jahrhunderts v. Chr. Die genaue Jahreszahl wissen wir nicht, weil die Chronologie jener frühen Zeit recht unsicher und überdies die Angabe der Regierungsdauer Sauls in 13,1 (»zwei Jahre«) fehlerhaft ist.

Der tiefere Grund, weshalb sich Israel, bisher ein loser Stämmeverband, unter einem König, also einer Zentralgewalt zusammenschloß, war die Bedrohung durch die *Philister*. Diese hatten sich in der ersten Hälfte des 12. Jahrhunderts v. Chr. im Südteil der Küstenebene Palästinas angesiedelt und bildeten hier einen Fünf-Städte-Bund (Aschdod, Aschkelon, Ekron, Gat und Gaza: 1Sam 6,17), der über ein schlagkräftiges Militärwesen verfügte, wofür die Ausrüstung des Philisters Goliat (17,5–7) ein Beispiel sein mag, und Söldnerführer in Dienst nahm, wie der Übertritt Davids und seiner Truppe zu Achisch von Gat (27,2–7; 29) zeigt. Zur Zeit Sauls dehnten die Philister ihren Machtbereich auf das Siedlungsgebiet der Israeliten aus, aber es gelang Saul und seinem Sohn Jonatan, die ins mittelpalästinische Bergland vorgedrungenen Philister zu vertreiben (13,2–4a.5–7a.15b–18.23; 14,1–46*), obwohl diese zunächst ein Monopol in der Eisenverarbeitung besaßen: »Es war aber kein Schmied im ganzen Land Israel zu finden; denn die Philister dachten, die Hebräer könnten sich Schwert und Spieß machen. Und ganz Israel mußte hinabziehen zu den Philistern, wenn jemand sich eine Pflugschar, Hacke, Beil oder Sense schmieden lassen wollte« (13,19–20). Als nächstes erfahren wir von einem erfolgreichen Feldzug Sauls gegen die auf der Sinaihalbinsel, also weit südlich von Mittelpalästina lebenden Amalekiter (15*), wobei er in dem Ort Karmel – er lag in Juda (Jos 15,55; 1Sam 25,2) – ein Siegeszeichen errichtete (V. 12b).

Einen Einschnitt oder gar Wendepunkt in Sauls Leben brachte das Auftreten *Davids*. Nach dem alttestamentlichen Bericht kam des öfteren ein »böser Geist« über Saul (16,14–23; 18,10–12; 19,9–10), d. h., er litt an einer psychischen Krankheit mit Ausbrüchen von Raserei. Dieses Phänomen dürfte die Redensart »Ist Saul auch unter den Profeten?« und danach die Erzählungen, wie Saul unter ekstatische »Profeten« gerät (10,10–13; 19,18–24), veranlaßt haben. Um Sauls Krankheit zu lindern, wurde der des Saitenspiels kundige David, der noch junge Sohn des Isai aus Betlehem in Juda, an den Hof Sauls geholt und erhielt auch bald den Posten eines königlichen Waffenträgers (16,14–23). Die Erzählung von Davids Sieg über Goliat (17; dieser Sieg wird in 2Sam 21,19 einem Elhanan zugeschrieben) ist unhistorisch. David gewann die Freundschaft Jonatans (1Sam 18,1–4), wurde Sauls Schwiegersohn (18,17a.18–20.22–25a.26–27) und stieg – wohl als Kommandant einer Truppe von Söldnern – zum erfolgreichen Heerführer im Kampf gegen die Philister auf, was Sauls Eifersucht und dann sogar offene Furcht erweckte (18,5–16.28–30).

Deshalb kam es zur Flucht Davids vor Saul in seine, Davids, Heimat Juda, wo sich ihm einige seiner Angehörigen und etwa vierhundert deklassierte, sozial entwurzelte Männer anschlossen und er seine Eltern beim König von Moab unterbrachte (22,1–5). Zuvor hatte David vom Priester Ahimelech in Nob Unterstützung erhalten (21,1–8), was dem

Saul von seinem Diener Doëg hinterbracht wurde, woraufhin Saul die gesamte Einwohnerschaft von Nob – bis auf Ahimelechs Sohn Abjatar, der zu David fliehen konnte – ausrotten ließ (22,6–23), sicherlich ein Anzeichen eines psychisch defekten Charakters. David stand der judäischen Stadt Keïla gegen die Philister bei, mußte aber die Stadt beim Heranrücken Sauls wieder verlassen (23,1–13). Saul verfolgte David im judäischen Bergland (23,19–24a; 26,1–3a Hügel Hachila; 23, 24b–28 »Fels der Trennung«; 24 Höhle bei En-Gedi; 26,3b–25). Darin eingeschaltet ist die Erzählung, wie David von dem Herdenbesitzer Nabal im judäischen Karmel Naturalabgaben, also »Schutzgelder«, forderte und diese auch von Nabals Frau Abigajil bekam (25,1–35); hier sehen wir, auf welche Art und Weise David und seine Desperados sich den Lebensunterhalt verschafften, nämlich durch Maßnahmen, die man als Erpressung bezeichnen kann. Nach dem plötzlichen Tod Nabals heiratete David die Abigajil (25,36–42); vorher hatte er Ahinoam aus Jesreel (wohl ein Ort in Juda) geheiratet (25,43). Offensichtlich konnte David sich den Nachstellungen Sauls auf die Dauer nicht entziehen und trat darum mit seiner inzwischen auf sechshundert Mann angewachsenen Truppe, seiner Privatarmee, in den Dienst des Philisterkönigs Achisch von Gat und erhielt von ihm den Ort Ziklag als Wohnsitz, als Lehen (27,1–7). Um sich die Freundschaft der Judäer zu sichern, unternahm David ohne Wissen Achischs Raubzüge gegen südlich von Juda lebende und sicherlich Juda bedrohende Gruppen (27,8–12), insbesondere gegen die Amalekiter (30,1–25), und aus der Beute ließ er den Judäern Geschenke zukommen (30,26–31).

Die Entscheidungsschlacht zwischen den Philistern und den Israeliten rückte heran; erstere versammelten sich bei Schunem, letztere nicht weit davon entfernt auf dem Gebirge Gilboa (28,1.4). Saul wurde offenbar von düsterer Vorahnung erfüllt und ging heimlich in der Nacht vor dem Entscheidungskampf zu einer Totenbeschwörerin, die ihm seinen Untergang ankündigte (28,5–25*). David blieb die Teilnahme am Kampf gegen sein eigenes Volk aufgrund des Mißtrauens der Philisterfürsten außer Achisch erspart, die ihn nach Ziklag zurückschickten (29); zu diesem Zeitpunkt war das Heer der Philister noch nicht bei Schunem, sondern bei Afek, viel weiter südlich davon, versammelt, während das Heer der Israeliten schon bei Jesreel stand (V. 1). Die Schlacht endete mit einer vernichtenden Niederlage Israels. Drei Söhne Sauls fielen, Saul gab sich selbst den Tod, und das israelitische Heer löste sich in wilder Flucht auf. Dem toten – und wohl auch zutiefst verhaßten – Saul schnitten die Philister den Kopf ab und hängten den übrigen Leichnam mitsamt den Leichnamen seiner gefallenen Söhne an der Stadtmauer von Bet-Schean auf. Wenig später stahlen die Bürger von Jabesch die Leichen bei Nacht und begruben sie in ihrer Stadt (31).

In der Schlacht waren drei Söhne Sauls gefallen: Jonatan, Abinadab und Malkischua (31,2); dagegen nennt die Familiennotiz 14,49–50 als Söhne Sauls – und zwar von Ahinoam, seiner (Haupt-)Frau – Jonatan, Jischwi und Malkischua. Als Nachfolger Sauls regierte sein Sohn Ischbaal (in der Lutherbibel heißt er Isch-Boschet; 2Sam 2,8–10; 4); ob dieser – wie des öfteren vermutet – mit Jischwi identisch ist, wissen wir nicht.

Sauls Hauptaufgabe war die Abwehr der Philistergefahr; über einen Staat im modernen Sinne gebot er noch nicht. Die Organisationsform seiner Herrschaft erkennen wir deutlich in der Beschreibung der königlichen Tafelrunde: »Der König saß auf seinem Platz wie immer, auf dem Platz an der Wand, Jonatan ihm gegenüber, und Abner saß zur Seite Sauls; aber Davids Platz blieb leer« (1Sam 20,25). Der Führungszirkel Sauls bestand also aus ihm selbst, dem Kronprinzen Jonatan, dem Heerführer (und Cousin Sauls: 14,50–51) Abner und dem Söldnerkommandanten (und Schwiegersohn, der sich allerdings kurz zuvor abgesetzt hatte) David. Außerdem wird der Edomiter Doëg, der

»Oberste von Sauls Hirten«, genannt (21,8); offenbar besaß Saul größere Herden, deren Verwaltung er einem Oberaufseher übertrug.

Um Krieg zu führen, bot Saul zuweilen den Heerbann, alle waffenfähigen Männer Israels, auf (11,7; 29,1; 31,1). Daneben schuf er sich eine Söldnerarmee, eine Elitetruppe von Berufskriegern: »Und wenn Saul einen starken und kriegstüchtigen Mann sah, nahm er ihn in seinen Dienst« (14,52b). Vielleicht sind das die in 13,15 und 14,2 erwähnten sechshundert Mann. Saul belohnte sie mit Ländereien (22,7). Woher er diese nahm, erfahren wir nicht; wahrscheinlich handelte es sich um herrenlos gewordene Güter.

Welchen Umfang das von Saul beherrschte Gebiet hatte, läßt sich den Texten nur annäherungsweise entnehmen. Der wohl wichtigste Hinweis ist die Notiz: »Abner, der Sohn des Ner, Sauls Heerführer, nahm Sauls Sohn Ischbaal, brachte ihn nach Mahanajim hinüber und machte ihn zum König über Gilead und über Aschur und über Jesreel und über Efraim und über Benjamin und über ganz Israel« (2Sam 2,8–9). Dieser Text beschreibt höchstwahrscheinlich nicht nur das Herrschaftsgebiet Ischbaals, sondern auch das von Saul regierte Territorium. Dazu gehörte – sieht man von dem rätselhaften Aschur und von der nachhinkenden Schlußformel »und über ganz Israel« ab – Gilead (der von den Israeliten besiedelte Teil des Ostjordanlandes), die Stadt Jesreel und das Gebiet der Stämme Efraim und Benjamin (das mittelpalästinische Bergland, wobei »Efraim« das Stammesgebiet von Manasse einschließen muß, weil Jesreel sonst isoliert bliebe).

Das hier umschriebene Territorium ist also nur ein Teil des israelitischen Siedlungsbereichs; es fehlen die galiläischen Stämme im Norden und Juda im Süden. Das dürfte zu dem passen, was sich auch sonst aus den Texten über den Herrschaftsbereich Sauls erheben läßt. Zwar lesen wir von Aufenthalten Sauls in Juda: Bei seinem Zug gegen Amalek kommt er nach Karmel (15,12b), und die Verfolgung Davids führt ihn mehrfach auf judäisches Gebiet (23,1–13.19–28; 24; 26). Aber das waren Einzelunternehmen; von einer dauerhaften Herrschaft Sauls über Juda kann nicht die Rede sein. Offensichtlich umfaßte Sauls Territorium das israelitische Siedlungsgebiet östlich des Jordans und das mittelpalästinische Bergland, das durch die beiden »Querriegel« vom Stamm Juda im Süden und von den Stämmen Galiläas im Norden getrennt war. Wenn Saul allerdings ab und zu nach Juda übergreifen konnte, so entspricht das der Nachricht, daß er nicht nur gegen die Ammoniter, Philister und Amalekiter, sondern auch gegen die Moabiter und Edomiter und gegen Zoba (ein aramäisches Fürstentum in Südsyrien) erfolgreich gekämpft hatte (14,47–48), also durchaus in der Lage war, auch außerhalb seines unmittelbaren Machtbereichs militärisch aktiv zu sein.

Eine in ihren Einzelheiten nicht mehr durchschaubare Aktion Sauls richtete sich gegen die im Siedlungsbereich des Stammes Benjamin gelegene Stadt Gibeon. Die kanaanäischen, also nichtisraelitischen Bewohner Gibeons hatten durch eine List erreicht, daß die Israeliten mit ihnen – und ebenso mit den Bewohnern der Städte Kefira, Beerot und Kirjat-Jearim – einen Schutzvertrag abschlossen (Jos 9). Aus einer Erzählung, die zur Zeit Davids spielt, erfahren wir, daß Saul die Bewohner Gibeons auszurotten suchte (2Sam 21,1–2). Anscheinend wollte er die kanaanäische Stadt seinem Herrschaftsbereich gewaltsam eingliedern. Für diese Vermutung gibt es noch einen Hinweis. Nach einer Notiz im Bericht über die Ermordung Ischbaals (Isch-Boschets) wurden die Bewohner Beerots aus ihrer Stadt vertrieben (2Sam 4,3). Ein Zeitpunkt wird nicht genannt; aber es liegt nahe anzunehmen, daß Sauls Aktion gegen Gibeon mit der Vertreibung der Bewohner Beerots zusammenhing. Demnach hätte Saul angestrebt, den israelitischen Siedlungsraum auf Kosten der Kanaanäer auszudehnen.

2. David

Die Laufbahn Davids, die mit seinem Dienst als Musiktherapeut und persönlicher Adjutant Sauls begann, ihn zu dessen Schwiegersohn und zum erfolgreichen Heereskommandanten, aber durch Sauls Eifersucht auf den Konkurrenten zum Guerillachef mit einer Truppe von Desperados und schließlich zum Söldnerführer und Lehnsmann der Philister, der Feinde Israels, werden ließ, kam mit dem Tode Sauls an einen Wendepunkt, weil für David jetzt das zweifellos längst angestrebte Ziel, die Königswürde zu erlangen, ein beträchtliches Stück näher rückte. Davon, wie ihm das gelang, und vom weiteren Weg Davids berichtet das 2. Samuelbuch, dessen Inhalt nun vorgeführt sei.

Zu David, der sich in Ziklag aufhält, kommt ein Amalekiter mit der Behauptung, er habe Saul auf dessen Wunsch getötet; David und seine Männer trauern um die Gefallenen, und den Amalekiter läßt David töten (2Sam 1,1–16; die nicht ganz gradlinige Erzählung ist eine Paralleltradition zu 1Sam 31). David trägt ein Klagelied über Saul und Jonatan vor (1,17–27), wird in Hebron zum König über Juda gesalbt (2,1–4a), dankt den Bewohnern von Jabesch für die Bestattung Sauls und ermutigt sie (2,4b–7). Abner, Sauls Heerführer, hatte dessen Sohn Ischbaal (Isch-Boschet) in Mahanajim zum König über Gebiete des mittleren und nördlichen Palästina gemacht (2,8–9). Notizen über Ischbaals Alter und seine und Davids Regierungszeit (2,10–11). In der kriegerischen Auseinandersetzung zwischen den Männern Abners und Joabs – er war Davids Söldnerführer – findet ein zwölffacher Zweikampf mit für alle tödlichem Ausgang statt, wird Joabs Bruder Asaël von Abner, der ihn vergeblich warnt, getötet und erreicht Abner einen Waffenstillstand (2,12–32). Notizen über den Krieg zwischen dem »Haus Sauls« und dem »Haus Davids« (3,1) und über Davids Söhne (3,2–5). Abner überwirft sich mit Ischbaal, bietet David einen Bund an, dieser fordert von Abner und Ischbaal die Rückgabe seiner ehemaligen Frau Michal und erhält sie auch; Abner kommt zu David nach Hebron, wird dort gastlich aufgenommen und tritt den Heimweg an (3,6–21; Abners Ankündigung des Übertritts zu David V. 9–10 und der Bericht über die Verhandlungen Abners mit den Ältesten Israels und Benjamins [diese Verhandlungen will er laut V. 21a erst noch führen] V. 17–19 dürften nachträglich hinzugefügt sein). Joab ermordet Abner, David ordnet Trauerriten an, Abner wird ehrenvoll bestattet, David trägt ein Klagelied über Abner vor, fastet und bekennt sich als zu schwach, um Joab und Abischai zu bestrafen (3,22–39). Ischbaal wird von einem Brüderpaar, Baana und Rechab, ermordet; diese bringen den Kopf Ischbaals zu David, der sie töten läßt (4; die Notizen über Beerot V. 2b–3 und über Merib-Baal [in der Lutherbibel heißt er Mefi-Boschet] V. 4 dürften nachträglich hinzugefügt sein). Die Ältesten Israels kommen zu David nach Hebron und salben ihn zum König über Israel (5,1–3; in V. 1–2 liegt ein Zusatz vor).

Exkurs: »Israel«

Der Name »Israel« hat im Alten Testament mehrere Bedeutungen. In den Überlieferungen von der Vorgeschichte und der Landnahme Israels (2. Mose- bis Josuabuch) tritt uns »Israel« als geschlossene Einheit entgegen, nämlich als das aus den Nachkommen Jakobs entstandene und durch den Glauben an Jahwe und durch gemeinsames Handeln und Schicksal verbundene Volk; und als solch ein Volksganzes erscheint »Israel« auch fast immer in den Erzählungen über die Richterzeit und die Epoche Sauls (Richter- und 1. Samuelbuch). Dieser Sprachgebrauch trifft nicht den historischen Sachverhalt, denn die Größe »Israel« bildete sich erst nach der Landnahme heraus und war auch dann noch keine Einheit, kein geschlossen auftretender Verband.

Ein anderer Sprachgebrauch begegnet uns vereinzelt im 1. Samuelbuch, sehr häufig vom 2. Samuelbuch an. Hier wird oft zwischen »Israel« und einer offensichtlich verwandten Gruppe, nämlich Juda, unterschieden, z. B.: »Und Ischbaal, Sauls Sohn, war vierzig Jahre alt, als er König über Israel wurde, und er regierte zwei Jahre. Doch das Haus Juda hielt es mit David« (2Sam 2,10); David war in Hebron König über das »Haus Juda« geworden (2,1–4a), »und es kamen alle Ältesten Israels zum König nach Hebron. Und der König David schloß mit ihnen einen Bund in Hebron vor dem Herrn, und sie salbten David zum König über Israel« (5,3); David hatte den Aufstand Abschaloms niedergeschlagen, »und der König zog weiter nach Gilgal ... Und das ganze Volk von Juda hatte den König hinübergeführt und auch die Hälfte des Volkes von Israel« (19,41aα.b); bald darauf kommt es zum Aufruf des Scheba aus Benjamin, Israel solle David die Gefolgschaft aufkündigen (20,1), »und alle Männer Israels zogen von David weg hinter Scheba, dem Sohn Bichris, her, aber die Männer Judas folgten ihrem König vom Jordan nach Jerusalem« (20,2).

Nach dem Tode Salomos fiel »Israel« vom »Haus Davids«, d. h. von Salomos Sohn Rehabeam, ab und machte den Jerobeam zum König (1Kön 12,1–20). Für diesen sich neu konstituierenden Staat, dem die nördlich von Juda wohnenden Stämme angehörten, wird dann bis zu seinem Untergang so gut wie ausschließlich der Name »Israel« verwendet (z. B. 15,25.33; 16,8; 22,52; 2Kön 3,1; 14,23; 17,1), während der von den Nachfolgern Salomos regierte Staat »Juda« heißt (z. B. 1Kön 14,21; 15,9; 2Kön 8,25; 18,1). Der Stamm Benjamin gehörte anfangs zweifellos zum Staat Israel, dem Nordreich; erst einige Zeit nach der Trennung Israels von Juda konnte letzteres den größeren Teil Benjamins erobern (1Kön 15,22). Rätselhaft sind die kurzen Berichte, daß Abner, der Heerführer Ischbaals, zunächst zu den Ältesten Israels, dann zu Benjamin Kontakt aufnahm (2Sam 3,17.19) und daß Rehabeam nach der Loslösung Israels »das ganze Haus Juda und den Stamm Benjamin« zum Feldzug versammelte (1Kön 12,21).

Der Name »Israel« kann als politisch-staatsrechtlicher Begriff auch Juda einschließen. So begegnet die Notiz: »er (nämlich David) regierte vierzig Jahre; in Hebron regierte er über Juda sieben Jahre und sechs Monate, und in Jerusalem regierte er dreiunddreißig Jahre über ganz Israel und Juda« (2Sam 5,4b–5), später in der Form: »die Zeit, da David über Israel regierte, betrug vierzig Jahre; in Hebron regierte er sieben Jahre, und in Jerusalem regierte er dreiunddreißig Jahre« (1Kön 2,11); die Situationsangabe zu Beginn der Batseba-Geschichte: »und David sandte Joab und seine Männer mit ihm und ganz Israel« (2Sam 11,1), hat dann im Munde Urijas die Form: »die Lade und Israel und Juda wohnen in Zelten, und mein Herr Joab und die Männer meines Herrn liegen auf freiem Felde« (11,11). Anderwärts bleibt zuweilen unklar, ob »Israel« im engeren oder weiteren Sinne – mit Einschluß Judas – gemeint ist.

Daneben findet sich ein Sprachgebrauch, der von vornherein weiter ist und mit der politisch-rechtlichen Bedeutung des Namens »Israel« nichts zu tun hat. Er liegt vor, wenn die Judäerin Tamar ihren Halbbruder Amnon, der sie zum Beischlaf überreden will, mit den Worten abwehrt: »So tut man nicht in Israel« (2Sam 13,13), und wenn auch Judäer durchweg vom »Gott Israels« sprechen (z. B. 1Kön 1,30; 8,5; 2Kön 19,15; 22,15); die Redewendung »so tut man nicht in Juda« und den Ausdruck »Gott Judas« gibt es nicht.

Nach alledem war »Israel«, schon bevor es zur Konstituierung des Reiches »Israel« kam, der Name jener Gruppe von Stämmen, die nördlich von Juda wohnte (hingewiesen sei noch auf die Aussagen »und die Männer Israels und Judas machten sich auf … und jagten den Philistern nach« in 1Sam 17,52 und »aber ganz Israel und Juda hatten David lieb« in 18,16). Ein Zeugnis für die Zusammengehörigkeit der Nordstämme ist auch das Debora-Lied (Richt 5), das zehn Stämme – unter Ausschluß Judas – aufzählt. Ob die dort mehrfach vorkommende Wendung »in Israel« (V. 2.7.8.9.11) den territorialen Bereich und die Angehörigen jener zehn Stämme meint oder die Idee einer umfassenden Größe – mit Juda – enthält, gibt der Text nicht zu erkennen. Jedenfalls verstanden sich die Angehörigen des Stammes Juda spätestens zur Zeit Davids aufgrund des gemeinsamen Glaubens an Jahwe und aufgrund gemeinsamer Rechtsanschauungen als Teil eines sie selber und die Nordstämme einschließenden »Israel«, wie der Satz »so tut man nicht in Israel« (daneben findet sich die Wendung: »eine Schandtat in Israel tun«, 1Mose 34,7; 5Mose 22,21; Jos 7,15; Richt 20,6.10) oder die Titulatur »Gott Israels« deutlich zeigen.

Daher konnte »Israel« später auch zum Namen der im babylonischen Exil lebenden (z. B. Jes 45,4) und der aus dem Exil heimkehrenden Judäer (z. B. Esr 2,59.70; 7,13) werden.

Im Anschluß an den Bericht von der Salbung Davids zum König über Israel folgt eine Notiz über sein Alter und seine Regierungszeit (5,4–5). David erobert »mit seinen Männern« – d. h. mit seiner Privatarmee – Jerusalem, genauer: dessen Burg Zion – die später »Stadt Davids« heißt – und so auch die Stadt (5,6–8; der »Schacht« in V. 8 ist wohl ein der Wasserversorgung Jerusalems dienender Tunnel; die Redewendung von den »Blinden und Lahmen« in V. 6b.8 bleibt für uns rätselhaft), siedelt nach Jerusalem über und baut die Stadt mit Hilfe phönizischer Fachleute aus (5,9–12; in V. 10 und 12 liegt ein theologischer Kommentar des Erzählers vor). Liste der Söhne Davids in Jerusalem (5,13–16). David besiegt die Philister (5,17–25). Er läßt die Lade aus dem Haus Abinadabs, wo sie sich laut 1Sam 7,1 befand, auf einem Wagen, der von Abinadabs Söhnen Usa und Achjo geführt wird, unter allgemeinem Tanz und Gesang holen; Usa berührt die Lade und stirbt, woraufhin David sie zu Obed-

Edom aus Gat, also einem Philister, bringen läßt und sie, nachdem Obed-Edom sichtbar gesegnet wurde, unter Jubel und Musik nach Jerusalem holt; beim Tanzen entblößt David sich, was ihm seine Frau Michal als schimpflich vorhält; Michal bleibt kinderlos – offensichtlich, weil David nicht mehr mit ihr verkehrt (2Sam 6; der in V. 2 genannte Ort Baala oder Baalim ist vielleicht mit dem Kirjat-Jearim von 1Sam 7,1 identisch).

David teilt dem Natan – er war vorher noch nicht erwähnt – mit, daß er ein »Haus«, einen Tempel, für Gott bauen wolle, was Natan gutheißt; aufgrund einer nächtlichen Offenbarung überbringt Natan dem König die Botschaft, daß erst Salomo einen Tempel bauen kann, daß aber Davids »Haus«, seine Dynastie, für immer bestehen wird; in einem Gebet preist David Gottes Güte und Unvergleichlichkeit und bittet, daß Gott seine Verheißungen erfüllen möge (7).

Bericht über die außenpolitischen Erfolge Davids (8,1–14) und Liste seiner Beamten (8,15–18). David gibt dem Merib-Baal (in der Lutherbibel heißt er Mefi-Boschet), dem gelähmten Sohn Jonatans, die Landgüter Sauls zurück, überträgt deren Verwaltung dem Ziba, einem Knecht Sauls, und holt Merib-Baal als ständigen Gast an die königlichen Tafel (9). Weil David durch den Ammoniterkönig Hanun beleidigt wird, schickt er ein Heer unter Führung Joabs gegen Ammon und die mit ihm verbündeten Aramäer; der Feldzug verläuft für Joab erfolgreich, und er kehrt nach Jerusalem zurück; die Aramäer sammeln sich von neuem und werden von David, der jetzt selber einen Kriegszug gegen sie unternimmt, besiegt (10). David, der das Heer unter Joab gegen die Ammoniter ausrücken läßt und zu Hause bleibt, begeht Ehebruch mit Batseba, der Frau des Urija, und schickt Urija in den Tod; er heiratet Batseba, und sie gebiert ihm einen Sohn (11; der Rückverweis Joabs auf das Schicksal Abimelechs [Richt 9,52–54] V. 20b–21a und der abschließende Kommentar V. 27b dürften nachträglich hinzugefügt sein). Natan kommt zu David und erzählt ihm, wie ein reicher Mann einem armen Unrecht tut, worüber David in Zorn gerät; Natan bezieht den Fall, der sich als fingiert erweist, auf David und sagt diesem Gottes Strafe für Davids Verbrechen voraus; David bekennt seine Schuld, und Natan kündigt an, daß an Stelle Davids das Kind sterben wird; Natan entfernt sich (12,1–15a; es ist umstritten, ob dieser ganze Abschnitt oder nur Teile davon nachträglich in den jetzigen Zusammenhang eingefügt sind). Das Kind wird krank, und David fastet und schläft auf bloßer Erde; aber als das Kind stirbt, kehrt David ins normale Leben zurück; Batseba gebiert dem David wieder einen Sohn, den er Salomo nennt und dem Natan – wohl als Erzieher – anvertraut; dieser nennt das Kind Jedidja (12,15b–25; der theologische Kommentar V. 24bβ ist wohl nachträglich hinzugefügt). Joab erobert einen Teil der ammonitischen Hauptstadt Rabba und läßt David die endgültige Eroberung vornehmen; David nimmt die ammonitische Königskrone in Besitz und legt den Ammonitern harte Fronarbeit auf (12,26–31).

Davids Sohn Amnon vergewaltigt seine Halbschwester Tamar, die Vollschwester des David-Sohnes Abschalom; zwei Jahre später ermordet Abschalom den Amnon; David beklagt Amnons Tod; Abschalom flieht zu seinem Großvater, dem König von Geschur (einem Kleinstaat in Syrien); nach drei Jahren legt sich Davids Zorn auf Abschalom (13). Joab bedient sich, um Abschalom die Rückkehr zu ermöglichen, der Hilfe einer »weisen Frau«: Diese gibt gegenüber David vor, ihr Sohn habe seinen Bruder getötet und werde jetzt von ihrer Sippe mit Blutrache bedroht, und kommt, nachdem der König ihr Hilfe zugesagt hat, indirekt auf Abschalom zu sprechen; der König durchschaut die Sache und läßt Abschalom durch Joab nach Jerusalem zurückholen, weigert sich aber, ihn zu sehen (14,1–24). Notizen über Abschaloms Aussehen, seine Kinder und die Dauer seiner Wartezeit, nämlich zwei Jahre (14,25–28). Mit einer drastischen Maßnahme bringt Abschalom den Joab dazu, daß er eine Begegnung zwischen Abschalom und David vermittelt (14,29–33).

Abschalom legt sich als Statussymbol eine Leibwache zu und gewinnt die Israeliten für sich, indem er ihnen Hilfe bei Rechtsstreitigkeiten in Aussicht stellt; nach vier Jahren läßt er sich in Hebron zum König ausrufen und gewinnt zahlreiche Anhänger, darunter Ahitofel, den Ratgeber Davids (15,1–12). Daraufhin verläßt David Jerusalem, begleitet von Söldnertruppen, Berufssoldaten, nämlich den »Dienern/Knechten Davids«, den »Keretern und Peletern« (in der Lutherbibel heißen sie »Kreter und Pleter«) und sechshundert Gatitern unter dem Oberbefehl des Ittai; den Priester Zadok läßt er in Jerusalem zurück, damit er ihm, David, durch seinen Sohn Ahimaaz und durch Jonatan, den Sohn Abjatars, Nachrichten aus der Stadt überbringen kann; dem Huschai aus der Sippe der Arkiter trägt David auf, sich bei Abschalom einzuschmuggeln, um dessen Pläne an die beiden Priestersöhne weiterzugeben (15,13–37a; nachträglich hinzugefügt sind hier wohl die Bemerkungen über Davids Frauen V. 16b–17a, über die Lade V. 24–26.29 und über Ahitofel V. 31). Abschalom kommt nach Jerusalem (15,37b).

Ziba, der Knecht Merib-Baals, versorgt den König und seine Soldaten mit Proviant und Reittieren und beschuldigt den Merib-Baal des Verrats; der König spricht ihm die Güter Merib-Baals zu; Schimi, ein Verwandter Sauls, verflucht den König und bewirft ihn mit Steinen und Dreck, was dieser duldet; der König und seine Männer gelangen an den Jordan und ruhen sich dort aus (16,1–14). Abschalom und seine Anhänger kommen nach Jerusalem, Huschai schließt sich Abschalom an, und Ahitofel rät dem Abschalom, er solle mit den Nebenfrauen Davids schlafen, was dieser auch öffentlich tut (16,15–23; der Abschnitt über Davids Frauen V. 21–22 ist wohl nachträglich hinzugefügt). Ahitofel rät, David sofort zu verfolgen, was dem Abschalom und »allen Ältesten Israels« einleuchtet; Abschalom läßt Huschai holen, und dieser schlägt vor, man solle erst »ganz Israel« sammeln und dann David umzingeln, was Abschalom und »alle Männer Israels« besser finden als den Rat Ahitofels; Huschai gibt Ahitofels und seinen eigenen Ratschlag an Zadok und Abjatar weiter und rät, sie sollten dem König den Vorschlag zum sofortigen Aufbruch übermitteln; Jonatan und Ahimaaz, die Söhne Abjatars und Zadoks, geben, mit Hilfe einer Magd und durch die List einer anderen Frau vor Entdeckung bewahrt, dem König Nachricht, worauf dieser und seine Anhänger den Jordan überqueren; Ahitofel begeht Selbstmord (17,1–23; die Passage über den – unsinnigen – Ratschlag Huschais V. 5–14.15b ist wohl nachträglich hinzugefügt).

Abschalom überschreitet mit seinem Heer den Jordan und setzt Amasa zum Heerführer ein; Davids Leute werden in Mahanajim von dem Ammoniterprinzen Schobi, von Machir und Barsillai mit Proviant versorgt (17,24–29). David gliedert sein Heer in drei Abteilungen unter Joab, dessen Bruder Abischai und dem Gatiter Ittai und mustert es, zieht aber auf Anraten seiner Soldaten nicht mit in den Kampf; den drei Heerführern schärft er ein, Abschalom zu schonen; es kommt zum Kampf, die »Knechte Davids« siegen über das Heer Abschaloms, und Abschalom, der sich, auf einem Maultier reitend, mit seinem Haar in einem Baum verfängt, wird von Joab mit Spießen durchbohrt und von zehn Soldaten getötet (18,1–17; die Berichte V. 2b–4a, daß die Soldaten David von der Teilnahme am Kampf abhalten, und V. 10–14, daß Joab die Mahnung Davids, Abschalom zu schonen, mißachtet und Abschalom durchbohrt, sind wohl nachträglich hinzugefügt). Notiz über ein Denkmal, das Abschalom in Jerusalem aufstellen ließ (18,18; hier wird Abschaloms Kinderlosigkeit vorausgesetzt, während er nach 14,27 vier Kinder hatte). Ahimaaz überbringt David die Siegesbotschaft, ein Kuschit (ein Äthiopier) die Nachricht von Abschaloms Tod (18,19–32).

David trauert um Abschalom, weshalb den Soldaten die

Siegesfreude vergeht; auf Anraten Joabs zeigt David sich dem Kriegsvolk (19,1–9bα). Israel (d. h. die Gruppe der Nordstämme) ist bereit, David zurückzuholen, ihn als König anzuerkennen; das erfährt David, und er fordert die Judäer auf, ihn zuerst heimzuholen; die Judäer ziehen dem König an den Jordan entgegen, mit ihnen Schimi, der den König um Gnade bittet und sie auch zugesichert bekommt, ferner Merib-Baal, der sein Zurückbleiben in Jerusalem rechtfertigen kann und dem der König die Hälfte der ihm abgesprochenen Güter wiedergibt, und schließlich Barsillai, den der König einlädt, bei ihm am Hof zu bleiben, was Barsillai mit dem Hinweis auf sein hohes Alter ablehnt (19,9bβ–41; nachträglich hinzugefügt sind wohl der Hinweis auf Amasa V. 14 und die Wechselrede zwischen Abischai und David V. 22–23). Es kommt zu einem Wortgefecht zwischen den Israeliten und den Judäern über den Vorrang beim König, in dem die letzteren auf ihre Verwandtschaft mit dem König hinweisen, die ersteren darauf, daß sie zehn Stämme (zehn hier wohl als runde Zahl) sind (19,42–44; was in V. 44 mit dem »Erstgeborenen« – der hebräische Text ist unklar – gemeint sein könnte, wissen wir nicht).

Ein Benjaminiter namens Scheba bringt Israel, d. h. die Nordstämme, dazu, von David abzufallen. David, in Jerusalem angekommen, beauftragt Amasa mit der Einberufung Judas, d. h. des judäischen Heerbanns, binnen drei Tagen; da Amasa den Termin nicht einhält, schickt David den Abischai mit Joab und den Söldnern los; bei Gibeon treffen Joab und Amasa aufeinander, und Joab ermordet Amasa; Scheba zieht sich in die Stadt Abel-Bet-Maacha zurück, worauf Joab und seine Soldaten die Stadt belagern; auf Anraten einer »weisen Frau« töten die Bewohner von Abel-Bet-Maacha den Scheba, und der Feldzug ist beendet (20,1–22; die Notiz über die Nebenfrauen Davids V. 3 dürfte nachträglich hinzugefügt sein). Liste der Beamten Davids (20,23–26).

Eine zur Zeit Davids drei Jahre lang herrschende Hungersnot erweist sich als Strafe dafür, daß Saul die Bewohner der Stadt Gibeon – sie waren Kanaanäer – auszurotten versuchte; David liefert sieben Nachkommen Sauls an die Gibeoniter aus, nämlich zwei Söhne der Rizpa, einer Nebenfrau Sauls, und fünf Söhne der Merab, einer der Töchter Sauls (der Urtext nennt hier fälschlich Michal); diese werden von den Gibeonitern getötet und bleiben unbestattet auf dem freien Felde liegen; Rizpa schützt die Leichname vor den Tieren, und als David das erfährt, läßt er die Gebeine samt den Gebeinen Sauls und Jonatans feierlich im Sippengrab beisetzen (21,1–14). Vier Kämpfer Davids (Abischai, Sibbechai, Elhanan und Jonatan) besiegen jeder einen Philister (21,15–22). David trägt ein Dank- und Siegeslied (22) und einen »Königsspiegel«, d. h. die Idealdarstellung eines Regenten, vor (23,1–7). Die »Drei« (nämlich Jischbaal, Eleasar und Schamma), offenbar eine Sondereinheit unter den Kriegern Davids, vollbringen ungewöhnliche Heldentaten (23,8–12). Drei – nicht namentlich genannte – Krieger Davids von den »Dreißig« verschaffen unter Lebensgefahr dem durstigen David Wasser (23,13–17). Abischai und Benaja heben sich wegen ihrer Heldentaten unter den »Dreißig« heraus (23,18–23). Liste der »Dreißig«, offenbar einer Truppe von Elitekriegern (23,24–39; die Liste enthält allerdings einunddreißig Namen, rechnet man Abischai und Benaja [V. 18–23] mit, sind es sogar dreiunddreißig; wie es zu der Zahl siebenunddreißig in V. 39 kommt, wissen wir nicht).

Gott veranlaßt David im Zorn, eine Volkszählung durchzuführen; dann schlägt David das Gewissen, und er bittet Gott um Vergebung; auf Befehl Gottes stellt der Profet Gad dem König drei Strafen zur Wahl; der König schließt nur die zweite Wahlmöglichkeit aus, und Gott verhängt die Pest über Israel; der Engel Gottes wird von Gott daran gehindert, Jerusalem zu vernichten, während er sich auf der Tenne eines gewissen Arauna befindet; als David den Engel erblickt, bittet er um Verschonung für das Volk; Gott sagt zu David, er solle auf der Tenne des Arauna einen Altar errichten; David geht zu Arauna, kauft ihm die Tenne ab, baut einen Altar und bringt Opfer dar; die Plage hört auf (24; die teilweise etwas undurchschaubare Erzählung ist zweifellos in einem längeren Wachstumsprozeß entstanden).

So weit die Darstellung des 2. Samuelbuches, die in fast durchweg glaubwürdiger Weise den Weg Davids nach dem Tode Sauls beschreibt.

David zog – mit ihm seine Frauen Ahinoam und Abigajil und seine »Männer«, seine Privatarmee – von Ziklag nach Hebron, dem Zentrum Groß-Judas, und wurde dort König über das »Haus Juda«, die unter der Hegemonie Judas stehende Stämmegruppierung im Süden Palästinas (2Sam 2,1–4a). Diesen Schritt hatte David seit langem durch mehrere Unternehmungen (1Sam 27,8–12; 30) vorbereitet.

Bald darauf übermittelte er den Bürgern der ihrem Retter Saul (1Sam 11,1–11) verbundenen Stadt Jabesch seinen Dank für die ehrenvolle Bergung der Leichen Sauls und seiner Söhne (2Sam 2,4b–7). Damit wollte er wohl den Anhängern Sauls zeigen, daß er sich ihnen – trotz der Feindseligkeiten Sauls – verbunden fühlte. Als ein weiteres Zeichen der Anteilnahme am Schicksal der Familie Sauls gab David – wie an späterer Stelle berichtet wird – dem Merib-Baal (Mefi-Boschet), dem überlebenden – und gelähmten – Sohn Jonatans, die Güter Sauls zurück und beauftragte Ziba, einen Diener Sauls, mit deren Verwaltung (9).

Etwa gleichzeitig mit Davids Erhebung zum König machte Abner, Sauls Cousin und Heerbannführer, einen Sohn Sauls, Ischbaal (Isch-Boschet), in Mahanajim, also im Ostjordanland, zum König (2,8–11). Abner und Ischbaal sahen David als Rivalen an, denn Abner zog mit seinen Söldnern zum Kampf gegen David aus, dessen Söldner von Davids Neffen Joab geführt wurden. Joab, der hier zum ersten Mal erscheint, war einer der wichtigsten – und rücksichtslosesten – Wegbegleiter Davids. Die Kämpfe verliefen ohne Ergebnis (2,12–3,1). Wegen einer Nebenfrau Ischbaals kam es zum Streit zwischen ihm und Abner, und dieser knüpfte Verhandlungen mit David an, der seine Frau Michal zurückforderte und erhielt (3,6–21*). Joab ermordete Abner (3,22–27) – vordergründig aus einem persönlichen Motiv, weil Abner Joabs Bruder Asaël im Kampf getötet hatte (2,23; 3,27), aber wohl auch, weil er Abner als Konkurrenten betrachtete. Ischbaal wurde nach einer anscheinend nicht allzu langen Zeitspanne – laut 2,10 regierte er zwei Jahre – von zwei seiner eigenen Söldnerführer umgebracht (4). Daraufhin kamen die Ältesten Israels, also die Vertreter der Nordstämme, zu David nach Hebron und salbten ihn zum König über Israel, schlossen aber zugleich mit ihm einen »Bund«, einen Vertrag, in dem sicherlich die gegenseitigen Rechte und Pflichten festgelegt waren (5,3). Juda und Israel blieben eigenständige Größen, deren Verbindung man als Personalunion bezeichnen kann.

Dieser rechtlich-politische Tatbestand machte die Wahl einer neuen Hauptstadt wünschenswert, wenn nicht gar notwendig. Denn Hebron lag zu weit im Süden des von David beherrschten Gebiets und gehörte außerdem zu Juda, eignete sich daher schlecht als Zentrum eines die Nordstämme einschließenden Reiches. Dem half David ab, indem er Jerusalem eroberte und zu seiner Residenz machte (5,6–9). Da er die Stadt nicht mit dem Heerbann, sondern mit seiner Privatarmee eingenommen hatte, war sie sein persönliches Eigentum und gehörte keinem der Stämme an. Außerdem durchbrach David mit der Eroberung Jerusalems den südlichen »Querriegel«, der bisher die Nordstämme von Juda getrennt hatte. Als David die Lade nach Jerusalem überführen ließ (6,1–17), wollte er dadurch vielleicht die Nordstämme, deren Kriegsheiligtum die Lade in Schilo (1Sam 4) anscheinend war, religiös an Jerusalem binden.

Laut 2Sam 5,5 (ähnlich 1Kön 2,11) regierte David siebeneinhalb Jahre in Hebron und dreiunddreißig Jahre in Jerusalem. Die erste Zahl wirkt vertrauenswürdig, die zweite gekünstelt, weil es so zu der schematischen Zahl vierzig (das war nach biblischer Auffassung die Dauer einer Generation) kommt. Nimmt man die Zahl vierzig als Annäherungswert und zieht man in Betracht, daß die Chronologie jener frühen Epoche unsicher ist, dann läßt sich die Herrschaft Davids auf den Zeitraum zwischen 1010 und 970 v. Chr. eingrenzen.

Nach der Eroberung Jerusalems – so lautet der alttestamentliche Bericht – siegte David zweimal über die gegen ihn heranziehenden Philister in der Ebene Refaïm südwestlich des alten Jerusalem (2Sam 5,17–25). Es ist allerdings nicht ganz wahrscheinlich, daß die Philister jahrelang der Machtkonzentration in der Hand Davids tatenlos zuschauten. Vielleicht gehörte der Sieg über die Philister in die frühere Zeit Davids, als er noch in Hebron residierte. Darauf führt auch die Erwähnung der »Bergfeste« (5,17), die mehrfach während Davids Flucht vor Saul (1Sam 22,4.5; 24,23; »Bergfesten« 23,14.19; 24,1) und einmal bei einem Scharmützel dreier »Helden« Davids, wahrscheinlich Elitekämpfer in dessen Privatarmee, mit den Philistern in der Ebene Refaïm (2Sam 23,13–14) genannt wird.

Auf jeden Fall unterwarf David zu einem nicht bestimmbaren Zeitpunkt die Philister (8,1), ferner die Moabiter, östlich des Toten Meeres (8,2), die Aramäerstaaten Zoba und Damaskus – hier setzte er Statthalter ein – in Syrien (8,3–8) und Edom, südlich des Toten Meeres, wo er ebenfalls Statthaltern die Amtsgeschäfte übertrug (8,13–14), während der König des Aramäerstaates Hamat in Nordsyrien anscheinend nicht von David unterworfen wurde, sondern diplomatische Beziehungen zu ihm aufnahm (8,9–10). Nach einem siegreichen Feldzug gegen die Ammoniter im Ostjordanland setzte David sich deren Königskrone aufs Haupt (10; 12,26–31), war nun also König der durch Personalunion verbundenen Reichsteile Juda, Israel und Ammon.

Zwar wird nirgendwo berichtet, daß David außer Jerusalem auch die übrigen Stadtstaaten der Kanaanäer seinem Reich einverleibte. Aber dafür spricht die Logik der Dinge; und auch ein Satz wie: »als Israel mächtig wurde, machte es die Kanaanäer fronpflichtig« (Richt 1,28), läßt sich am ehesten auf die Zeit Davids beziehen.

So schuf David ein recht kompliziertes Staatsgebilde, das erheblich größer war als das judäisch-israelitische Siedlungsterritorium. Den Bestand und den Zusammenhalt des Staates konnte er natürlich nur sichern, wenn er über eine effiziente Administration verfügte und über einen Stab von Fachleuten an der Spitze. Davids Verwaltungssystem wird aus zwei »Kabinettslisten« ersichtlich, in denen die Führungsämter aufgezählt werden (8,16–18; 20,23–26).

An erster Stelle erscheint Joab, der »über das Heer gesetzt war« (8,16a; 20,23a). Joab, Neffe und langjähriger Gefährte Davids, hatte also den Posten des Armeechefs inne, d. h., er befehligte den Heerbann, das Aufgebot der waffenfähigen Männer. Wenn es für die beiden Heere Judas und Israels nur einen Oberbefehlshaber gab, so wollte David offenbar Interessenkonflikte der beiden Staatsteile verhindern.

Der nächste Amtsträger, ein Mann namens Joschafat, »der ins Gedächtnis ruft«, »der Erinnerer« (Lutherbibel: »Kanzler«, Einheitsübersetzung: »Sprecher des Königs«; 8,16b; 20,24b), ist vielleicht der Chef der königlichen Kanzlei, der dem König – etwa bei Audienzen oder Staatsbesuchen und -empfängen – Personen und Sachen »ins Gedächtnis ruft«.

Priester, d. h. Oberpriester im Dienst Davids, waren Zadok (vermutlich ein prominentes Mitglied der alteingesessenen Priesterschaft von Jerusalem), Abjatar, der Sohn Ahimelechs – so ist wohl nach 1Sam 23,6 und 30,7 zu lesen – (2Sam 8,17a; 20,25b), und Söhne Davids (8,18b); da statt der letzteren in 20,26 ein Mann namens Ira erscheint, dürfte David das oberste Priesterkollegium später umgebildet haben.

Das Amt des »Schreibers« – er war anscheinend verantwortlich für die königliche Buchführung und für das Staatsarchiv – hatte nach 8,17b ein Seraja, nach 20,25a ein Schewa inne; wir wissen nicht, ob hier ein Wechsel stattfand oder ob es sich beidemal um dieselbe Person handelt.

Ferner gehörte zur Führungsspitze im Reich Davids ein Haudegen namens Benaja. Dieser war Kommandant der »Kereter und Peleter«, einer aus Philistern bestehenden Söldnertruppe (8,18a; 20,23b). Söldner waren ein wichtiges Element bei Davids Kriegsführung. Er hatte schon in seiner Frühzeit zunächst vierhundert (1Sam 22,2), dann sechshundert (23,13; 25,13; 27,2; 30,9) Männer als seine Söldner, seine Berufssoldaten (anfangs eher Guerilleros), um sich geschart. Über die Heldentaten, vor allem Philisterkämpfe, einiger von ihnen – darunter Benaja – gibt es mehrere Anekdoten (2Sam 21,15–22; 23,8–23); sie gehörten teilweise den »Dreißig« – vielleicht der Elitetruppe unter Davids Soldaten – an, die in einer Liste (23,24–39) aufgezählt werden. Die Söldner Davids – sie hießen manchmal seine »Männer«, manchmal seine »Knechte« – führten Krieg gegen die Söldner Ischbaals (Isch-Boschets) und Abners (z. B. 2,13.15.31), mit ihnen eroberte David Jerusalem (5,6), und sie nahmen am Krieg gegen die Ammoniter (11,11, neben dem Heerbann Israels und Judas) teil wie auch am Kampf gegen das Heer Abschaloms (18,7.9) und Schebas (20,6–7). In 15,18 werden außer den Keretern und Peletern und sechshundert Gatitern, ebenfalls einer Söldnertruppe, »Knechte Davids« erwähnt, die an David – offensichtlich zur Musterung – »vorüberziehen«, womit ein weiteres oder gar das Hauptkontingent der Söldner gemeint sein dürfte, nicht aber das Palastpersonal, das ebenfalls »Knechte Davids / des Königs« heißen kann (z. B. 12,18–19; 1Kön 1,2.47). Die Kereter und Peleter erscheinen auch in 1Kön 1,38.44 unter Führung Benajas und bildeten vielleicht die Leibgarde Davids.

In der zweiten Liste (2Sam 20,24a) kommt noch der »über die Fron(-Arbeiter)« gesetzte Adoniram vor. Daß

David ausländische Zwangsarbeiter beschäftigte, erfahren wir aus 12,31; Salomo zog auch Israeliten zur Zwangsarbeit heran (1Kön 5,27–30; 9,15a; 11,28).

Zumindest ein Mitglied dieser Führungsriege, nämlich Zadok, war höchstwahrscheinlich ein Kanaanäer, und Kanaanäer dürfte auch mancher andere unter den Beamten Davids gewesen sein. Denn die Kanaanäer besaßen seit langem Erfahrung in der Organisation eines staatlichen Apparats, während die Israeliten bis dahin bestenfalls ansatzweise mit Problemen und Aufgaben der Administration vertraut waren.

Es lag sicherlich im Interesse Davids, das von ihm geschaffene Reich einem seiner Söhne zu vererben, eine Dynastie zu gründen. Wir wissen aber nicht, wen er als Nachfolger für geeignet hielt oder ob er sich lange Zeit darüber keine Gedanken machte. Das Fehlen einer klaren Entscheidung in dieser Frage erwies sich als verhängnisvoll, weil es schwere Wirren über sein Haus bringen sollte.

Die vier ältesten, in Hebron geborenen Söhne Davids waren Amnon, Kilab, Abschalom und Adonija (2Sam 3,2–4). Über Kilab erfahren wir nichts; vielleicht war er schon früh gestorben. Amnon, der Erstgeborene, schied als Thronnachfolger aus, denn er wurde, weil er seine Halbschwester Tamar, eine Vollschwester Abschaloms, vergewaltigt hatte, von Abschalom ermordet. Vor dem Zorn Davids floh Abschalom zu seinem Großvater mütterlicherseits ins Ausland und blieb dort drei Jahre (13). Durch Vermittlung Joabs konnte er nach Jerusalem zurückkehren (14). Etwa zwei Jahre später schritt er zur Rebellion. Er umgab sich mit einer Leibwache und kam allmorgendlich an eines der Tore Jerusalems, um die Leute vom Lande abzufangen, denen er Hilfe bei Rechtsstreitigkeiten anbot (15,1–6). Vier Jahre lang betrieb er seine Vorbereitungen; es bleibt uns verborgen, ob David von alledem unbegreiflicherweise nichts merkte oder nichts merken wollte. Dann ließ Abschalom sich in Hebron zum König ausrufen und fand zahlreiche Parteigänger, darunter den Ahitofel, Davids Ratgeber (15,7–12).

David befürchtete offenbar zu Recht, in Jerusalem eingekesselt zu werden, und verließ mit seiner Privatarmee die Stadt in Richtung Jordan, nachdem er einen Freund, Huschai, bei Abschalom eingeschleust hatte, der über Zadok und Abjatar und deren Söhne die Pläne Abschaloms verraten sollte (15,13–37a*). Abschalom zog in Jerusalem ein (15,37b; 16,15), David gelangte mit den Seinen an den Jordan, wo sie sich ausruhten (16,14), und Huschai kam zu Abschalom (16,16–19). Abschalom hielt Kriegsrat, und Ahitofel schlug vor, man solle David sofort verfolgen, was die Zustimmung Abschaloms und der »Ältesten Israels« fand (16,20; 17,1–4). Diesen Ratschlag ließ Huschai dem David mitteilen, und David überschritt den Jordan (17,15a.16–22). Ahitofel gab sich den Tod (17,23).

David schlug sein Quartier in der ostjordanischen Stadt Mahanajim auf, und auch Abschalom überschritt den Jordan. Abschaloms Heerführer war Amasa, anscheinend ein Neffe Davids (17,24–26). David teilte sein Heer in drei Kontingente auf: eines unter Joab, eines unter dessen Bruder Abischai und eines unter Ittai, einem Philister im Sold Davids. Es kam zur Schlacht zwischen dem Heerbann Abschaloms und den Söldnern Davids im Wald von Efraim (es handelt sich um eine Gegend im Ostjordanland), Abschaloms Heer unterlag, und er selbst fand gegen den ausdrücklichen Befehl Davids, Abschalom zu verschonen, den Tod (18,1–2a.4b–9.15–17). Auf die Nachricht davon brach David in wilde Trauer aus, bis Joab ihn bewog, die Parade seiner Truppen abzunehmen (18,19–19,9bα). Die Nordstämme erklärten sich bereit, David wieder als König anzuerkennen; das taten auch die Judäer, David machte sich auf den Heimweg (19,9bβ.13.15–16) und überschritt den Jordan (19,41).

Die Episoden am Rande bei der Flucht und bei der Rückkehr Davids zeigen schlaglichtartig, welch unterschiedliche

Reaktionen das Schicksal des anfangs ins Ungewisse ziehenden und dann siegreichen Königs hervorrief: den Haß und die spätere Unterwürfigkeit Schimis, das zwielichtige Verhalten Zibas und Merib-Baals (Mefi-Boschets) oder die generöse Hilfsbereitschaft des alten Barsillai (16,1–13; 17,27–29; 19,17–21.24–40).

In den Aufstand Abschaloms dürfte der Gegensatz zwischen Juda und den Nordstämmen hineingespielt haben. Zwar fand Abschalom auch bei Judäern, z. B. Ahitofel und Amasa, Unterstützung und trat seine Königsherrschaft in Hebron, dem Zentrum Groß-Judas, an; und wenn der Bericht zutrifft, wie David die Judäer drängen mußte, ihn anzuerkennen (19,12), waren auch die Judäer mit der Herrschaft Davids nicht restlos einverstanden. Aber die Formel »(ganz) Israel floh, jeder in sein Zelt« (18,17; 19,9) macht deutlich, daß sich die Gesamtheit der Nordstämme Abschalom anschloß. Denn diese Formel erscheint ähnlich bei der auf die Rebellion Abschaloms folgenden Empörung Schebas (»jeder zu seinen Zelten, Israel«, 20,1; »sie zerstreuten sich, jeder zu seinen Zelten«, V. 22) und bei der Trennung der Nordstämme von Juda (»zu deinen Zelten, Israel«, 1Kön 12,16). Dementsprechend wird der Name »Israel«, wenn er sonst noch im Bericht über Abschaloms Aufstand vorkommt (z. B. 2Sam 15,2.6.10; 16,15; 17,4.24; 18,7), des öfteren die Nordstämme als Anhängerschaft Abschaloms meinen, obwohl der Name »Israel« Juda mit einschließen kann.

David war noch nicht wieder in Jerusalem, da brach der nächste Aufstand los, angezettelt von einem Benjaminiter namens Scheba. Dieser brachte ganz Israel, die Nordstämme, hinter sich. David beauftragte Amasa, den ehemaligen Heerführer Abschaloms, die »Männer Judas«, also den judäischen Heerbann, innerhalb von drei Tagen zu mobilisieren (20,1–2.4). Wir erfahren nicht, warum David den Joab überging. Weil Amasa die ihm gesetzte Frist zur Mobilisierung nicht einhielt, befahl David dem Abischai, mit seinen, Davids, Söldnern den Scheba anzugreifen. Ihm gesellten sich Joab und die übrigen Söldner Davids bei. In Gibeon stießen sie auf Amasa, der überraschenderweise vor ihnen nach Norden marschiert war, und Joab ermordete Amasa. Scheba verschanzte sich in der Stadt Abel-Bet-Maacha hoch im Norden Israels und fand dort den Tod. Der Feldzug war beendet, und Joab kehrte nach Jerusalem zurück (20,5–22).

Das Ende der Geschichte Davids stand im Zeichen weiterer Machtkämpfe um den Königsthron, aus denen Salomo als Sieger hervorging.

3. Salomo

Die Berichterstattung über Salomo (1Kön 1–11) enthält, nachdem die beiden Eingangskapitel das dramatische Geschehen, das zur Inthronisation Salomos führte, breit entfaltet haben, nur wenig Erzählstoff, jedoch viel andersartiges Material: zwei Gottesreden, ein langes Gebet Salomos, ausführliche Angaben zum Bau und zur Ausstattung des Tempels und der Palastanlage, detaillierte Listen oder Einzelnotizen. Diese Berichterstattung sei im folgenden vorgeführt.

David ist alt geworden und bekommt als Pflegerin die Abischag, ein junges, schönes Mädchen; Adonija, der nunmehr – nach dem Tode Amnons und Abschaloms – älteste Sohn Davids, will König werden, umgibt sich mit einer Leibgarde, gewinnt Joab, den Heerbannführer, und Abjatar, einen der obersten Priester, als Verbündete und begeht ein Opferfest beim »Schlangenstein« (das war vielleicht ein besonderer Felsblock) neben der Rogelquelle (etwa 300 m südlich des alten Jerusalem), während Zadok, ebenfalls Oberpriester, Benaja, der wichtigste Söldnerführer Davids, und Natan, vermutlich so etwas wie ein Berater Davids, nicht eingeladen sind, ebensowenig Adonijas Bruder Salomo (1Kön 1,1–10; die Namen Schimi und Reï in V. 8 bleiben für uns rätselhaft). Natan sagt zu Batseba (nach der recht ausführlichen Erzählung 2Sam 11–12 tauchen Batseba, Natan und Salomo im alttestamentlichen Bericht erst hier wieder auf), Adonija sei König geworden (was nicht zutrifft) und sie solle zu David gehen und ihn an seinen, Davids, Schwur erinnern, daß er Salomo zu seinem Nachfolger bestimmt habe (von solch einem Schwur war vorher nirgends die Rede); Batseba geht zu David, weist auf jenen Schwur hin und fordert, er solle entscheiden, wer sein Nachfolger wird; nach ihr kommt Natan zum König und wiederholt sinngemäß Batsebas Worte; David schwört der Batseba, daß Salomo sein Nachfolger werden solle, und befiehlt Zadok, Natan und Benaja, Salomo als König einzusetzen; so geschieht es, und das Volk jubelt (1,11–39). Das hören Adonija und seine Anhänger, und Jonatan, Abjatars Sohn, meldet ihnen die Inthronisation Salomos; die Anhänger Adonijas gehen auseinander, Adonija flüchtet sich an den Altar und erhält von Salomo die Zusicherung, ihm werde nichts geschehen, wenn er sich als treu erweise (1,40–53; der Bericht Jonatans über die Vorgänge im Palast, V. 46–48, dürfte nachträglich hinzugefügt sein).

David ermahnt kurz vor seinem Tode Salomo, die Gebote zu halten, und trägt ihm auf, den Bösewichtern Joab und Schimi und dem Freund Barsillai ihr Tun zu vergelten (2,1–9; der Abschnitt ist nachträglich hinzugefügt). David stirbt und wird begraben (2,10). Notiz über Davids Regierungszeit (2,11) und allgemeine Bemerkung über Salomos Herrschaft (2,12). Adonija erbittet sich mittels Batseba von Salomo die Abischag zur Frau, weshalb Salomo ihn durch Benaja ermorden läßt; Salomo nimmt dem Abjatar sein Priesteramt und verbannt ihn nach Anatot (nördlich von Jerusalem); Joab flüchtet sich an den Altar, trotzdem läßt Salomo ihn durch Benaja ermorden; Benaja tritt an die Stelle Joabs und Zadok an die Abjatars; Salomo interniert Schimi in Jerusalem, und sobald dieser zeitweilig aus Jerusalem hinausgeht, läßt Salomo ihn durch Benaja ermorden (2,13–46a; nachträglich hinzugefügt sind wohl Salomos Wort über Adonija V. 24 [eine Doppelung zu V. 23], Salomos Wort an Benaja über Joab V. 31b–33 [Rückbezug auf V. 5–6] und Salomos Wort an Schimi V. 44–45 [Rückbezug auf V. 8–9]). Abschlußbemerkung über die Herrschaft Salomos (2,46b).

Notiz über Salomos ägyptische Heirat (3,1) und Bemerkungen über die damalige Opferpraxis und über Salomos Frömmigkeit (3,2–3). Gott erscheint Salomo in Gibeon, gewährt ihm die Bitte um ein weises Herz und sagt ihm Reichtum, Ehre und ein langes Leben zu (3,4–15). Salomo spricht im Streit zweier Frauen um ein Kind sein berühmtes Urteil (3,16–28). Bemerkung über Salomos Herrschaft (4,1), Liste seiner Beamten (4,2–6; V. 4b ist ein Zusatz) und seiner Vögte (4,7–19), Notizen über die Volksmenge des Salomonischen Reiches (4,20), dessen Ausdehnung (5,1.4–5), den Lebensmittelbedarf des Hofes (5,2–3), die Streitwagentruppe (5,6.8), die Vögte (5,7) und über Salomos Weisheit (5,9–14). Salomo bittet den König Hiram von Tyrus, ihm Holz für den Bau des Tempels zu liefern, was dieser im Tausch gegen Lebensmittel auch tut (5,15–26). Notizen über Salomos Fronarbeiter und Handwerker (5,27–32). Bericht über den Bau und die Ausstattung des Tempels (6) und der Palastanlage (7,1–12) und über die Bronze- (und Gold-)arbeiten für den Tempel (7,13–51).

Die Lade wird in den Tempel überführt (8,1–11; der ursprüngliche Bestand der Erzählung umfaßt wohl nur V. 2aβ.3a.4aα.6*). Salomo trägt einen Tempelweihspruch (8,12–13), eine Ansprache an das Volk (8,14–21), ein Gebet (8,22–53) und einen Lobpreis Gottes mit einem Wunsch für das Volk (8,54–61) vor. Salomo und das Volk weihen den Tempel ein, indem sie ein gewaltiges Fest feiern (8,62–66). Gott erscheint Salomo zum zweiten Mal – wie in 3,4–15 – und sagt ihm den Bestand seiner Dynastie zu, droht ihm aber Strafe für den Fall des Ungehorsams an (9,1–9). Salomo tritt dem Hiram zwanzig Städte gegen Bauholz und

Gold ab (9,10–14; dieser Vorgang wird in V. 12–13 damit entschuldigt, daß es sich um ein minderwertiges Gebiet handelt). Notizen über Salomos Bautätigkeit und Fronarbeit (9,15–25, darunter Bemerkungen über die Tochter des Pharao V. 16.24 und über Salomos Opfer V. 25) und Fahrten der Flotte Salomos nach Ofir (9,26–28). Die Königin von Saba kommt zu Salomo und bewundert seine Weisheit und seinen Reichtum; anschließend tauschen sie Geschenke aus (10,1–13; die Aufzählung V. 4b–5a unterbricht den Zusammenhang und ist wohl nachträglich hinzugefügt; ein Zusatz sind der Lobpreis Gottes V. 9 und die Notiz über das Almugginholz [Lutherbibel: »Sandelholz«], eine uns nicht bekannte Holzart, V. 11–12). Notizen über den Reichtum Salomos, seinen Seehandel und sein Streitwagen- und Reiterkorps (10,14–29).

Salomo hat viele Frauen; diese verführen ihn zur Abgötterei, worauf Gott ein Drohwort gegen Salomo ausspricht (11,1–13). Der edomitische Prinz Hadad, der bei einem Vernichtungsfeldzug Davids gegen Edom geflohen war, findet in Ägypten Aufnahme beim Pharao und wird dessen Schwiegersohn; er kündigt dem Pharao an, daß er nach Edom zurückkehren wolle (11,14–22; der Schluß der Erzählung, Hadads Rückkehr nach Edom, fehlt). Ein Aramäer namens Reson wird zur Zeit Davids erst Bandenführer, dann König von Damaskus (11,23–25a). Jerobeam, der von Salomo zum Fronvogt eingesetzt war, erhebt sich gegen Salomo; ihm begegnet der Profet Ahija von Schilo und stellt ihm die Herrschaft über zehn Stämme Israels, die Salomo verlieren wird, in Aussicht; Salomo sucht Jerobeam zu töten, und dieser flieht nach Ägypten (11,26–40; der Bericht über Jerobeams Rebellion, den man zwischen V. 28 und 40 erwartet, wurde zugunsten der Profetenerzählung V. 29–39 weggelassen; deren Grundbestand V. 29–31.33a.34abα.37 läßt den Jerobeam über *zehn* Stämme herrschen, wobei der später vom Nordreich abgetrennte Stamm Benjamin zu Juda gerechnet wird, während eine Ergänzungsschicht herausstellt, daß Salomo die Herrschaft über *einen* Stamm, nämlich Juda, behielt [V. 32.36]). Notizen über Salomos Regierungszeit und seinen Tod (11,41–43).

Der Anfang dieser Darstellung zeigt uns einen alt und kraftlos gewordenen David, dem zu entgehen scheint, wie sein Sohn Adonija die Königsherrschaft anstrebt, und der seinen Sohn Salomo auf Betreiben Natans und Batsebas überstürzt zum König deklarieren läßt (1,1–39). Offensichtlich – denn wir haben kein Recht, die Glaubwürdigkeit des Berichterstatters anzuzweifeln – verdankte Salomo seine Inthronisation einer Intrige: Batseba und Natan logen David vor, Adonija sei bereits König geworden (V. 18.25), und suggerierten ihm, er, David, habe einst mit einem Schwur versichert, daß Salomo sein Nachfolger werden soll (V. 17.27). Es könnte übrigens sein, daß der neue König ursprünglich Jedidja hieß (2Sam 12,25) und daß der Name »Salomo«, der das hebräische Wort *schālom*, »Wohlfahrt, Friede«, enthält, ein programmatischer Thronname war, den der König sich bei seinem Herrschaftsantritt zulegte.

Salomo begann seine Herrschaft mit einer Reihe zum Teil blutiger Säuberungsmaßnahmen: Das erste Opfer war Adonija, dem Salomo zunächst Milde zugesagt hatte (1Kön 1,50–53), dessen Werbung um Abischag, die Pflegerin des alten David (1,1–4), Salomo offenbar als Anspruch auf die Königswürde verstand und zum Vorwand nahm, ihn ermorden zu lassen (2,13–25); Adonijas Parteigänger Abjatar wurde seines Priesteramtes enthoben und nach Anatot verbannt (2,26–27); Joab, den anderen Parteigänger Adonijas, ließ Salomo unter Bruch des Asylrechts im Heiligtum ermorden (2,28–31a.34); schließlich fand auch Schimi aus nichtigem Anlaß den gewaltsamen Tod (2,36–43.46a), wobei uns der wahre Grund für diesen Mord verborgen bleibt, zumal man fragen kann, ob dieser Schimi mit dem von 2Sam 16,5–13 und 19,17–24 identisch ist. Den Benaja setzte Salomo zum Heerbannführer an Stelle Joabs ein

(1Kön 2,35a), und dem Zadok übertrug er offenbar zusätzliche Priesteraufgaben, die vorher Abjatar wahrgenommen hatte (2,35b).

So wurde Salomos Herrschaft gefestigt, wie der Berichterstatter zweimal – die Darstellung der Maßnahmen Salomos rahmend – vermerkt (2,12b.46b). Ob Salomo aus Furcht oder aus Staatsraison derart brutal gegen seine wirklichen oder eingebildeten Feinde vorging, gibt der Berichterstatter nicht zu erkennen.

Sieht man von dem blutigen Regierungsantritt ab, so kann Salomo als Friedensherrscher bezeichnet werden. Statt Kriege zu führen, knüpfte er diplomatische Beziehungen an, zu allererst durch Heiraten. Die außenpolitisch wichtigste seiner Frauen war eine ägyptische Königstochter, die innerhalb der Palastanlage ein eigenes Haus erhielt (3,1; 7,8; 9,24); allerdings können wir den ägyptischen Schwiegervater Salomos nicht identifizieren, und die Notiz, daß jener die Stadt Geser (westlich von Jerusalem) zerstörte und dann seiner Tochter mit in die Ehe gab (9,16), bleibt für uns dunkel. Wenn Salomo Frauen aus Moab, Ammon, Edom, Sidon (wohl Phönizien) und hetitische (d. h. kanaanäische) gehabt haben soll (11,1), so dürfte in dieser Angabe durchaus ein historischer Kern liegen; immerhin war die Mutter des Kronprinzen Rehabeam eine Ammoniterin (14,21). Die Zahl von siebenhundert Haupt- und dreihundert Nebenfrauen (11,3a) ist sicherlich maßlos übertrieben. Die Heiligtümer, die Salomo auf dem Ölberg östlich von Jerusalem für Kemosch und Milkom, die moabitischen und ammonitischen Staatsgötter, errichtete (11,7) und die der König Joschija Jahrhunderte später zerstören ließ (2Kön 23,13), waren wohl nicht – wie der Berichterstatter es schildert (1Kön 11,8) – für Salomos ausländische Frauen, sondern für seine moabitischen und ammonitischen Untertanen gedacht, denen Salomo die Religionsausübung in Jerusalem ermöglichen wollte.

Besonders intensiv gestalteten sich Salomos Beziehungen

zur phönizischen Hafenstadt Tyrus, mit deren König Hiram er ein Handelsabkommen schloß: Hiram lieferte Bauholz aus dem Libanon an Salomo, für das er Naturalien empfing (5,15–26), und stellte Bauhandwerker zur Verfügung (5,32). Als weitere Gegenleistung trat Salomo zwanzig Ortschaften in Galiläa an Hiram ab (9,10–14). Ferner ließ Salomo den Hafen Ezjon-Geber (am Nordostende des Roten Meeres) und eine Handelsflotte bauen, und diese unternahm mit Hilfe der Seeleute Hirams Fahrten in das Goldland Ofir (wahrscheinlich in Südwestarabien; 9,26–28). Die Flotte bestand aus »Tarschisch-Schiffen« (der Name leitet sich wohl von der phönizischen Handelskolonie Tartessos in Südspanien ab; 10,22). Außerdem importierte Salomo Pferde aus Koë (vermutlich im Süden der Türkei) und Streitwagen aus Ägypten und verkaufte beides nach Syrien weiter, betrieb also einen sicherlich gewinnbringenden Zwischenhandel (10,28–29).

Einen sehr breiten Raum in der Darstellung der Epoche Salomos nehmen die Berichte über den Bau der Palastanlage (7,1–12) und des Tempels (6; 7,13–51) ein. Beim letzteren stellt sich die Frage, ob der Tempel Salomos wirklich ein ganz neues Tempelgebäude war. Im Tempelbaubericht (6) wird zwar mehrfach gesagt: Salomo baute das »Haus des Herrn« (V. 1b.2aα.9a.14.37.38). Aber genaueres Zusehen macht den Leser stutzig. So erfahren wir in V. 2 die Ausmaße des Tempels (60×20×30 Ellen; die Elle entspricht etwa 50 cm), aber das sind nach V. 16–20 die *Innen*maße. Auffällig ist auch, welche Baumaßnahmen mitgeteilt werden und welche nicht. In V. 4 geht es um den Einbau von Fenstern, in V. 5–6 um die Herstellung eines Anbaus, in V. 8 und 10a um dessen Eingänge und dessen Höhe, in V. 9b und 10b um die Täfelung des Tempels und in V. 15–35 um weitere Holz- und außerdem Goldarbeiten. Hingegen liest man nichts über das Legen der Fundamente, das Aufführen der Mauern und deren Stärke oder die Bedachung, also nichts über den *ersten* Bauabschnitt. Daher liegt die Vermutung nahe, daß Salomo einen schon bestehenden Tempel durch Holz- und Goldarbeiten prächtiger ausgestaltet und durch Anbauten erweitert hat; letztere machten – so darf man V. 4 verstehen – das Höherlegen der Fenster nötig. Dem fügt sich mühelos und jene Vermutung unterstützend V. 7 ein, der wörtlich wohl zu übersetzen ist: »Und das Haus – als an ihm gebaut wurde, wurde mit ganzem gebrochenen Stein gebaut; Hammer und Hacke, jedes Eisenwerkzeug war in dem Haus nicht zu hören, als an ihm gebaut wurde«, d. h., man holte – und zwar für den Anbau (V. 5–6.8) – fertig behauene Steine aus dem Steinbruch heran, damit im Tempel kein Lärm entstünde, also die Gottesdienste im Tempel nicht gestört würden. Im Tempel ließ Salomo die Lade, die David nach Jerusalem gebracht hatte (2Sam 6,1–17), unterbringen (1Kön 8,1–11*).

Um das Kernland seines Reiches militärisch zu sichern, baute Salomo die Städte Hazor und Megiddo im Norden, Geser und Bet-Horon im Westen und Baalat und Tamar im Süden zu Festungen aus (9,15b.17–18). Ferner schuf er ein Streitwagenkorps (5,6.8; 10,26), für das er eigene Anlagen, die »Wagen- und Pferdestädte«, errichten ließ (9,19), vermutlich in den Städten des Festungsbauprogramms.

Für seine Bauvorhaben zog Salomo Fronarbeiter heran, d. h., er verpflichtete seine Untertanen zur Zwangsarbeit (5,27–30; 9,15a; 11,28); die Notiz, daß nur die nichtisraelitische Bevölkerung Frondienst leisten mußte (9,20–22), ist unhistorisch.

Die Struktur der Verwaltungsspitze seines Reiches hatte Salomo von David übernommen. Ein Vergleich der zweiten »Kabinettsliste« Davids (2Sam 20,23–26) mit der »Kabinettsliste« Salomos (1Kön 4,2–6) zeigt sowohl Kontinuität als auch Verschiebungen. Voran steht der Priester Asarja, ein Sohn Zadoks (V. 2); Zadok war vielleicht gestorben oder im Ruhestand. Das Amt des »Schreibers« hatten zwei Männer inne, Elihoref und Ahija, die Söhne Schischas (V. 3a), der vielleicht mit Davids »Schreiber« Schewa identisch ist.

Den Posten des »Erinnerers« bekleidete weiterhin Joschafat (V. 3b). Chef des Heerbanns war jetzt Benaja (V. 4a) an Stelle des von ihm ermordeten Joab; daß Benaja weiterhin die Kereter und Peleter und vielleicht auch andere Söldner befehligte, ist anzunehmen. Adoniram hatte das Amt des Fronministers behalten (V. 6b). Gegenüber dem »Kabinett« Davids kamen bei Salomo drei Oberbeamte hinzu: Sabud, der »Freund des Königs« (V. 5b), vielleicht der engste und oberste Berater Salomos, ferner Ahischar, »der über dem Haus/Palast« (V. 6a), wohl zuständig für die Einkünfte und die Versorgung des königlichen Hofes, und Asarja, der den »Amtleuten« vorstand (V. 5a), d. h. der Koordinationschef der Gau- oder Provinzverwaltungen.

Dieses letztere Amt war offenbar notwendig geworden, weil Salomo das Territorium der Nordstämme – mit Einschluß der kanaanäischen Städte – in zwölf Gaue oder Provinzen einteilte, an deren Spitze jeweils ein »Amtmann/Statthalter«, ein Gauvogt oder Provinzialgouverneur stand (4,8–19): 1. das Gebirge Efraim (das Stammesgebiet von Efraim und Manasse) unter dem Sohn Hurs (V. 8); 2. die Städte Makaz, Schaalbim, Bet-Schemesch, Elon und Bet-Hanan im südlichen Hügelland (das Gebiet des südlichen »Querriegels«) unter dem Sohn Dekers (V. 9); 3. die Städte Arubbot, Socho und Hefer im nördlichen Hügelland unter dem Sohn Heseds (V. 10); 4. die Küstenebene von Dor unter dem Sohn Abinadabs, einem Schwiegersohn Salomos (V. 11); 5. die Städte Taanach, Megiddo und Bet-Schean (das Gebiet des nördlichen »Querriegels«) unter Baana, dem Sohn Ahiluds (V. 12); 6. Gilead und Baschan (das nordöstliche Ostjordanland) unter dem Sohn Gebers (V. 13); 7. Mahanajim (das westliche Ostjordanland) unter Ahinadab (V. 14); 8. Naftali unter Ahimaaz, einem Schwiegersohn Salomos (V. 15); 9. Ascher unter Baana, dem Sohn Huschais (V. 16); 10. Issachar unter Joschafat (V. 17); 11. Benjamin unter Schimi (V. 18); 12. Gilead (hier sicherlich das Gebiet östlich des Toten Meeres) unter Geber (V. 19).

Auffälligerweise sind fünf der Gouverneure »Menschen ohne Namen«, die nicht mit ihrem Eigennamen, sondern als »Sohn des X« erscheinen (V. 8.9.10.11.13). Hier dürfte ein kanaanäischer Brauch vorliegen, der Personen im erblichen Dienst nach ihrem Vater oder nach dem Vorfahren, der als erster dieses Amt versah, benannte. Daraus darf man folgern, daß Salomo für derartige – und dann auch andere – Verwaltungsaufgaben Kanaanäer heranzog.

Die Gau- oder Provinzeinteilung diente laut 4,7 dazu, den königlichen Hof im monatlichen Turnus mit Naturalien zu versorgen. Ein weiterer Zweck dieser Einteilung geht wohl aus 9,23 hervor, wo von fünfhundertfünfzig (Gau- oder Provinz-)Beamten der Gouverneure die Rede ist, welche über die (Fron-)Arbeit gesetzt waren: Anscheinend hatten diese Beamten die Aufgabe, in den Provinzen die benötigten Fronarbeiter-Kontingente auszuheben. Da derartige Maßnahmen nur das Territorium der Nordstämme (einschließlich der kanaanäischen Städte) betraf, ging von ihnen ein entscheidender Impuls zu der beim Tode Salomos erfolgten Lostrennung der Nordstämme aus.

Als besonderes Kennzeichen der Person und der Regierung Salomos hebt der alttestamentliche Bericht seine *Weisheit* hervor. Hier ist allerdings ein historischer Kern wohl kaum auszumachen. Denn bei der Erzählung vom Besuch der Königin von Saba und dem Weisheitsturnier zwischen ihr und Salomo (10,1–13*) haben wir es mit einer Legende zu tun (das südarabische Saba trat erst später in das Licht der Geschichte, und Königinnen gab es dort wohl nie) und vermutlich ebenso bei der Erzählung vom »Salomonischen Urteil« (3,16–28), deren Motiv – im Streit zweier Frauen um ein Kind stellt sich diejenige als Mutter heraus, die lieber auf das Kind verzichten will als es dem Tode preiszugeben – außerhalb der Bibel zahlreiche Parallelen hat. Ein Fantasieprodukt dürfte auch die Geschichte von der Traumoffenbarung Gottes vor Salomo sein, in der Gott ihm die Bitte um Weisheit überreichlich zu erfüllen verspricht (3,4–15).

Schließlich liegt uns ein Abschnitt über die Weisheit Salomos vor (5,9–14), der ihm die Verfasserschaft von dreitausend Weisheitssprüchen und tausendundfünf Liedern und Kenntnis aller Pflanzen und Tiere zuschreibt (V. 12–13) – was daran historisch ist, können wir nicht nachprüfen – und diese Aufzählung mit einem Rahmen versieht, in dem Salomos weltweit unvergleichliche und berühmte Weisheit, deretwegen ihm alle Welt Geschenke bringt, gepriesen wird (V. 9–11.14). Letzteres ist sicherlich maßlos übertrieben, und solche Übertreibungen liefert der alttestamentliche Bericht noch des öfteren: Juda und Israel waren zahlreich wie der Sand am Meer (4,20), Salomos Reich erstreckte sich bis an den Eufrat (5,1.4), seine Einnahmen an Gold betrugen jährlich etwa 25 Tonnen (10,14), so daß Silber wertlos wurde (10,21.27), sein Thron war prächtiger als der jedes anderen Königreichs (10,18–20), und noch einmal heißt es, daß seine Weisheit ihm Geschenke aus aller Welt einbrachte (10,23–25).

So zeichnet die biblische Überlieferung das Bild Salomos als eines weisen, glanzvollen und mächtigen Herrschers, kann aber nicht verschweigen, daß sein Reich zu bröckeln begann. Ein Mann namens Reson, der aus seiner Heimat, dem Aramäerstaat Zoba, fliehen mußte, warb eine Söldnerschar an und machte sich mit deren Hilfe zum König über das Reich von Damaskus (11,23–25), so daß dieses nicht mehr der Herrschaft Salomos unterstand. Außerdem erfahren wir, daß der Efraimiter Jerobeam, der an die Spitze der Fronarbeiterorganisation des »Hauses Josef« (der Stämme Efraim und Manasse) gestellt war, sich gegen Salomo erhob und – der Bericht über den Verlauf und die Niederschlagung der Rebellion fehlt – nach Ägypten floh (11,26–28.40). Dieser Jerobeam sollte nach Salomos Tod König Israels, der Nordstämme, werden.

Die Berichterstattung über Salomo schließt mit Notizen (11,41–43), deren Form man im weiteren Verlauf der Königsbücher regelmäßig antrifft und die der folgende Exkurs behandelt. Salomo soll vierzig Jahre lang regiert haben, was – wie bei den Angaben über David (2Sam 5,5; 1Kön 2,11) – ein Annäherungswert sein könnte. Berücksichtigt man die Unsicherheit der Chronologie zumal jener frühen Epoche, so läßt sich die Herrschaft Salomos auf den Zeitraum zwischen 970 und 925 v. Chr. eingrenzen. Nachfolger wurde sein Sohn Rehabeam (11,43b).

Exkurs: Die Rahmenformeln der Königsbücher

Am Ende der Berichte über Salomo (11,41–43) stehen Vermerke, die von da ab in ähnlicher Gestalt die Königsbücher durchziehen und für deren Darstellungsweise charakteristisch sind. Sie bilden ein stereotypes Schema, das sich in Form von Eingangs- und Schlußformeln als Rahmen um die Berichte über die Taten der einzelnen Könige legt. Dieser Rahmen sieht – manchmal verkürzt oder sonstwie abgewandelt – folgendermaßen aus:

Könige Judas	**Könige Israels**
Eingangsformel	*Eingangsformel*
Zeitpunkt des Regierungsantritts	Zeitpunkt des Regierungsantritts
Alter beim Regierungsantritt	
Regierungsdauer	Regierungsdauer
Name der Königsmutter	
Religiöse Beurteilung	Religiöse Beurteilung
Schlußformel	*Schlußformel*
Quellenangabe	Quellenangabe
Todesnotiz	Todesnotiz
Bestattung(sort)	
Nachfolger	Nachfolger

Das erste Element dieses Schemas stellt einen »Synchronismus« dar, der das Datum des Regierungsantritts des betreffenden Königs aus den Regierungsjahren des im Nachbarreich herrschenden Königs errechnet. Dementsprechend werden die gleichzeitig regierenden Könige Israels und Judas gemäß der Abfolge ihrer jeweiligen Thronbesteigung wechselweise vorgeführt. Die »religiöse Beurteilung« enthält durchweg die Formel: »Er tat, was dem Herrn mißfiel« oder: »Er tat, was dem Herrn (wohl)gefiel«, die den Königen eine Zensur für ihr kultisches Verhalten gibt und als solche natürlich keinerlei historische Information liefert. Die Grundform der »Quellenangabe« lautet regelmäßig: »Was aber mehr von N. N. zu sagen ist (die übrige Geschichte des N. N.) ... siehe, das steht geschrieben in der Chronik der Könige von Juda/Israel«. Der Autor hatte also Quellen – nämlich die »Chronik der Könige von Juda« und die »Chronik der Könige von Israel« – zur Hand, die über das von ihm Berichtete hinaus weitere Details boten und die auch seinen Lesern zur Verfügung standen. (Das gilt ebenso für die in 11,41 genannte »Chronik Salomos«.)

Bei der Darstellung Sauls und Davids erscheint dieser Rahmen noch nicht. Wie bei Salomo (11,41–43) ist bei Jerobeam I. (14,19–20) und Jehu (2Kön 10,34–36) nur der Schlußteil genannt, und zwar mit Angabe der – sonst in den Einleitungsteil gehörenden – Regierungsdauer (1Kön 11,42; 14,20a; 2Kön 10,36). Der Schlußteil fehlt bei Joram von Israel (2Kön 3,1–3; 8,28–29; 9,14–16), Ahasja von Juda (8,25–29; 9,27–28) und bei den deportierten Königen Hoschea (17,1–4), Joahas (23,31–34), Jojachin (24,8–16) und Zidkija (24,18–25,7). Bei Atalja (2Kön 11) entfällt der gesamte Rahmen, womit dieser die Anerkennung als rechtmäßige Königin von Juda verweigert wird.

IV.
Die Königreiche Israel und Juda von der Reichstrennung bis zum Untergang Israels

Die alttestamentliche Darstellung des rund zweihundert Jahre umfassenden Zeitraums, der mit der Loslösung Israels von Juda beginnt und an dessen Ende die Einnahme Samarias, der Hauptstadt Israels, und die Deportation Israels durch die Assyrer steht (1Kön 12 – 2Kön 17), setzt sich aus sehr unterschiedlichem Material zusammen. So werden Vorgänge der Politik manchmal in ausführlicher, oft jedoch nur in knapper, lediglich dürre Fakten verzeichnender Form mitgeteilt, und einen besonders breiten Raum nehmen Erzählungen über die Worte, Taten und Erlebnisse von *Profeten* ein, bei denen es sich zuweilen um volkstümliche Wundergeschichten handelt, während anderen durchaus ein historischer Kern zugrunde liegen dürfte.

1. Die Reichstrennung

Eröffnet wird die Darstellung des Schicksals der getrennten Reiche Israel und Juda mit dem Bericht, wie Israel dem Rehabeam, dem Sohn Salomos, die Gefolgschaft aufkündigt: Rehabeam begibt sich, um die Königswürde über Israel, also die Nordstämme, zu erlangen, nach Sichem, wohin »ganz Israel« gekommen ist und von Rehabeam fordert, er solle das »schwere Joch«, das sein Vater den Israeliten auferlegt hatte, leichter machen; daraufhin erbittet Rehabeam drei Tage Bedenkzeit, schickt die Israeliten nach Hause und berät sich zunächst mit den »Ältesten«, die schon unter Salomo gedient hatten, und anschließend mit den »Jüngeren«; erstere schlagen ihm vor, die Lasten der Israeliten zu erleichtern, während letztere für Unnachgiebigkeit plädieren, was Rehabeam mit einer derben Redensart unterstreichen soll: »Mein Kleiner ist dicker als die Lenden meines Vaters«; am dritten Tag kommen Rehabeam und »das ganze Volk« wieder zusammen, und Rehabeam kündigt den Israeliten schwerere Lasten an, woraufhin die Israeliten sich von Rehabeam lossagen und den Heimweg antreten; Rehabeam schickt den Fronvogt Adoniram vor, der jedoch gesteinigt wird, und kann nach Jerusalem flüchten (1Kön 12,1–19; nachträglich hinzugefügt sind die Bemerkungen über Jerobeam V. 2–3a, die Worte »Jerobeam und« in V. 12, der theologische Kommentar V. 15 und der Satz über Rehabeams israelitische Untertanen V. 17).

Offensichtlich trat Rehabeam nicht automatisch die Herrschaft über die Nordstämme an, sondern war auf deren Zustimmung angewiesen. Diese machten ihr Einverständnis von einer Rücknahme der Fronlasten abhängig, die Salomo anscheinend nur den Nordstämmen, nicht aber Juda auferlegt hatte (das dürfte aus der Provinzeinteilung des Gebietes der Nordstämme in 4,8–19 und aus der Bemerkung 5,27, wonach Salomo »ganz Israel« zum Frondienst verpflichtete, hervorgehen). Da Rehabeam dieser Forderung nicht nachkam, trennten sich die Nordstämme von ihm. Hierbei fand Rehabeams Fronminister Adoniram den Tod, der sein Amt schon seit der Spätzeit Davids (2Sam 20,24a) – in dessen erster Beamtenliste (8,16–18) fehlt er noch – und unter Salomo (1Kön 4,6b) bekleidet hatte.

Exkurs:
Probleme der Chronologie der Königszeit

Die Königsbücher enthalten, beginnend nach der Reichstrennung, ein fast lückenloses System von Angaben über den Zeitpunkt des Herrschaftsantritts und über die Regierungsdauer der einzelnen Könige (sie fehlen nur bei der Königin Atalja 2Kön 11). Allerdings weist dieses System einige Unstimmigkeiten auf, wofür drei Beispiele angeführt seien.

(1) Asarja von Juda regierte seit dem siebenundzwanzigsten Jahr Jerobeams II. von Israel (2Kön 15,1), Jerobeams Sohn und Nachfolger Secharja seit dem achtunddreißigsten Jahr Asarjas (15,8). Demnach betrug Jerobeams Regierungszeit fünfundsechzig Jahre, doch er hat nur einundvierzig Jahre geherrscht (14,23).

(2) Ahas von Juda regierte seit dem siebzehnten Jahr des Pekach von Israel (16,1), Pekachs Nachfolger Hoschea seit dem zwölften Jahr des Ahas (17,1). Demnach betrug Pekachs Regierungszeit neunundzwanzig Jahre, doch er hat nur zwanzig Jahre geherrscht (15,27).

(3) Ausweislich assyrischer Quellen nahm Ahab von Israel an der Schlacht von Karkar teil, die 853 v. Chr. stattfand, und Samaria, die Hauptstadt Israels, wurde 722 v. Chr. erobert; dazwischen liegt also ein Zeitraum von rund hundertdreißig Jahren. Zählt man jedoch die Regierungsjahre der israelitischen Könige nach Ahab bis zur Einnahme Samarias zusammen, so kommt man auf hundertsiebenundfünfzig Jahre (eine Differenz bleibt auch dann bestehen, wenn man für jeden der zehn Könige, die mindestens zwei Jahre lang regierten, aufgrund der »Vordatierung« ein Jahr abzieht).

Die Forschung hat nun Systeme der Regierungsjahre erarbeitet, die zwar voneinander abweichen, in denen aber der alttestamentliche Befund einigermaßen mit den Angaben außerbiblischer Quellen übereinstimmt. Nachstehend sind die Angaben der Zeittafeln im Anhang der Lutherbibel – leicht abgewandelt – und der Einheitsübersetzung (in Klammern) aufgeführt.

Juda			*Israel*		
Rehabeam	926–910	(931–914)	Jerobeam I.	926–907	(931–910)
Abija	910–908	(914–912)	Nadab	907–906	(909)
Asa	908–868	(911–871)	Bascha	906–883	(909–886)
			Ela	883–882	(885)
			Simri		(885)
			Omri	882–871	(885–874)
Joschafat	868–847	(871–848)	Ahab	871–852	(873–853)
Joram Mitregent 852–847			Ahasja	852–851	(853–852)
Joram	847–845	(848–841)	Joram	851–845	(852–841)
Ahasja	845	(841)			
Atalja	845–840	(840–835)	Jehu	845–818	(841–813)
Joasch	840–801	(835–796)	Joahas	818–802	(813–797)
Amazja	801–787	(796–767)	Joasch	802–787	(797–782)
Asarja/Usija	787–736	(767–739)	Jerobeam II.	787–747	(782–747)
Jotam Mitregent u. König 756–741			Secharja	747	(747)
Jotam		(739–734)	Schallum	747	(747)
Ahas Mitregent u. König 741–725			Menahem	747–738	(747–742)
Ahas		(734–728)	Pekachja	737–736	(742–740)
			Pekach	735–732	(740–731)
Hiskija	725–697	(728–699)	Hoschea	732–723	(731–722)
Manasse	696–642	(699–643)			
Amon	641–640	(642–641)			
Joschija	639–609	(641–609)			
Joahas	609	(609)			
Jojakim	608–598	(609–598)			
Jojachin	598–597	(597)			
Zidkija	597–587	(597–586)			

2. Israel und Juda bis zur Revolution des Jehu

Der weitaus größte Teil dessen, was über die ersten acht Jahrzehnte Israels und Judas nach der Reichstrennung berichtet wird (1Kön 12,20 – 2Kön 8,29), handelt von Profeten, wie aus der folgenden Inhaltswiedergabe hervorgeht.

Jerobeam von Israel (12,20–14,20). Jerobeam wird König über Israel (12,20; die Worte »zu der Gemeinde / zur Versammlung« in V. 20a und V. 20b sind nachträglich hinzugefügt). Rehabeam versammelt Juda und Benjamin zum Kampf gegen Israel, wird aber durch den Gottesmann Schemaja davon abgehalten (12,21–24). Jerobeam baut Sichem und Penuël als Residenzen aus (12,25), stellt in Bet-El und Dan je ein goldenes Stierbild auf (12,26–30), errichtet Kulthöhen, setzt nichtlevitische Priester ein, verändert den Festkalender (12,31–32aα) und besteigt den Altar in Bet-El (12,32aβ–33; der Abschnitt, der ein dreimaliges Hinaufsteigen des Königs berichtet, ist zweifellos nachträglich erweitert). Ein Gottesmann aus Juda spricht ein Drohwort gegen den Altar in Bet-El, woraufhin Jerobeam befiehlt, ihn festzunehmen; Jerobeams Hand verdorrt, aber das Gebet des Gottesmannes bewirkt ihre Heilung; der Gottesmann schlägt Jerobeams Einladung aus und macht sich auf den Heimweg; ein alter Profet in Bet-El lädt den Gottesmann zu sich ein und bewirtet ihn; bei der Rückkehr nach Hause wird der Gottesmann von einem Löwen getötet, der aber den Leichnam nicht anrührt; der Profet erfährt davon und legt den Gottesmann in ein Grab, in dem auch er später bestattet werden möchte (13,1–32; die Erzählung, deren zweiter Teil um das wunderhafte Benehmen des Löwen kreist, wurde nachträglich erweitert, insbesondere um das »Zeichen«, nämlich das Zerbersten des Altars, V. 3.5, und das Motiv vom Ungehorsam des Gottesmannes, der mit dem Tod durch den Löwen bestraft wurde, V. 15–18.20–

22.26aβb; Zusätze sind ferner V. 23bβ und V. 32). Notizen über Jerobeams Fehlverhalten (13,33–34). Jerobeam schickt seine Frau zu dem Profeten Ahija in Schilo, um zu erfahren, ob ihr kranker Sohn wieder gesund wird, und Ahija kündigt ihr den Tod des Kindes und die Totenklage ganz Israels bei seinem Begräbnis an, was auch geschieht (14,1–18; die ursprüngliche Erzählung ist um den Hinweis Jerobeams auf Ahijas früheren Ausspruch V. 2bβ, um die Voraussage Gottes an Ahija, daß die Frau Jerobeams kommen wird, V. 5, und um Drohworte Ahijas gegen Jerobeams Haus und ganz Israel, V. 7–11.13aβ–16, erweitert worden; V. 14b ist unverständlich). Schlußformel Jerobeams (14,19–20).

Rehabeam von Juda (14,21–31). Eingangsformel (14,21–24, mit Hinweis auf die Sünden des Volkes V. 22b–24; in V. 22a stand ursprünglich »Rehabeam« statt »Juda«). Der Pharao Schischak rückt gegen Jerusalem vor und wird durch einen Tribut zum Abzug bewogen; unter dem Tribut befinden sich die goldenen Schilde der königlichen Leibwache, die daraufhin Schilde aus Bronze erhält (14,25–28). Schlußformel (14,29–31, darin ein Hinweis auf den Kriegszustand zwischen Rehabeam und Jerobeam V. 30; V. 31aβ wiederholt fälschlich V. 21bβ).

Abija von Juda (15,1–8). Eingangsformel (15,1–6, darin ein Lobpreis Davids V. 4–5bα; nachträglich hinzugefügt sind der Hinweis auf Urija V. 5bβ und auf den Kriegszustand zwischen Rehabeam und Jerobeam V. 6). Schlußformel (15,7–8, darin ein Hinweis auf den Kriegszustand zwischen Abija und Jerobeam V. 7b).

Asa von Juda (15,9–24). Eingangsformel (15,9–16, mit Hinweis auf den Kriegszustand zwischen Asa und Bascha von Israel V. 16; auffälligerweise wird in V. 10b als Mutter des Königs – wie als Mutter seines Vaters Abija [V. 2b] – eine Maacha, Tochter des Abschalom, genannt; diese Maacha wird von Asa aus ihrer Rangstellung als »Herrin« entfernt, V. 13a). Bascha von Israel baut den Ort Rama zu einer

Grenzfestung gegen Juda aus, worauf Asa ein Hilfsgesuch an den König Ben-Hadad von Damaskus richtet, der den Norden Israels angreift, so daß Bascha vom Ausbau Ramas abstehen muß und Asa das Gebiet Judas auf Kosten Israels erweitern kann (15,17–22). Schlußformel (15,23–24, darin die Notiz über eine Fußkrankheit Asas V. 23b).

Nadab von Israel (15,25–32). Eingangsformel (15,25–26). Bascha, offenbar ein Heerführer, empört sich gegen Nadab und tötet ihn und die ganze Familie Jerobeams (15,27–30; der theologische Kommentar V. 29aβ–30 führt Baschas Vorgehen auf ein Wort des Profeten Ahija zurück, das aber nicht vorliegt). Schlußformel (15,31–32; V. 32 wiederholt fälschlich V. 16).

Bascha von Israel (15,33–16,7). Eingangsformel (15,33–34). Der Profet Jehu spricht ein Drohwort über Baschas Familie (16,1–4). Schlußformel (16,5–7, mit theologischem Kommentar V. 7).

Ela von Israel (16,8–14). Eingangsformel (16,8). Der Offizier Simri empört sich gegen Ela und tötet ihn und die ganze Familie Baschas (16,9–13; der theologische Kommentar V. 12–13 verweist auf das Wort des Profeten Jehu). Schlußformel (16,14).

Simri von Israel (16,15–20). Eingangsformel (16,15a). Das Heer ruft den General Omri zum König aus; Omri belagert Simri in Tirza, und dieser stirbt beim Brand des Palastes (16,15b–19, mit dem theologischen Kommentar V. 19). Schlußformel (16,20).

Nach Omris Sieg ruft ein Teil des Volkes einen Mann namens Tibni zum Gegenkönig aus, doch Omri behält die Oberhand (16,21–22).

Omri von Israel (16,23–28). Eingangsformel (16,23–26 darin die Notiz, daß Omri die Stadt Samaria erbaut, die von da ab die Residenz der Könige Israels ist, V. 24). Schlußformel (16,27–28).

Ahab von Israel (16,29–22,40). Eingangsformel (16,29–33, darin die Notiz, daß Ahab die phönizische Königstochter Isebel heiratet und in Samaria einen Baalstempel erbaut, V. 31bα.32). Ein Mann namens Hiël baut Jericho wieder auf (16,34).

Der Profet Elija kündigt dem Ahab eine Dürre an (17,1), wird am Bach Kerit von Raben gespeist (17,2–7), versorgt eine Witwe in Sarepta (17,8–16) und macht den gestorbenen Sohn seiner Hauswirtin lebendig (17,17–24; in V. 20bβ–21bα liegt ein Zusatz vor, der die Mutter des Kindes mit der in V. 8–16 genannten Witwe gleichsetzt und Elijas Maßnahme mit der Elischas 2Kön 4,34a parallelisiert). Auf Befehl Gottes geht Elija, um sich Ahab zu zeigen (18,1–2a). Weil eine Hungersnot herrscht, durchziehen Ahab und sein Hofmeister Obadja, jeder für sich, das Land auf der Suche nach Futtergras, wobei Obadja dem Elija begegnet (18,2b–15; die Hinweise auf Obadjas Frömmigkeit V. 3b–4.12b–14 sind nachträglich hinzugefügt). Elija trifft Ahab und fordert ihn auf, »ganz Israel« und vierhundertfünfzig Profeten des Baal auf dem Berg Karmel zu versammeln, was Ahab tut (18,16–20; der Hinweis auf die Profeten Isebels V. 19b ist nachträglich hinzugefügt). Elija gewinnt mittels einer Opferprobe, die Gott als den allein Mächtigen erweist, das Volk für die Anerkennung Gottes, während er die Profeten des Baal töten läßt (18,21–40; der Grundbestand dieser Erzählung, die einen recht verworrenen Eindruck macht, liegt vielleicht in V. 21–23aα.25–26a.30a.33.36a*.37–38aα.39 vor). Elija fordert Ahab auf, Speise zu sich zu nehmen, steigt auf den Gipfel des Karmel, wo er das Kommen des Regens spürt, läßt Ahab anspannen und läuft vor ihm her nach Jesreel (18,41–46; manche Einzelheiten der Erzählung sind nicht durchschaubar). Elija flieht aus Furcht vor Isebel in die Gegend von Beerscheba, wird dort von einem Engel gestärkt und wandert an den Gottesberg Horeb, wo Gott ihm erscheint (19,1–18; den Grundbestand des Textes bilden wohl zwei Einzelstücke, nämlich Elijas Stärkung durch den Engel bei Beerscheba V. 3aβ–5 und seine Begegnung mit Gott am Horeb V. 9–10.15aα.18; alles andere dürfte nachträglich hinzugefügt sein, so auch der Abschnitt über die Gotteserscheinung V. 11–14). Elija beruft Elischa in seinen Dienst (19,19–21).

Der Aramäerkönig Ben-Hadad zieht, verbündet mit zweiunddreißig Königen, nach Samaria, belagert die Stadt und verlangt von Ahab hohen Tribut und die Stellung von Geiseln, wozu Ahab bereit ist, aber Ben-Hadads weitergehende Forderung, die Stadt solle geplündert werden, lehnt er ab; Ben-Hadad versetzt sein Heer in Kampfbereitschaft, doch es gelingt den Israeliten durch einen Ausfall, Ben-Hadad und sein Heer in die Flucht zu schlagen (20,1–21; nachträglich hinzugefügt ist das ermutigende Wort eines Profeten an Ahab V. 13–14, und das dürfte auch für den Abschnitt über das Ausrücken des israelitischen Heeres V. 15–17a.19 gelten). In einem erneuten Kampf, diesmal bei Afek, besiegen die Israeliten wiederum Ben-Hadads Heer; der König von Israel gewährt Ben-Hadad die Bitte, ihn am Leben zu lassen, worauf letzterer die Rückgabe eroberter Städte und die Erlaubnis zum Einrichten von »Märkten«/»Handelsniederlassungen« in Damaskus zusagt und beide einen Vertrag schließen (20,22–34; nachträglich hinzugefügt sind die ermutigenden Worte zweier Profeten an den König von Israel V. 22.28 und der Ratschlag der Gefolgsleute des Königs von Aram V. 23–25). Ein »Profetenjünger«, der ein Erkennungszeichen – wohl an der Stirn – trägt, spricht ein Drohwort gegen den König von Israel, weil dieser den König von Aram freigelassen habe, statt ihn zu »bannen«, ihn als Gott verfallen zu töten (20,35–43; der Handlungsablauf wäre klarer ohne den einleitenden Bericht V. 35–37, daß der »Profetenjünger« sich verwunden läßt).

Ahab will in Jesreel einen Weinberg von einem Mann namens Nabot erwerben, was dieser ablehnt; Isebel veranlaßt die Ältesten von Jesreel zum Justizmord an Nabot, dessen

Weinberg Ahab in Besitz nimmt; Elija erscheint und spricht Drohworte über Ahab und seine Familie (21; die ursprüngliche Form der in ihrem Ablauf nicht immer plausiblen Erzählung dürfte nur den Bericht über den Vorfall V. 1–16, den Redeauftrag Gottes an Elija V. 17–19aα und das Drohwort gegen Ahabs Dynastie V. 21.24 umfaßt haben).

Der König von Israel will mit Joschafat, dem König von Juda, den Aramäern die Stadt Ramot-Gilead entreißen; zuvor holen beide den Rat von Profeten ein und bekommen von vierhundert Profeten günstige Auskunft, während Micha, der Sohn Jimlas, dem König von Israel Unheil ankündigt; in der Schlacht bei Ramot-Gilead wird der König von Israel, obwohl er sich verkleidet hatte, getötet und dann in Samaria begraben (22,1–38; nachträglich hinzugefügt sind die Vision Michas über den »Lügengeist« V. 19–23 [nur in V. 20 wird der König von Israel »Ahab« genannt], der Auftritt des Zidkija V. 10–12.24–25 und der Vermerk V. 35bβ.38 als Rückbezug auf 21,19b; da Joschafat in V. 2b.4a nicht ganz folgerichtig am Geschehensverlauf teilnimmt, könnte man erwägen, daß er in einer Urform der Erzählung noch nicht vorkam, diese also nur die Exposition V. 1 und den Bericht über den Entschluß des Königs von Israel zur Rückgewinnung Ramot-Gileads V. 3, über seinen Feldzug nach Ramot-Gilead V. 29aα.b, über seinen Tod, der den Feldzug beendet, und über sein Begräbnis V. 34–35aα.36–37 enthielt). Schlußformel Ahabs (22,39–40).

Joschafat von Juda (22,41–51). Eingangsformel (22,41–44). Notiz, daß Joschafat Frieden mit Israel hielt oder schloß (22,45). Schlußformel (22,46–51; darin verschiedene Notizen: Joschafat entfernt die »Tempelhurer«/»Hierodulen« aus dem Land, V. 47; in Edom gab es keinen König, sondern einen Statthalter des Königs [von Juda], V. 48; Joschafats Versuch, Seehandel zu treiben, mißlingt, V. 49; den Vorschlag Ahasjas, des Königs von Israel, sich an der Handelsschiffahrt zu beteiligen, lehnt Joschafat ab, V. 50).

Ahasja von Israel (22,52 – 2Kön 1,18). Eingangsformel (22,52–54). Moab fällt von Israel ab (2Kön 1,1; der Satz steht fast gleichlautend in 3,5). Ahasja befragt den Gott Baal-Sebub, ob er von seiner Krankheit genesen wird, und stirbt gemäß dem Wort Elijas (1,2–17aα; die ursprüngliche Erzählung umfaßt nur V. 2.5–8.17aα). Schlußformel (1,17aβ–18; die Angabe in V. 17aβ, daß Ahasjas Bruder Joram im zweiten Jahr des Nachbarkönigs Joram den Thron bestieg, steht im Widerspruch zu 3,1; denkbar ist, daß hier – im Unterschied zum Synchronismus 3,1 und 8,16aα – eine Zählung der Regierungsjahre Jorams von Juda vorliegt, die von dem Zeitpunkt ausgeht, an dem Joram Mitregent seines Vaters Joschafat wurde [8,16aβ]).

Elija bestimmt den Elischa zu seinem Nachfolger und wird zum Himmel entrückt (2,1–18; die ursprüngliche Erzählung umfaßte nur V. 1b.7–11a.12–15), macht schädliches Wasser durch Salz gesund (2,19–22) und spricht einen Fluch über Jungen, die ihn als Glatzkopf verspotten; diese werden von Bären getötet (2,23–25).

Joram von Israel. Eingangsformel (3,1–3); das Ende Jorams wird im Zusammenhang mit der Revolution Jehus berichtet (8,28–29; 9,14–26).

Joram unternimmt mit Joschafat von Juda einen Feldzug gegen den abtrünnigen König Mescha von Moab; sie verheeren das Land, Mescha opfert seinen Sohn (nämlich dem moabitischen Gott Kemosch), und »ein großer Zorn« (nämlich Kemoschs) zwingt die Israeliten zum Rückzug (3,4–27; der Auftritt Elischas V. 9b–19 ist nachträglich hinzugefügt). Elischa versorgt eine Witwe mit Öl (4,1–7), macht ein totes Kind wieder lebendig (4,8–37; die ursprüngliche Erzählung enthielt wohl noch nicht die Passagen V. 12–15a.25–26.27b.29–30aα.31.35–36aα, in denen Elischas Diener Gehasi erscheint), macht mit Mehl ein bitteres Essen genießbar (4,38–41), bewirkt das Wunder einer Brotvermehrung (4,42–44), heilt den aramäischen Heerführer Naaman vom

Aussatz (5; die Abschnitte über Naamans Kultausübung in der Heimat V. 15–19a und über Gehasis Habsucht, die mit Aussatz bestraft wird, V. 19b–27, sind nachträglich hinzugefügt), bringt eine ins Wasser gefallene Axt zum Schwimmen (6,1–7) und führt ein Heer der Aramäer in die Irre (6,8–23; die Sätze über Elischas Gebete und ihre Erhörung V. 15b–17.18aβb.20 sind wohl nachträglich hinzugefügt). Weil Ben-Hadad, der König der Aramäer, Samaria belagern läßt, herrscht dort eine Hungersnot, aber Elischa kündigt ihr Ende an; vier Aussätzige entdecken, daß die Aramäer geflohen sind, und sobald königliche Boten dies bestätigen, wird das Lager der Aramäer geplündert; ein Ritter/Adjutant, der dem Elischa widersprochen hatte, stirbt (6,24–7,20; die Abschnitte 6,27.31–33 und 7,1–2.6–8aα.16b–20, die Elischa und das Handeln Gottes erwähnen, sind nachträglich hinzugefügt). Die Frau, deren Kind Elischa lebendig gemacht hatte, verläßt auf Anraten Elischas wegen einer drohenden Hungersnot das Land und erhält bei ihrer Rückkehr ihren Grundbesitz (der offenbar an den König gefallen war) vom König wieder (8,1–6; der Abschnitt über Gehasi V. 4–5 ist nachträglich hinzugefügt). Elischa hält sich in Damaskus auf, und der erkrankte Aramäerkönig Ben-Hadad schickt einen Mann namens Hasaël zu Elischa mit der Frage, ob er genesen wird, was Elischa bejaht; diese Auskunft gibt Hasaël an Ben-Hadad weiter, tötet ihn aber am nächsten Tag und wird selber König (8,7–15; der Abschnitt V. 10b–13, wonach Elischa den Tod Ben-Hadads, die Thronbesteigung Hasaëls und die Kriege Hasaëls gegen Israel voraussagt, ist nachträglich hinzugefügt).

Joram von Juda (8,16–24). Eingangsformel (8,16–19, darin der Hinweis V. 16aβ, daß Joram Mitregent seines Vaters Joschafat war, und V. 18aβ, daß er eine Tochter Ahabs – oder Tochter Omris [V. 26b], also Schwester Ahabs – geheiratet hatte, nämlich Atalja). Edom bekommt einen König und fällt von Juda ab, was auch ein Feldzug Jorams gegen

Edom nicht verhindern kann (8,20–22a); außerdem macht sich die Stadt Libna selbständig (8,22b). Schlußformel (8,23–24).

Ahasja von Juda. Eingangsformel (8,25–27). Ahasja kämpft gemeinsam mit seinem Vetter (oder Onkel) Joram von Israel gegen Hasaël von Aram (d. h. Damaskus), Joram wird verwundet und begibt sich nach Jesreel, wo Ahasja ihn aufsucht (8,28–29). Ahasjas Ende wird im Zusammenhang mit der Revolution Jehus berichtet (9,27–28).

Diese Darstellung enthält zwar sehr viel sagen- und legendenhaftes Erzählgut, dennoch bietet sie zahlreiche Informationen über die Vorgänge der damaligen Zeit, die zunächst vom judäisch-israelitischen Bruderkrieg, dann von der beginnenden Auseinandersetzung zwischen Israel und den Aramäern geprägt war.

Mit dem Zerbrechen des von David geschaffenen Reiches entstand auf dem Boden Palästinas ein neues Staatensystem. Sicherlich machten sich damals die Philister und die Ammoniter selbständig, worüber die Quellen allerdings schweigen. Später löste sich Moab von Israel (2Kön 3,5) und Edom von Juda (8,20). Die Geschichte Judas und Israels verlief unterschiedlich, was vor allem an deren Herrschaftsform deutlich wird. Während in Juda bis zu seinem Ende die Dynastie Davids auf dem Thron blieb, kam es in Israel mehrfach zum gewaltsamen Regierungswechsel, und nur selten bildete sich hier eine Dynastie. Für Juda wirkte sich zweifellos innenpolitisch auch stabilisierend aus, daß Jerusalem weiterhin die Hauptstadt war. In Israel hingegen dauerte es noch längere Zeit, bis sich ein endgültiger Regierungssitz fand. So erwählte sich Jerobeam, der erste König Israels, zunächst Sichem auf dem mittelpalästinischen Gebirge, dann Penuël im Ostjordanland als Residenz (1Kön 12,25), später war es Tirza nordöstlich von Sichem (15,33; 16,9.15.23; nach 14,17 residierte Jerobeam ebenfalls in Tirza).

Anschließend an die Notiz über Jerobeams Residenzstädte Sichem und Penuël wird von Maßnahmen auf kultisch-religiösem Gebiet berichtet (12,26–32). Eine bestand darin, daß er die Heiligtümer Bet-El und Dan mit je einem goldenen oder vergoldeten Stierbild ausstattete (V. 28a.29), deren Bedeutung unklar ist: Vielleicht waren sie als Postamente des unsichtbar darauf stehenden Jahwe gedacht, vielleicht sollten sie Jahwe selbst repräsentieren, wie es die dem König zugeschriebene Formel: »Siehe, das sind deine Götter, Israel, die dich aus dem Land Ägypten geführt haben« (V. 28b; im Urtext steht der Plural), nahelegt. Welches »Höhenheiligtum« Jerobeam baute (V. 31a; der Urtext spricht von »Höhenheiligtümern«), wissen wir nicht. Wenn er dort nichtlevitische Priester angestellt haben soll (V. 31b), so dürfte es sich um die Polemik einer viel späteren Zeit handeln, die nur Leviten als rechtmäßige Priester kannte. Schließlich wird noch erwähnt, daß Jerobeam ein Fest »wie das Fest in Juda« am fünfzehnten Tag des achten Monats feiern ließ (V. 32aα). Es handelt sich um das Laubhüttenfest, das zu jener Zeit in Jerusalem entweder noch gar nicht an einem exakten Termin oder schon damals am fünfzehnten Tag des siebenten Monats begangen wurde.

Die ganze Regierungszeit Jerobeams hindurch herrschte Krieg zwischen Israel und Juda (14,30). Dieser ging aller Wahrscheinlichkeit nach von Rehabeam aus. Denn seine Hauptstadt Jerusalem lag nur wenige Kilometer südlich der Grenze zu Israel; daher mußte Rehabeam bestrebt sein, für seine Hauptstadt ein freies Vorfeld zu schaffen und die Grenze nach Norden zu verschieben. Endgültigen Erfolg hatte Juda erst später.

Während der Regierungszeit Rehabeams unternahm der ägyptische Pharao Schoschenk (im Alten Testament heißt er Schischak), zu dem Jerobeam einst geflohen war (11,40), einen Feldzug nach Palästina und stieß dabei ausweislich ägyptischer Quellen bis in das Gebiet Israels vor. Jedoch blieb Juda verschont, weil Rehabeam rechtzeitig Tribut leisten konnte, indem er den Jerusalemer Palast- und Tempelschatz aufbot (14,25–26).

Der Krieg zwischen Juda und Israel dauerte unter Rehabeams Sohn und Nachfolger Abija an (15,7b). Erst dessen Sohn und Nachfolger Asa gelang es, eine Entscheidung herbeizuführen. Anfangs war Israel im Vorteil. Denn der israelitische König Bascha nahm den judäischen Ort Rama, etwa 8 km nördlich von Jerusalem, ein und begann ihn zu einer Festung auszubauen. Daraufhin wandte Asa sich mit Geschenken an Ben-Hadad (man bezeichnet ihn als Ben-Hadad I.), den König des Aramäerstaates Damaskus, der seinen – sonst nicht erwähnten – Pakt mit Israel brach und Truppen im Norden Israels einmarschieren ließ. Dieser Angriff zwang Bascha zum Rückzug aus Rama, und Asa gewann nicht nur Rama zurück, sondern schob auch die Grenze Judas weiter nach Norden vor, so daß jetzt der größte Teil des benjaminitischen Territoriums zu Juda gehörte (15,17–22).

Außerdem wird über Asa berichtet, daß er seine Mutter Maacha ihrer Rangstellung als »Herrin« wegen religiöser Verfehlungen enthob (15,13). Offensichtlich gab es am Königshof das Amt der »Herrin« (hebräisch *g^{e}birā*), was durch 2Kön 10,13 – Isebel, die Mutter des Königs, als »Herrin« – und Jer 13,18 und 29,2 – der König und die »Herrin« – bestätigt wird (die Lutherbibel übersetzt »Königinmutter«). Dieses Amt – welche Aufgaben und Rechte es beinhaltete, wissen wir nicht – nahm normalerweise wohl die Mutter des Königs wahr, und vermutlich deshalb nennen die Einleitungsformeln für die judäischen Könige auch deren Mutter. Nun erscheint Maacha, Tochter des Abschalom, die Mutter Asas (1Kön 15,10), in 15,2 auch als Mutter des Abija, war demnach nicht Asas Mutter, sondern seine Großmutter, woraus man folgern darf, daß Maacha wegen ihrer Funktion als »Herrin« amtlich-offiziell auch »Mutter« des Königs hieß.

Nach dem Tode Jerobeams und nicht lange nach dem Regierungsantritt Asas von Juda bestieg Jerobeams Sohn Nadab den israelitischen Königsthron, wurde aber auf einem Feldzug gegen die Philister in Gibbeton (nahe Geser) von Bascha erschlagen, der die ganze Familie Jerobeams ausrottete (15,27–29a). Auf Bascha folgte sein Sohn Ela als König über Israel (16,8). Ihn erschlug der Offizier Simri bei einem Trinkgelage, ließ sich selber zum König ausrufen und brachte die Familie Baschas um (16,9–11). Seine Herrschaft dauerte nur sieben Tage, denn das wieder im Kampf gegen die Philister stehende Heer Israels erhob den General Omri zum König, dieser belagerte Simri in Tirza, und Simri starb in den Flammen des Palastes (16,15–18).

Die Herrschaft Omris über Israel war nicht unumstritten, sondern ein Teil der israelitischen Bevölkerung machte einen Mann namens Tibni zum Gegenkönig. Es dauerte etwa vier Jahre, bis Tibni starb und Omri die Alleinherrschaft antrat (16,21–22). Ansonsten wird über Omri nur berichtet, daß er den Berg Samaria kaufte und darauf eine Stadt erbaute, die ebenfalls den Namen »Samaria« erhielt (16,24); sie war von da an die Hauptstadt Israels (z. B. 16,29; 2Kön 3,1).

Omris Sohn und Nachfolger Ahab erscheint in der alttestamentlichen Darstellung vor allem als Gegenspieler des Profeten Elija (1Kön 17,1; 18,1–20; 21), von seiner Außenpolitik verlautet jedoch nur wenig. So schweigt das Alte Testament über Ahabs Teilnahme an der Abwehr der assyrischen Gefahr. Schon zur Zeit Omris war das assyrische Reich unter Assurnasirpal II. (884–858 v. Chr.) bis an die Mittelmeerküste vorgedrungen und hatte in Syrien mehrere Kleinstaaten tributpflichtig gemacht. Diese Expansionspolitik setzte Assurnasirpals Sohn Salmanassar III. (858–824 v. Chr.) fort. Im Jahre 853 v. Chr. kam es bei Karkar am Orontes (im heutigen Staat Syrien) zu einer Schlacht zwischen den Assyrern und einer syrisch-palästinischen Koalition, als deren Anführer eine Inschrift Salmanassars den

König Hadadeser von Aram (d. h. Damaskus), den König von Hamat und Ahab von Israel nennt. Zwar rühmt Salmanassar sich hier eines großen Sieges, aber es gelang ihm nicht, die Vorherrschaft über ganz Syrien zu erringen.

Die Tatsache einer antiassyrischen Koalition zwischen Ahab und Hadadeser von Damaskus läßt die Erzählungen 1Kön 20,1–34, daß der König Ben-Hadad von Damaskus (man bezeichnet ihn fälschlich als Ben-Hadad II.) Samaria erfolglos belagerte, und 22,1–38, daß Ahab (er wird nur in V. 20 mit Namen genannt) zur Rückgewinnung der Stadt Ramot-Gilead gegen die Aramäer kämpfte und dabei den Tod fand, als äußerst unglaubwürdig erscheinen, zumal Ahab friedlich starb (22,40a) und Gilead noch in späterer Zeit zu Israel gehörte (2Kön 10,33). Höchstwahrscheinlich spiegeln beide Erzählungen die politische Situation nach dem Ende der Omri-Dynastie wider.

Als außenpolitische Maßnahmen Ahabs darf man es auch betrachten, daß er die Königstochter Isebel aus der phönizischen Stadt Sidon heiratete (16,31) – vielleicht in der Absicht, die Wirtschaftsbeziehungen Israels zu den Handelsstädten der phönizischen Küste zu verstärken – und daß er seine Schwester (oder Tochter) Atalja dem judäischen Kronprinzen Joram zur Frau gab (2Kön 8,18.26).

Ob es zu einer direkten Konfrontation Ahabs mit dem Profeten Elija kam, ist fraglich. Denn die Opferprobe zwischen Jahwe und Baal, dem Hauptgott der Kanaanäer (1Kön 18,21–40), fand – wenn überhaupt – offenbar ohne Ahab statt, und mit dem Justizmord an Nabot (1Kön 21) hatte Elija wohl nichts zu tun, wie man aus 2Kön 9,25–26 folgern darf. Nur so viel läßt anscheinend der Bericht über die Opferprobe erkennen, daß Elija als Kämpfer für die Alleinverehrung Jahwes dem Baalskult entgegentrat. Welche Ursachen den Konflikt zwischen Jahwe- und Baalsreligion auslösten, ist für uns nicht erkennbar. Vielleicht wertete Ahab das Kanaanäertum auf, indem er möglicherweise diesem in Samaria, wo er einen Baalstempel einrichtete

(1Kön 16,32), ein Zentrum schuf und ein anderes für die Israeliten in der Zweitresidenz Jesreel (2Kön 8,29; 9,15–37; 10,6–11). Nachgetragen sei noch der Hinweis, daß die Notiz über den Wiederaufbau Jerichos zur Zeit Ahabs (1Kön 16,34) rätselhaft ist.

Ein ungefährer Zeitgenosse Ahabs war der Nachbarkönig Joschafat von Juda. Er schloß oder hielt (das hebräische Wort läßt beide Übersetzungen zu) Frieden mit Israel (22,45), d. h., entweder beendete er den seit Rehabeam und Jerobeam herrschenden Krieg zwischen Juda und Israel (wir erfahren allerdings nicht, wer sein Vertragspartner war – Ahab oder dessen Nachfolger, Ahasja oder Joram), oder ein von seinem Vater Asa nach dem Sieg über Bascha mit Israel geschlossener Friedensvertrag wurde von ihm nicht gebrochen. Ferner versuchte Joschafat – wie sein Ahnherr Salomo (9,26–28) – Handelsschiffahrt auf dem Roten Meer zu betreiben, aber die Schiffe erwiesen sich als seeuntüchtig (22,49). Ahasja, der Sohn und Nachfolger Ahabs und Enkel Omris, schlug Joschafat ein gemeinsames Seehandelsunternehmen vor, was Joschafat jedoch zurückwies (22,50); er fürchtete wohl wirtschaftliche Abhängigkeit. Außerdem wird berichtet, daß in Edom zur Zeit Joschafats ein (judäischer) Statthalter saß (22,48), Edom also weiterhin Juda untertan war.

Über Ahasja von Israel erfahren wir – außer der Offerte, gemeinsam mit Joschafat Seehandel zu betreiben – nur, daß bei seinem Herrschaftsantritt Moab von Israel abfiel (1Kön 1,1) und daß er nach einer Sturzverletzung erfolglos den Philistergott Baal-Sebub befragte (1,2.5–8.17aα). Ahasjas Nachfolger wurde sein Bruder Joram (3,1). Ob der Bericht über Jorams Feldzug gemeinsam mit Joschafat von Juda gegen Moab, den Joram abbrechen mußte, weil der Moabiterkönig Mescha ihn durch das Opfer seines Sohnes zum Rückzug zwang (3,4–27*), ein historisches Ereignis wiedergibt, ist sehr zweifelhaft. Trotzdem hält der Bericht zutreffend die Erinnerung fest, daß der Moabiterkönig Mescha in jene Zeit gehört.

Von ihm gibt es eine 1868 nahe dem ostjordanischen Ort Diban (im Alten Testament Dibon) entdeckte Inschrift, etwa 840 v. Chr. abgefaßt, in der Mescha berichtet: »Omri war König über Israel, und er demütigte Moab lange Zeit, denn Kemosch zürnte seinem Lande. Und es folgte ihm sein Sohn, und er sprach auch: ›Ich will Moab demütigen‹ … Und ich sah auf ihn und sein Haus herab. Und es ist Israel, das für immer zugrunde ging, obwohl sich Omri des ganzen Landes von Madeba bemächtigt hatte. Und er wohnte darin … vierzig Jahre, aber es wohnte Kemosch darin in meinen Tagen.« Mescha hatte sich also von der Oberherrschaft Omris und Ahabs befreit. Mit dem »Untergang Israels« meint er wohl das Ende der Omri-Dynastie durch die Revolution Jehus.

Zwischen der Eingangsformel für Joram von Israel (3,1–3) und der für Joram von Juda (8,16–19) steht ein umfangreicher Erzählkomplex, der dem Elischa die Rolle des entscheidenden Handlungsträgers zuweist (3,4–8,15), darunter zwei Erzählungen, in denen es um Kämpfe gegen die Aramäer geht: Elischa führt ein Heer der Aramäer in die Irre (6,8–23*), und die Belagerung Samarias durch die Aramäer unter Ben-Hadad (er wird – wie der Ben-Hadad von 1Kön 20,1–34 – fälschlich als Ben-Hadad II. bezeichnet) findet ein plötzliches Ende (2Kön 6,24–7,20*). Sofern hier überhaupt ein historischer Kern zugrunde liegt, gehören beide Erzählungen in die Zeit nach dem Ende der Dynastie Omris. Dagegen enthält der Bericht über den Usurpator Hasaël, der zur Zeit Jorams durch die Ermordung des Königs Ben-Hadad (er wird als Ben-Hadad II. bezeichnet und ist mit dem als Anführer der antiassyrischen Koalition in der Schlacht bei Karkar erwähnten Hadadeser identisch) die Macht in dem Aramäerstaat Damaskus gewann (8,7–15*), eine historisch zuverlässige Information.

In Juda regierte um jene Zeit ebenfalls ein Joram. Er war anfangs Mitregent seines Vaters Joschafat (8,16aβ) – wir wissen nicht, wie lange und aus welchem Grund. Seine Frau

Atalja war entweder eine Tochter Ahabs (8,18aβ) oder eine Tochter Omris (8,26b), also eine Schwester Ahabs. Damals lösten sich die Edomiter aus dem Untertanenverhältnis zu Juda und wählten einen König; Jorams Versuch, die Herrschaft über Edom zurückzugewinnen, blieb erfolglos (8,20–22a). Auch die Stadt Libna, an der Grenze des Philisterlandes, fiel von Juda ab (8,22b), schloß sich vielleicht den Philistern an.

Jorams Sohn und Nachfolger Ahasja unterstützte seinen Vetter (oder Onkel) Joram von Israel beim Kampf gegen Hasaël, der die Stadt Ramot-Gilead im nördlichen Ostjordanland zu erobern suchte (8,28a). Das gute Einvernehmen, das seit Ahab zwischen Israel und dem Aramäerreich von Damaskus bestand, war also einer feindseligen Haltung gegen den Usurpator Hasaël gewichen. Joram wurde verwundet und begab sich zur Genesungskur nach Jesreel, wo Ahasja ihn aufsuchte (8,28b–29). Dadurch geriet Ahasja in den Strudel der Revolution Jehus, mit der sich der Beginn eines neuen Abschnitts der Geschichte Israels und Judas markieren läßt.

3. Das Jahrhundert der Jehu-Dynastie

Dieser neue Abschnitt wird eröffnet durch die farbige und spannende Erzählung von der Revolution Jehus (2Kön 9,1–10,17), und am Schluß stehen knappe Notizen über Secharja, den letzten Herrscher aus Jehus Familie, der nur sechs Monate lang regierte und ein klägliches Ende fand (15,8–11). Der alttestamentliche Bericht sei im folgenden nachgezeichnet.

Im Auftrag Elischas salbt ein Profetenjünger heimlich den Offizier *Jehu* zum König über Israel, was Jehus Mitoffiziere durch öffentliche Proklamation bestätigen; Jehu fährt auf dem Kriegswagen in Richtung Jesreel, Joram von

Israel und Ahasja von Juda fahren ihm entgegen und merken zu spät, was im Gange ist; Jehu tötet Joram, verwundet den fliehenden Ahasja, der in Megiddo stirbt, und läßt, in Jesreel angekommen, Isebel aus dem Fenster des Palastes stürzen, was ihren Tod zur Folge hat; daraufhin veranlaßt Jehu die führenden Männer Samarias zur Ermordung der Königssöhne; Jehu bricht nach Samaria auf, trifft unterwegs die Brüder Ahasjas, bringt sie um, begegnet dann dem Jonadab, der sich ihm anschließt, und rottet schließlich die ganze Familie Ahabs aus (9,1–10,17; die ursprüngliche Erzählung liegt in 9,1–6.10b–21bα.22abα.23–24.27–28.30–35 und 10,1b–6a.7–9.12–14bα.15–17a vor; nachträglich hinzugefügt sind vor allem die Rückverweise auf die Nabot-Erzählung [1Kön 21] 9,10a.21bβ.25–26.36–37). Jehu tötet die Anhänger des Baal in Samaria und macht den Baalstempel zur Kloake (10,18–27; nachträglich hinzugefügt ist wohl V. 19b). Theologische Beurteilung Jehus (10,28–31; V. 29b ist ein Zusatz). Israel erleidet Gebietsverluste durch die Aramäer (10,32–33; V. 33b ist ein Zusatz). Schlußformel Jehus (10,34–36).

Atalja, die Mutter des bei der Revolution Jehus verstorbenen Ahasja von Juda, bringt alle Angehörigen des Königs um und wird selber Königin; nur der kleine Prinz Joasch überlebt in einem Versteck; sechs Jahre später setzt der Priester Jojada mit Hilfe der königlichen Garde den Joasch zum König ein und läßt Atalja töten (11; der in V. 1–4.5*.6a.8a.9aα.11–13.14aβb.16–17aα.b.19–20a vorliegende Grundbestand der Erzählung ist nachträglich erweitert worden, besonders um die nachexilische Institution der von Sabbat bis Sabbat Dienst tuenden Tempelwache V. 5*.7.9aβb, die Krone und die »Ordnung« / das »Königsgesetz« in V. 12, den Bund mit Gott V. 17aβ und die Bemerkungen über den Baalstempel, den es in Jerusalem wohl nie gegeben hat, V. 18a).

Joasch von Juda (12). Eingangsformel (12,1–4). Der König veranlaßt eine Neuregelung der Ausgaben für Restaurationsarbeiten am Tempel: Anfangs erhielten die Priester alles am Tempel eingehende Silber und sollten daraus die jeweilige Schadensausbesserung bezahlen; da das nicht funktionierte, wurde das am Tempel eingehende Silber in einem Kasten gesammelt und an die Handwerker ausbezahlt (12,5–17; V. 14–17 sind Nachträge, mit denen die Verwendung und der Auszahlungsmodus der Einkünfte präzisiert wird). Hasaël von Aram erobert Gat und bedroht Jerusalem, was Joasch durch einen Tribut aus dem Palast- und Tempelschatz abwenden kann (12,18–19). Schlußformel (12,20–22; darin die Notiz, daß Joasch einem Attentat zum Opfer fiel, V. 21–22aα).

Joahas von Israel (13,1–9). Eingangsformel (13,1–2). Hasaël von Aram und sein Sohn Ben-Hadad bedrängen Israel, doch Gott sendet ihm einen »Retter« (13,3–7, darin der theologische Kommentar V. 6). Schlußformel (13,8–9).

Joasch von Israel (13,10–13). Eingangsformel (13,10–11) und Schlußformel (13,12–13; diese Schlußformel steht noch einmal 14,15–16).

Elischa verheißt dem Joasch mittels einer Zeichenhandlung Siege über die Aramäer (13,14–19); er stirbt, und ein Toter, der mit Elischas Gebeinen in Berührung kommt, wird wieder lebendig (13,20–21).

Hasaël von Aram bedrückt Israel während der Regierungszeit des Joahas von Israel, aber nach Hasaëls Tod und der Herrschaftsübernahme durch dessen Sohn Ben-Hadad kann Joasch von Israel die Eroberungen Arams rückgängig machen (13,22–25, darin der theologische Kommentar V. 23).

Amazja von Juda (14,1–22). Eingangsformel (14,1–4). Amazja läßt die Mörder seines Vaters Joasch töten, verschont aber deren Söhne (14,5–6), führt erfolgreich Krieg gegen Edom (14,7) und fordert Joasch von Israel zum Kampf heraus, der jedoch mit der Niederlage Amazjas und seiner Gefangennahme endet; Joasch besetzt Jerusalem, reißt einen Teil der Stadtmauer ein und nimmt Geiseln und den Palast- und Tempelschatz als Tribut (14,8–14). Schlußformel Joaschs von Israel (14,15–16; diese Schlußformel steht bereits 13,12–13). Notiz über die Lebensdauer Amazjas nach dem Tode Joaschs (14,17). Schlußformel (14,18–21, darin die Notiz, daß gegen Amazja eine Verschwörung stattfindet und er in Lachisch ermordet wird, V. 19). Amazjas Sohn und Nachfolger Asarja baut die Stadt Elat aus (14,22).

Jerobeam von Israel (14,23–29). Eingangsformel (14,23–24). Jerobeam vermag Israels Territorium auszudehnen, so daß dieses von einer Örtlichkeit, die im Urtext »Lebo-Hamat« genannt wird, bis ans Tote Meer reicht, wie es durch den Profeten Jona vorausgesagt war (14,25–27). Schlußformel (14,28–29, darin die Notiz, daß Jerobeam die Aramäerstaaten Hamat und Damaskus zurückeroberte, V. 28aβ).

Asarja/Usija von Juda (15,1–7). Eingangsformel (15,1–4). Da der König vom Aussatz befallen wird, übernimmt sein Sohn Jotam die Regierung (15,5). Schlußformel (15,6–7).

Secharja von Israel (15,8–12). Eingangsformel (15,8–9). Ein Mann namens Schallum putscht gegen Secharja, bringt ihn um und wird selber König (15,10). Schlußformel (15,11–12, als Anhang der theologische Kommentar V. 12, der auf 10,30 zurückverweist).

Diese fast genau ein Jahrhundert umgreifende Darstellung setzt mit einem Ereignis ein, das erhebliche Auswirkungen auf das politische Geschehen in Israel und Juda hatte, nämlich der Revolution des Jehu. Mittelbar ausgelöst wurde sie nach dem alttestamentlichen Bericht, den anzuzweifeln kein Grund vorliegt, durch Elischa, der ein Mitglied seiner Profetengilde nach Ramot im nördlichen Ostjordanland schickte, wo das israelitische Heer den Aramäern gegenüberstand. Der Profetenjünger salbte den Offizier Jehu heimlich zum König, und es folgte die öffentliche Proklamation durch Jehus Mitoffiziere, womit die Revolution ihren Anfang nahm (9,1–6.10b–14). Damals hielt sich der verwundete König Joram in Jesreel auf, ebenso seine Mutter Isebel und, zu Besuch bei dem Verwundeten, Jorams Vetter (oder Neffe) Ahasja von Juda. Jehu fuhr, um durch Ausschaltung des rechtmäßigen Königs die tatsächliche Herrschaft zu gewinnen, in Richtung Jesreel; Joram und Ahasja fuhren ihm entgegen, Jehu tötete Joram, und Ahasja wurde schwer verwundet, floh nach Megiddo und starb dort (9.15–21bα.22a.23–24.27–28).

Welches Motiv Jehu zum Mord an Ahasja bewog, können wir nicht einmal erraten. Der Vorfall zeigt aber, wie schwach Juda zu jener Zeit gewesen sein muß, wenn es die Ermordung des Herrschers tatenlos hinnahm. In Jesreel angelangt, ließ Jehu auch Isebel töten (9,30–35). Nun brauchte Jehu zur endgültigen Legitimation als König noch die Anerkennung in der Hauptstadt Samaria. Deshalb schrieb er an die Aristokratie Samarias zwei Briefe. Der erste forderte sie auf, einen König einzusetzen, und alsbald versicherten die Aristokraten ihm ihre Loyalität. Der zweite enthielt den Befehl, die »Häupter« der Königssöhne nach Jesreel zu schicken, wobei »Haupt« im Hebräischen auch »Oberhaupt« bedeuten kann (z. B. Richt 11,8; 1Sam 15,17). Die Aristokraten Samarias verstanden – zweifellos im Sinne Jehus – den Ausdruck »Häupter« wörtlich und übersandten dem Jehu die abgeschlagenen Köpfe von siebzig Königssöhnen, die Jehu – sicherlich zur Abschreckung – am Tor von Jesreel zu zwei Pyramiden aufschichten ließ, wobei er in einer Kurzansprache an das Volk der samarischen Aristokratie die Schuld zuschob (10,1b–6a.7–9).

Dann zog er nach Samaria und stieß unterwegs auf die Brüder Ahasjas von Juda, die auf Besuchsreise zu der israelitischen Verwandtschaft waren. Sie wurden ebenfalls von Jehu getötet. Auch hier bleibt das Motiv Jehus für den Mord rätselhaft. Etwas später traf Jehu den Jonadab, der sich ihm anschloß. Jonadab war als Sohn des Rechab Mitglied der Rechabiter, einer Gemeinschaft, die – so erfahren wir aus Jer 35 – mit dem Verzicht auf Acker- und Hausbau streng nach Nomadenart lebte und sich bewußt vom Kulturlanddasein und wohl auch vom Kanaanäertum abgrenzte. In Samaria angekommen, rottete Jehu den übriggebliebenen Teil der Familie des Ahnherrn Ahab aus (10,12–14bα.15–17a).

Darauf lud er die Baalsanhänger in Samaria zu einem Opferfest für Baal ein; diese durchschauten das Täuschungsmanöver nicht und wurde alle umgebracht; den Baalstempel ließ Jehu niederreißen und an seiner Stelle einen Abort anlegen (10,18–19a.20–27). Auch wenn der Berichterstatter hier übertreibt und Jehu vielleicht nur die Baalspriesterschaft töten ließ, so zeigt sich doch, daß Jehu entschieden für den Jahwe-Glauben eintrat, wozu auch die Parteinahme Elischas, der als Nachfolger Elijas zweifellos dessen Programm der alleinigen Jahwe-Verehrung unterstützte, und Jonadabs für Jehu paßt.

Ansonsten berichtet das Alte Testament über Jehus Regierungszeit nur noch, daß Hasaël, der König des Aramäerstaates Damaskus, Israel hart bedrängte und ihm sein ostjordanisches Territorium wegnahm (10,32–33a). Darüber hinaus zeigt ein außerbiblisches Dokument, daß Jehu den Assyrern Tribut zahlte: Auf einem Obelisken des bereits erwähnten Salmanassar III. ist der israelitische König auf dem Bauch liegend abgebildet, hinter sich seine Dienerschaft mit den Gaben und darunter die Worte: »Jehu, der Sohn Omris« (anscheinend war den Assyrern die Ablösung der Dynastie Omris noch gar nicht aufgefallen, oder sie hielten sie für unwichtig).

Die Revolution Jehus hatte auch Folgen für den Nachbarstaat im Süden. Als Atalja, die Witwe des Königs Joram von Juda, erfuhr, daß ihr Sohn Ahasja gestorben war, ließ sie alle männlichen Mitglieder der Königsfamilie umbringen. Nur der kleine Prinz Joasch, kaum ein Jahr alt, entging dem von seiner Großmutter angerichteten Blutbad, weil eine seiner

Tanten ihn versteckt hielt. Einzelheiten über diese etwas rätselhaften Vorgänge teilt der Berichterstatter nicht mit. Nach sechs Jahren ergriff der Priester – wohl Oberpriester – Jojada die Initiative zur Wiederherstellung der rechtmäßigen Thronfolge und vereidigte die Offiziere der königlichen Leibwache oder Garde, stellte ihnen den Prinzen vor und besprach mit ihnen das genaue Vorgehen, bei dem die Leibwache, in drei Abteilungen gegliedert, sich an verschiedenen Punkten des Palast- und Tempelkomplexes postieren sollte, was sie auch tat. Jojada führte den Prinzen heraus, und die Anwesenden – außer der Leibwache auch Leute aus dem Volk – proklamierten ihn nach der Salbung durch Jojada zum König. Durch die Jubelrufe aufgeschreckt, erschien Atalja, der sofort klar wurde, was vor sich ging. Außerhalb des Tempelbereichs brachte man sie um. Jojada schloß einen Vertrag zwischen Joasch, dem neuen König, und dem Volk, der sicherlich die gegenseitigen Rechte und Pflichten enthielt. Dann geleitete man Joasch in den Palast, und er nahm seinen Platz auf dem Königsthron ein (11,1–19*). Der Bericht endet mit dem Vermerk: »Das ganze Volk des Landes freute sich, aber die Stadt blieb ruhig« (11,20a), woraus man entnehmen kann, daß die Grundbesitzer Judas – sie meint der rechtlich-soziale Begriff »Volk des Landes« – der Inthronisation Joaschs zustimmten, während die Oberschicht in Jerusalem – der »Stadt« – wohl eher auf seiten Ataljas stand.

Die Berichterstattung über Joasch widmet sich auf verhältnismäßig breitem Raum einer Maßnahme des Königs in Tempelangelegenheiten: Zunächst übertrug er den Priestern die Aufgabe, die Silbereinkünfte des Tempels zu verwalten und daraus die Reparaturarbeiten am Tempel zu bezahlen; weil jedoch die Priester das nicht taten, wurde am Tempeleingang ein mit einem Schlitz versehener Kasten aufgestellt, in den das beim Tempel eingehende Silber kam; von Zeit zu Zeit nahmen Beamte des Königs das Silber heraus und bezahlten daraus die Bauhandwerker (12,5–13). Dieser recht nebensächliche Vorgang wird deshalb mitgeteilt, weil er nach dem Bericht in 22,3–6 zweihundert Jahre später erhebliche Folgen hatte.

Außenpolitisch kam auch Joasch – wie Jehu – durch Hasaël, den König des Aramäerstaates Damaskus, in Bedrängnis, der, nachdem er die Philisterstadt Gat erobert hatte, gegen Jerusalem heranrückte; eine Tributzahlung Joaschs aus dem Palast- und Tempelschatz bewog Hasaël zum Abzug (12,18–19). Gegen Joasch verschworen sich aus unbekanntem Grund seine Hofbeamten und brachten ihn um (12,21–22aα).

Das Nachbarreich Israel litt weiterhin schwer unter den Angriffen der Aramäer. So mußte Jehus Sohn Joahas beträchtliche Einbußen durch Hasaël und dessen Sohn Ben-Hadad (er wird als Ben-Hadad III. bezeichnet) hinnehmen (13,3), und vom israelitischen Heer verblieben außer zehntausend Mann Fußvolk nur noch fünfzig Reiter und zehn Streitwagen (13,7). Rätselhaft ist für uns die dazwischen stehende Notiz, daß Gott einen »Retter« für Israel gesandt habe (13,4–5). Joahas' Sohn und Nachfolger Joasch, Enkel Jehus, konnte die unter seinem Vater verlorenen Gebiete Israels zurückgewinnen (13,25), wird allerdings in einer Inschrift des Assyrerkönigs Adadnarari III. (811–781 v. Chr.) unter denen genannt, die ihm Tribut leisteten.

Mit Joasch geriet der Nachbarkönig Amazja von Juda in Konflikt. Dieser ließ nach seiner Thronbesteigung die Mörder seines Vaters Joasch hinrichten (14,5) und errang einen Sieg über Edom, durch den er einen Teil des edomitischen Gebietes in seinen Besitz brachte (14,7). Dann forderte er Joasch zu einer militärischen Kraftprobe heraus, die Joasch mit einer Pflanzenfabel zurückwies, die er aber, als es doch bei Bet-Schemesch im westjudäischen Hügelland zur Schlacht zwischen Juda und Israel kam, siegreich für sich entscheiden konnte, worauf er Amazja gefangennahm, Jerusalem besetzte, einen Teil der Stadtmauer einriß und mit Geiseln und einem Tribut aus dem Palast- und Tempelschatz wieder abzog (14,8–14). Der Anlaß dieser Auseinandersetzung bleibt dunkel.

Auch Amazja fand – wie sein Vater Joasch – durch eine Verschwörung den Tod. Zwar gelang ihm die Flucht aus Jerusalem nach Lachisch, aber dort wurde er umgebracht (14,19). Die Grundbesitzer Judas, das »Volk von Juda«, erhoben Amazjas Sohn Asarja zum König (14,21); vielleicht stand – wie möglicherweise auch beim Sturz Ataljas (11,20a) – ein Gegensatz zwischen dem »Volk des Landes« und der Oberschicht Jerusalems im Hintergrund dieser Vorgänge. Über das Schicksal der Verschwörer erfahren wir nichts.

Das Nordreich Israel gelangte unter Joaschs Sohn Jerobeam II., dem Urenkel Jehus, zu einer Blüteperiode. Offenbar konnte Jerobeam die Grenzen Israels in ihrem früheren Umfang wiederherstellen, denn diese reichten »von Lebo-Hamat bis zum Meer der Araba« (14,25a) und schlossen Damaskus und Hamat (das heutige Hama) ein (14,28aβ). Die Araba ist die Jordansenke nördlich des Toten Meeres, markiert also die Südgrenze Israels. Der Ausdruck »Lebo-Hamat« bezeichnet entweder einen Ort am Orontes (im heutigen Staat Libanon) oder eine Landschaft, den »Zugang nach Hamat«. Diese Gebietsausdehnung soll der nicht weiter bekannte Profet Jona vorhergesagt haben (14,25b), der die Hauptperson des – unhistorischen – Jonabuches ist.

Die wirtschaftlichen und sozialen Zustände im damaligen Israel lassen sich aus den Worten des Profeten Amos, der während der Regierungszeit Jerobeams II. auftrat (Am 1,1; 7,10) deutlich erkennen: Es herrschte zwar Wohlstand, ja Reichtum bei einer üppig lebenden Oberschicht (Am 3,15; 4,1; 6,4–5), aber auf Kosten anderer Bevölkerungsteile, die ständig ärmer wurden (2,6; 3,10; 4,1; 5,7.11–12; 8,4–6).

Ein Zeitgenosse Jerobeams II. war der Sohn und Nachfolger Amazjas von Juda, dessen Name in doppelter Form erscheint: Asarja (»Jahwe hat geholfen«; z. B. 2Kön 14,21; 15,1.6–8.27) und Usija (»Jahwe ist meine Stärke«; z. B. 15,13.30.32.34; Jes 1,1; 6,1; Am 1,1). Vielleicht ist die Form

»Usija« der Thronname, den der König erst bei seinem Regierungsantritt erhielt. Asarja setzte die von seinem Vater begonnene Expansionspolitik gegenüber Edom fort, nahm die edomitische Hafenstadt Elat am Nordostende des Roten Meeres ein und baute sie zu einer Festung aus (2Kön 14,22). Außerdem erfahren wir über Asarja nur, daß er an »Aussatz«, einer Hauterkrankung – es handelt sich nicht um die Lepra, die erst später in Palästina auftrat – litt, weshalb er, als unrein geltend, in einem nicht näher bekannten »Haus der Freiheit« isoliert wurde und der Kronprinz Jotam die Regierungsgeschäfte übernahm (15,5).

Im Nordreich Israel fand die Dynastie Jehus ein abruptes Ende, als Secharja, der Sohn und Nachfolger Jerobeams II., nach nur sechsmonatiger Herrschaft durch einen Mann namens Schallum bei einem Putsch umgebracht wurde (15,8.10). Damit begannen für Israel die letzten zweieinhalb Jahrzehnte, in denen es noch dreimal zu einem gewaltsamen Thronwechsel kam.

4. Der syrisch-efraimitische Krieg und das Ende des Staates Israel

Der syrisch-efraimitische Krieg – sein merkwürdiger Name beruht darauf, daß in der älteren Lutherbibel »Syrer/Syrien« für »Aramäer/Aram« steht (z. B. 2Kön 6,23; 16,5) und daß die profetische Literatur des öfteren das Nordreich Israel mit »Efraim« bezeichnet (z. B. Hos 4,17; 7,2) – fällt zwar nicht in den Anfang, sondern in die Mitte des Zeitraums zwischen dem Ende der Dynastie Jehus und dem Untergang Israels, markiert jedoch für Israel und Juda den Wendepunkt einer Entwicklung, die bald nach dem Erlöschen der Jehu-Dynastie mit dem erneuten Anstieg der assyrischen Macht begann. Die alttestamentliche Darstellung dieser Epoche sei im folgenden nachgezeichnet.

Schallum von Israel (2Kön 15,13–16). Eingangsformel (15,13). Menahem erschlägt den Schallum und wird selber König (15,14). Schlußformel (15,15). Menahem nimmt den Ort Tappuach (so ist wohl der Urtext zu verbessern, der hier die – am Eufrat gelegene – Stadt Tifsach nennt), die ihm die Gefolgschaft verweigert (15,16), ein.

Menahem von Israel (15,17–22). Eingangsformel (15,17–18). Der Assyrerkönig Pul (es handelt sich um den in 15,29 und 16,7.10 genannten Tiglat-Pileser) bedroht Israel, und Menahem kauft sich mit einem Tribut frei, den er auf die Grundbesitzer umlegt (15,19–20). Schlußformel (15,21–22).

Pekachja von Israel (15,23–26). Eingangsformel (15,23–24). Pekachjas Adjutant Pekach rebelliert gegen Pekach, bringt ihn um und wird selber König (15,25; die Worte »Argob und Arje« sind unverständlich). Schlußformel (15,26).

Pekach von Israel (15,27–31). Eingangsformel (15,27–28). Der Assyrerkönig erobert den Norden Israels und deportiert dessen Bewohner (15,29). Hoschea rebelliert gegen Pekach, bringt ihn um und wird selber König (15,30). Schlußformel (15,31).

Jotam von Juda (15,32–38). Eingangsformel (15,32–35a). Jotam baut ein weiteres Tor des Tempelvorhofs (15,35b). Schlußformel (15,36–38; die Notiz V. 37, daß Rezin von Damaskus und Pekach von Israel gegen Juda heranziehen, dürfte nachträglich hinzugefügt sein).

Ahas von Juda (16). Eingangsformel (16,1–4). Rezin von Aram (d. h. Damaskus) und Pekach von Israel belagern erfolglos Jerusalem (16,5). Rezin gewinnt Elat für die Edomiter zurück (16,6). Ahas bittet Tiglat-Pileser um Beistand gegen die Könige von Aram und Israel und unterstützt die Bitte mit einem ansehnlichen Geschenk aus dem Palast- und Tempelschatz, woraufhin der Assyrerkönig gegen Damaskus zieht und es erobert, die Bewohner deportiert und Rezin tötet (16,7–9). Ahas sucht Tiglat-Pileser in Damaskus auf, sieht dort einen Altar, nach dessen Modell er einen Altar auf dem Jerusalemer Tempelplatz errichten läßt (16,10–16), und nimmt bauliche Veränderungen im Bereich des Tempels vor (16,17–18). Schlußformel (16,19–20).

Hoschea von Israel (17,1–6). Eingangsformel (17,1–2). Der Assyrerkönig Salmanassar zieht gegen Samaria heran, und Hoschea entrichtet ihm Tribut, dessen Zahlung er aber einstellt, weil er in Verbindung mit dem König von Ägypten – er heißt hier »So« – tritt; der Assyrerkönig setzt Hoschea gefangen, belagert Samaria drei Jahre lang, nimmt die Stadt ein, deportiert die Israeliten und siedelt sie in drei Provinzen des Assyrerreiches an (17,3–6).

Es folgt ein theologischer Kommentar, der die Vernichtung des Staates Israel mit dessen Ungehorsam gegenüber Gott begründet (17,7–23).

Der Assyrerkönig siedelt in der aus dem Rest des Reiches Israel gebildeten Provinz Samarien neue Bewohner an (17,24). Diese lernen den Jahwe-Glauben durch einen aus der Verbannung zurückgeholten Priester kennen (17,25–28). Das Völkergemisch in der Provinz Samarien pflegt wie bisher den Kult seiner Gottheiten – die Namen sind für uns großenteils nicht mehr identifizierbar – und daneben den Kult Jahwes, mit dem es in Samarien Bekanntschaft macht; somit können die Bewohner Samariens nicht als rechtgläubige Jahwe-Verehrer gelten (17,29–41; nachträglich hinzugefügt ist der Abschnitt V. 34b–40, der den Bewohnern Samariens die Gebote Jahwes vor Augen hält und sie zur Umkehr aufruft und wohl auch einlädt).

Diese Darstellung läßt deutlich erkennen, in welch schwieriger Lage das Nordreich Israel sich im letzten Vierteljahrhundert seiner Existenz befand. Der neue, durch einen Putsch und die Ermordung seines Vorgängers Secharja an die Macht gekommene König Schallum wurde nach nur einmonatiger Regierungszeit von dem Putschisten Menahem ermordet (15,13–14). Menahem fand nicht überall in Israel Anerkennung als König, wie aus der Notiz hervorgeht, daß er die israelitische Stadt Tappuach (der Urtext nennt – wohl fälschlich – Tifsach) eroberte (15,16).

Zur Zeit Menahems begann das assyrische Reich unter Tiglat-Pileser III. (745–727 v. Chr.) zu seiner höchsten Machtentfaltung aufzusteigen und den Vorderen Orient unter seine Oberherrschaft zu bringen. Im Jahre 740 oder 738 v. Chr. zahlte Menahem an Tiglat-Pileser einen Tribut, der auch in einer Tributliste Tiglat-Pilesers genannt wird und den Menahem auf die Grundbesitzer Israels umlegte (15,19aβ.20). Ausdrücklich wird vermerkt, daß Menahem mit der Anlehnung an Assyrien seine Herrschaft, die ja keineswegs unangefochten war, sichern wollte (15,19b). Tiglat-Pileser erscheint im alttestamentlichen Text (15,19aα; der Text berichtet fälschlich, Tiglat-Pileser sei damals in Palästina gewesen) unter seinem Thronnamen Pul, den er aber erst annahm, als er im Jahre 729 v. Chr. König über Babylonien wurde. Die Höhe des Tributs betrug 1000 Talente Silber, von denen jeder israelitische Grundbesitzer – unabhängig von der Größe des Besitzes – 50 Silberschekel aufzubringen hatte. Da ein Talent etwa 3000 Schekeln entsprach (2Mose 38,25–26), gab es damals in Israel etwa 60 000 Grundbesitzer. Durch die Tributzahlung wurde Menahem ein Vasall Tiglat-Pilesers, der auch mehrere Nachbarstaaten, darunter das Aramäerreich von Damaskus, tributpflichtig machte, während das abgelegene Juda erst später mit Assyrien in Berührung kam.

Menahem starb eines friedlichen Todes und hinterließ die Herrschaft seinem Sohn Pekachja (15,22–23). Gegen ihn revoltierte Pekach, ein hochgestellter Offizier, brachte ihn um und bestieg den Thron (15,25). Da Pekachjas Vater Menahem und anscheinend auch Pekachja selbst sich an Tiglat-Pileser anlehnten, während Pekach – wie noch darzustellen ist – eine gegen die Assyrer gerichtete Politik betrieb, darf man vermuten, daß der gewaltsame Thronwechsel von Pekachja zu Pekach mit deren außenpolitischer Einstellung zusammenhing. Pekachs Politik hatte zur Folge, daß Tiglat-Pileser ihm den größten Teil des israelitischen Territoriums wegnahm und dessen Bewohner deportierte (15,29).

Das Mittel der Deportation wichtiger Bevölkerungsteile eines eroberten Landes, einhergehend mit der zwangsweisen Aussiedlung von Menschen fremder Herkunft dorthin, wandten die Assyrer häufig an, um dem eroberten Land die Führungsschicht zu nehmen und dadurch eine auf Unabhängigkeit zielende Politik zu unterbinden.

Gegen Pekach putschte ein Mann namens Hoschea, der Pekach erschlug und selber König wurde (15,30). Laut einer Inschrift Tiglat-Pilesers war es allerdings dieser, der den Hoschea zum König einsetzte.

Im Nachbarstaat Juda regierte damals Jotam, von dem nur vermeldet wird, daß er ein Tor am Tempelvorhof bauen ließ (15,35b). Dagegen geriet Jotams Sohn und Nachfolger Ahas unmittelbar in den Konflikt Pekachs mit Tiglat-Pileser hinein. Denn im Jahre 734 v. Chr. schlossen Pekach von Israel und Rezin, der König von Damaskus, ein Bündnis gegen Tiglat-Pileser und versuchten Ahas von Juda zur Teilnahme an dieser Koalition zu bewegen. Wie aus einem Bericht des Jesajabuches hervorgeht, drohten die beiden dem Ahas, der sich weigerte, an, sie würden Jerusalem erobern und einen Mann, der »Sohn Tabeals« heißt, als König in Juda einsetzen (Jes 7,2–9). Beim Anmarsch des aramäisch-israelitischen Heeres 733 v. Chr. (dies ist der syrisch-efraimitische Krieg) übersandte Ahas dem Tiglat-Pileser ein großes Geschenk an Gold und Silber und bat ihn um Hilfe, woraufhin Tiglat-Pileser gegen Damaskus zog, es nach langer Belagerung 732 v. Chr. einnahm, die Bewohner deportierte und Rezin töten ließ (2Kön 16,5.7–9). Zwischen diese Nachrichten ist die Notiz eingeschoben, daß der König von Edom die Stadt Elat zurückeroberte (16,6; nach dem Wortlaut des Textes gewann Rezin die Stadt für Edom wieder, das trifft jedoch historisch wohl kaum zu). Gleichzeitig mit dem Zug gegen Damaskus war Tiglat-Pileser in Israel eingefallen und hatte ihm die bereits erwähnten Gebietsverluste zugefügt (15,29). Ahas war mit seinem Hilfsgesuch an Tiglat-Pileser ein Vasall der Assyrer geworden (als solcher erscheint er auch in einer Liste der Tributäre Tiglat-Pilesers); und vielleicht diente der neue Altar, den Ahas im Vorhof des Jerusalemer Tempels aufstellen ließ (16,10–16), der Darbringung von Opfern für die assyrischen Reichsgötter, womit Ahas die Oberherrschaft der Assyrer öffentlich anerkannte.

Hoschea, der letzte König Israels, blieb seinem Vasallenverhältnis zu Assyrien auch treu, als Tiglat-Pileser III. im Jahre 727 v. Chr. starb und sein Sohn Salmanassar V. (727–722 v. Chr.) den Thron bestieg. Aber etwa drei Jahre später nahm er Verbindung zu Ägypten auf und stellte die Tributzahlungen ein (17,4a); leider erfahren wir den Namen des ägyptischen Königs nicht, denn das im Text stehende Wort »So« ist das ägyptische Wort für »König«. Salmanassar reagierte offensichtlich schnell, und ein Feldzug gegen Israel führte zur Gefangennahme Hoscheas (17,4b); Hoschea befand sich zu jenem Zeitpunkt zweifellos außerhalb seiner Hauptstadt Samaria. Salmanassar schloß die Stadt ein; sie ergab sich erst im Jahre 722 v. Chr. nach dreijähriger Belagerung, und die Israeliten wurden in verschiedene Provinzen des assyrischen Reiches – Mesopotamien und Medien – deportiert (17,5–6); nach einem Text des Sargon, der Salmanassar auf dem assyrischen Thron folgte, soll es sich um mehr als 27 000 Personen gehandelt haben. Das damals noch verbliebene Gebiet des Staates Israel machten die Assyrer zur Provinz Samarien und siedelten dort Menschen fremder Herkunft, aus Mesopotamien und Syrien, an (17,24).

V.
Das Königreich Juda von Hiskija bis zur Zerstörung Jerusalems

Das letzte Kapitel der Geschichte des Staates Juda stand im Zeichen zunächst der assyrischen, dann der ägyptischen und schließlich der babylonischen Vorherrschaft, abgesehen von dem kurzen Zeitraum, in dem König Joschija die politische Unabhängigkeit zurückgewinnen konnte.

1. Juda unter der Oberherrschaft der Assyrer

In der Berichterstattung über die Könige Hiskija, Manasse und Amon (2Kön 18–21) nehmen die Erzählungen um den Profeten Jesaja den breitesten Raum ein, wie aus der folgenden Inhaltsangabe hervorgeht.

Hiskija (18–20). Eingangsformel (18,1–7a). Hiskija fällt vom Assyrerkönig ab (18,7b) und besiegt die Philister (18,8). Der Assyrerkönig Salmanassar erobert Samaria und deportiert die Israeliten in verschiedene Provinzen des assyrischen Reiches (18,9–12; der Abschnitt wiederholt den Bericht 17,5–6, fügt jedoch chronologische Angaben und den theologischen Kommentar V. 12 hinzu). Der Assyrerkönig Sanherib zieht gegen Juda und nimmt alle befestigten Städte ein; Hiskija bewegt Sanherib, der sich in der judäischen Stadt Lachisch aufhält, mit einem hohen Tribut, den er aus dem Palast- und Tempelschatz nimmt und für den er auch Metallverzierungen des Tempels entfernen läßt, zum Abzug (18,13–16).

Der anschließende Erzählkomplex, dessen Hauptfigur neben Hiskija der Profet Jesaja ist (18,17–20,19), findet sich fast gleichlautend in Jes 36–39 und besteht aus drei Teilen

Jerusalems Errettung vor Sanherib (18,17–19,37), Hiskijas Krankheit und Genesung (20,1–11) und Merodach-Baladans Gesandtschaft an Hiskija (20,12–19).

Im ersten Teil liegen zwei Parallelerzählungen vor, nämlich 18,17–19,9a.36–37 (der vermutliche Grundbestand hat folgenden Inhalt: Als Abgesandter des Assyrerkönigs überbringt der Rabschake, ein hoher Würdenträger, außerhalb Jerusalems zunächst den Abgesandten Hiskijas, dann dem auf der Stadtmauer zuhörenden Volk die Kapitulationsforderung des Assyrerkönigs, 18,17–19a.20.23–24a.26–28a.31abα.32aβ.36; auf die Nachricht hin zerreißt Hiskija seine Kleider und schickt Boten zu Jesaja, 18,37 und 19,1abα.2.5; Jesaja kündigt den Abzug und den Tod des Assyrerkönigs an, 19,6–7; der Assyrerkönig kehrt, weil er einen Angriff der Ägypter befürchtet, nach Assyrien zurück und wird von zwei Söhnen ermordet, 19,8–9a.36–37) und, in die erste Erzählung eingeschoben, 19,9b–35 (der vermutliche Grundbestand hat folgenden Inhalt: Der Assyrerkönig läßt an Hiskija die Kapitulationsforderung überbringen, V. 9b–13; Hiskija betet im Tempel, V. 14–19; Jesaja kündigt die Rettung Jerusalems an, V. 20.32–33; ein Engel vernichtet das Heer der Assyrer, V. 35).

Der zweite Teil berichtet, wie der kranke Hiskija, dem Jesaja den Tod ankündigt, weint und auf ein Wort Jesajas hin geheilt wird (20,1–11; der Grundbestand der Erzählung liegt in V. 1.2a.3b.7 vor; der Bericht über das – für uns nicht mehr durchschaubare – Wunderzeichen V. 8–11 ist wohl aus der Parallelerzählung Jes 38,1–8 übernommen). Der dritte Teil handelt davon, daß Hiskija den Boten des Merodach-Baladan, des Königs von Babel, seine gesamten Schätze zeigt und daß Jesaja, der das Verhalten des Königs offenbar als stolzes Selbstvertrauen ansieht, die Wegführung aller Schätze Hiskijas und seiner Söhne nach Babel voraussagt (20,12–19). Schlußformel Hiskijas (20,20–21, darin die Notiz über den Bau einer Wasserleitung V. 20aβ).

Manasse (21,1–18). Eingangsformel (21,1–2). Notizen über die kultischen Verfehlungen Manasses (21,3–9; in V. 4b.6bβ.7b–9 liegt ein theologischer Kommentar vor). Notiz über ein Profetenwort, das Manasse und dem Volk die Schuld am Untergang Judas gibt (21,10–15). Notiz über das Blutvergießen Manasses (21,16, mit theologischem Kommentar V. 16b). Schlußformel (21,17–18).

Amon (21,19–26). Eingangsformel (21,19–22). Die Gefolgsleute Amons töten ihn bei einem Putsch, aber das »Volk des Landes« bringt sie um und macht Amons Sohn Joschija zum König (21,23–24). Schlußformel (21,25–26).

Diese Darstellung gibt nur dort, wo es um die Bewahrung Jerusalems vor den Assyrern geht, ganz klar zu erkennen, daß damals die Assyrer die Herren des Vorderen Orients waren.

In Assyrien bestieg nach dem Tode Salmanassars V. im Jahre 722 v. Chr. der Usurpator Sargon II. (722–705 v. Chr.) den Königsthron und setzte die Expansionspolitik seines Vorgängers fort. Dabei kam es bei den Vasallen und auch in den Provinzen des Assyrerreiches mehrfach zu Aufständen, die Sargon jedoch niederschlagen konnte. Einer davon fand zwischen 713 und 711 v. Chr. statt, und ihn erwähnt das Alte Testament in einem Text des Jesajabuches, wo berichtet wird, der Profet Jesaja sei, als Sargon die Philisterstadt Aschdod einnehmen ließ, bereits drei Jahre lang nackt und barfuß umhergegangen, und zwar als warnendes Zeichen, daß der Assyrerkönig die Ägypter deportieren werde (Jes 20,1–5). Offensichtlich war Hiskija damals geneigt, sich einer von Aschdod ins Werk gesetzten Koalition gegen die Assyrer anzuschließen, die sich Unterstützung durch die Ägypter erhoffte. Aber Sargon nahm Aschdod ein, und Hiskija zog sich rechtzeitig aus dem Unternehmen zurück.

Als Sargon im Jahre 705 v. Chr. starb und sein Sohn Sanherib (705–681 v. Chr.) den Thron bestieg, kam es abermals zur Bildung einer antiassyrischen Koalition in Syrien und Palästina, an der Hiskija maßgeblich beteiligt war. Darüber bringt das Alte Testament nur die lapidare Notiz: »Und er (nämlich Hiskija) wurde abtrünnig vom König von Assyrien und war ihm nicht mehr untertan« (2Kön 18,7b), das heißt zweifellos: Hiskija stellte die Tributzahlungen an den assyrischen König ein. Einzelheiten der Vorgänge jener Zeit erfahren wir aus Inschriften Sanheribs. Damals konnte Hiskija anscheinend den judäischen Einflußbereich in das Gebiet der Philisterstädte ausdehnen (18,8); und in diese Zeit fiel wohl auch die Gesandtschaft des Merodach-Baladan, der 721–710 und 704–703 v. Chr. König von Babylonien war, an Hiskija (20,12; der Abschnitt 20,12–19 ist zwar legendenhaft, dürfte hier aber eine historisch zuverlässige Information bewahren), bei der es sicherlich um Verhandlungen über ein Bündnis gegen Assyrien ging.

Aber Sanherib unterwarf Babylonien und rückte im Jahre 701 v. Chr. nach Süden vor, nahm die aufständischen Philisterstädte Aschkelon und Ekron ein, besiegte ein ägyptisches Heer, das gegen ihn herangezogen war, eroberte fast das ganze Gebiet Judas (18,13) und umgab Jerusalem mit einem Belagerungsring, was Sanherib in einer Inschrift mit den Worten beschreibt: »Hiskija von Juda, der sich meinem Joch nicht unterworfen hatte – sechsundvierzig seiner festen ummauerten Städte ... belagerte und eroberte ich ... Ihn selber schloß ich gleich einem Käfigvogel in seiner Residenz Jerusalem ein. Schanzen warf ich gegen ihn auf, das Hinausgehen aus seinem Stadttor machte ich ihm unmöglich.« Hiskija hatte, sicherlich zu Verteidigungszwecken, den Schiloach-Kanal angelegt, der das Wasser der Gihon-Quelle in die Stadt leitete (20,20aβ) und von dessen Fertigstellung eine im Jahre 1880 aufgefundene Inschrift berichtet. Überraschenderweise nahm Sanherib von der Eroberung Jerusalems Abstand und gab sich mit einem Tribut zufrieden, den die alttestamentliche Überlieferung auf 300 Talente Silber und 30 Talente Gold (18,14), Sanherib aber in seiner Inschrift auf

30 Talente Gold und 800 Talente Silber beziffert. Die Gründe für den Abgang Sanheribs kennen wir nicht. In der einen Jesaja-Legende (18,17–19.9a.36–37) heißt es, das Heranrücken eines ägyptischen Heeres habe Sanherib zum Aufbruch bewogen (19,9a), aber das ist aus den Quellen nicht nachweisbar; laut der anderen Jesaja-Legende (19,9b–35) hat ein Engel das Heer der Assyrer vernichtet (19,35), was jedoch ein literarisches Motiv sein dürfte.

Jerusalem blieb zwar verschont, aber Hiskijas Herrschaftsbereich umfaßte nur noch die Stadt, denn das übrige Staatsgebiet Judas verteilte Sanherib laut seiner Inschrift unter die Philisterfürsten von Aschdod, Gaza und Ekron. Dieses Gebiet wurde später an die Jerusalemer Könige zurückgegeben, wie sich z. B. aus der Notiz ergibt, das »Volk des Landes« habe Joschija zum König gemacht (21,24); aber den Zeitpunkt der Rückgabe kennen wir nicht.

Nach dem alttestamentlichen Bericht (18,3–7) war Hiskija ein vorbildlicher König, weil er eine gründliche Reform des Kultwesens vornahm: Er beseitigte die »Höhen« (d. h. die Kultstätten außerhalb Jerusalems), die »Steinmale« und das »Bild der Aschera« / den »Kultpfahl« (18,4a), außerdem zerschlug er »die eherne Schlange, die Mose gemacht hatte« und die »Nehuschtan« hieß (18,4b). Nun klingt die Bemerkung über die »Höhen« und »Steinmale« und das »Bild der Aschera« / den »Kultpfahl« sehr allgemein, und man darf bezweifeln, daß Hiskija – vor der Reform Joschijas – derart umfassende Maßnahmen durchgeführt hat. Nur die Notiz über das Zerschlagen der »ehernen Schlange«, die offensichtlich ein altehrwürdiger Kultgegenstand war und von Mose hergestellt worden sein soll (dies wird in der sagenhaften Erzählung über die »eherne Schlange« 4Mose 21,4–9 beschrieben), verdient Zutrauen. Wahrscheinlich handelte es sich bei der »ehernen Schlange« um ein kanaanäisches, mit der Erzählung 4Mose 21,4–9 durch die Autorität des Mose legitimiertes Kultidol in oder bei Jerusalem, das Hiskija als ein dem Jahwe-Glauben fremdes Element vernichten ließ.

Auch Hiskijas Sohn und Nachfolger Manasse war ein Vasall der Assyrer. Ihn erwähnt Sanheribs Sohn und Nachfolger Asarhaddon (681–669 v. Chr.) in einer Inschrift als Tributleistenden, und Asarhaddons Sohn und Nachfolger Assurbanipal (669 – um 630 v. Chr.) zählt Manasse unter den Königen auf, die an einem Feldzug Assurbanipals nach Ägypten beteiligt waren.

Die alttestamentliche Darstellung befaßt sich nur mit Manasses religiösem und sozialem Fehlverhalten und wirft ihm folgende Freveltaten vor: Er baute die »Höhen« wieder auf, die sein Vater Hiskija zerstört hatte (21,3a), errichtete Altäre für Baal, stellte – wie Ahab – eine »Aschera« her, betete das »Heer des Himmels« an, d. h. die Gestirne, die von den Assyrern als Götter verehrt wurden (21,3b), errichtete im Tempelbereich Altäre für fremde Götter (21,4a) und für das »Heer des Himmels« (21,5), ließ seinen Sohn »durchs Feuer gehen«, was wohl kein Kinderopfer meint, sondern einen Ritus, mit dem einer Gottheit Kinder geweiht wurden (21,6a), wandte allerlei Orakel- und Beschwörungspraktiken an (21,6bα), stellte das »Bild der Aschera« im Tempelbereich auf (21,7a) und vergoß »unschuldiges Blut«, führte also ein gewalttätiges Regiment (21,16a). Ob das alles zutrifft oder ob die alttestamentliche Darstellung diesen König deshalb derart negativ zeichnet, weil das Werk des Reformkönigs Joschija um so strahlender erscheinen soll, wissen wir nicht. Aber es steht wohl außer Zweifel, daß zur Zeit Manasses im Jerusalemer Tempelbereich Altäre für das »Heer des Himmels« und ein Bild der Aschera, der assyrischen Göttin Ischtar, standen. Das geschah höchstwahrscheinlich auf assyrischen Druck. Denn die Assyrer zwangen ihre Vasallen zur offiziellen Verehrung der assyrischen Götter, worin die Ergebenheit der Vasallen zum Ausdruck kommen sollte.

Von Manasses Sohn und Nachfolger Amon erfahren wir lediglich, daß er nach nur kurzer Regierungszeit einer Palastrevolte zum Opfer fiel, daß aber die Grundbesitzer Judas, das »Volk des Landes«, die Verschwörer hinrichteten und Amons Sohn Joschija zum König machten (21,23–24). Wie schon beim Sturz der Königin Atalja (11,20a) und bei der Königserhebung Amazjas (14,21) trat das »Volk des Landes« auch jetzt als Anwalt der rechtmäßigen Thronfolge in Juda auf.

Während der über fünfzigjährigen Regierungszeit Manasses war Assyrien unter Asarhaddon (681–669 v. Chr.) auf den Gipfel seiner Macht gelangt und erstreckte sich vom Nil bis zum Persischen Golf, begann jedoch unter Assurbanipal (669 – um 630 v. Chr.) seinen Abstieg auf der weltpolitischen Bühne.

2. Die Reform des Joschija

Assyriens Machtverfall bildete die Voraussetzung und den Hintergrund für die Reform Joschijas, was aber aus der alttestamentlichen Darstellung, die im folgenden wiedergegeben wird, nur andeutungsweise hervorgeht.

Joschija (2Kön 22,1–23,30). Eingangsformel (22,1–2). Bei Restaurationsarbeiten am Jerusalemer Tempel wird ein Gesetzesbuch gefunden, das der Schreiber Schafan dem König vorliest, woraufhin dieser seine Kleider zerreißt (22,3–11; der Grundbestand der Erzählung umfaßte vielleicht nur V. 3–4a.5b.8.10–11). Der König schickt eine Gesandtschaft zu der Profetin Hulda, um ein Gotteswort wegen des Buches einzuholen, und Hulda spricht ein Unheilswort über Jerusalem, das dem König mitgeteilt wird (22,12–20; die ursprüngliche Erzählung bestand wohl nur aus V. 12–13a.14–17.20b). Dann beordert der König alle Ältesten Judas und Jerusalems zu sich und verpflichtet sie auf die Anweisungen des Buches (23,1–3). In einer grundlegenden Reform des Kultwesens beseitigt Joschija sowohl alle Einrichtungen, in denen bisher der Kult fremder Gottheiten Ausdruck fand, als auch alle »Höhen«, Jahwe-Heiligtümer, außerhalb Jerusalems und greift dabei auf die assyrische Provinz Samarien über (23,4–27; später hinzugefügt sind der Bericht über das Grab des Gottesmannes in Bet-El V. 16–18, der sich auf 1Kön 13,1–30 zurückbezieht, die summarische Notiz über allerlei obskure Kultpraktiken V. 24 und der theologische Kommentar V. 25–27). Schlußformel (23,28–30, darin der kurze Bericht, daß Joschija im Kampf gegen den Pharao Necho bei Megiddo den Tod findet, V. 29).

Die Hauptthemen dieser Darstellung sind erstens ein im Tempel gefundenes Buch, das der König, durch dessen Inhalt erschreckt, nach einer Anfrage bei der Profetin Hulda zur Verpflichtungsurkunde für das Volk machte, und zweitens die Neuordnung des Kultwesens, deren Auslöser offensichtlich jenes Buch war.

Der einleitende Bericht, daß man bei Bauarbeiten am Tempel auf ein Buch stieß (22,3–11*), wirkt eigenartig, denn man fragt sich, wer es dort aus welchem Grund deponiert haben sollte. Wahrscheinlich handelt es sich bei diesem Bericht um den Versuch, ein zur Zeit Joschijas abgefaßtes Buch als ein altehrwürdiges Werk hinzustellen und ihm damit größere Autorität zu geben. Dann ist auch der anschließende Bericht über Joschijas Gesandtschaft zu Hulda und ihre Unheilsankündigung (22,12–20*), der jenes Buch als etwas Neues, bisher Unbekanntes erscheinen läßt, eine Fiktion. Dagegen dürfte der Bericht, wie Joschija die Ältesten, die Sippenhäupter Judas und Jerusalems, versammelte und einen »Bund« schloß, d. h. sie verpflichtete, die Anweisungen eines Buches, das man ihnen vorlas, zu befolgen (23,1–3), durchaus glaubwürdig sein. Die Frage, welches Buch das war, sei noch zurückgestellt.

Der Bericht über die Reform (23,4–15.19–23) im achtzehnten Jahr Joschijas, d. h. um 622 v. Chr., schildert zahlreiche Einzelmaßnahmen, mit denen Joschija das Kultwesen neu ordnete: Aus dem Tempelbereich entfernte er die »Geräte«, Kulteinrichtungen, die für »den Baal, die Aschera und das ganze Heer des Himmels«, also für fremde Gottheiten, darunter die Gestirne, bestimmt waren (V. 4); er nahm den »Götzenpriestern«, die auf den »Höhen«, den Kultstätten in den Städten Judas und in der Umgebung Jerusalems, den Gestirnen Rauchopfer darbrachten, ihr Amt (V. 5); aus dem Tempel ließ er ferner das »Bild«, den Kultpfahl, der Aschera fortschaffen (V. 6); er brach die Häuser der »Tempelhurer«/»Hierodulen«, womit wohl niederes Tempelpersonal gemeint ist, ab, in denen Kultgewänder für Aschera angefertigt wurden (V. 7); er ließ die Jahwe-Priester vom Lande nach Jerusalem kommen, entweihte die »Höhen«, die Jahwe-Heiligtümer, in ganz Juda (V. 8a) und riß die Kultstätte der »Feldgeister«, in denen man irgendwelche Dämonen zu sehen hat, nieder (V. 8b); die brotlos gewordenen Landpriester setzte er für niedere Aufgaben am Tempel ein (V. 9); er verunreinigte das »Tofet«, einen Kultort, an dem man seine Kinder »durchs Feuer gehen ließ«, d. h. irgendwelche Weiheriten an den Kindern vollzog (V. 10); aus dem Tempelbereich schaffte er auch die dem Sonnenkult dienenden Pferde und Wagen (V. 11) und Dachaltäre (V. 12aα), außerdem die von Manasse aufgestellten Altäre fort (V. 12aβb); er entweihte die Kultstätten, die Salomo für fremde Gottheiten eingerichtet hatte (V. 13), und beseitigte alle steinernen und hölzernen Kultsymbole (V. 14); er riß den Altar in Bet-El nieder (V. 15) und vernichtete darüber hinaus alle Kultstätten in der assyrischen Provinz Samarien (V. 19–20). Als krönenden Abschluß veranstaltete Joschija ein Passafest gemäß dem »Buch des Bundes« (V. 21–23).

Diesem Reformbericht läßt sich zweierlei entnehmen, nämlich die Identität des Buches, um das es hier geht, und die antiassyrische Politik Joschijas.

Die Passafeier Joschijas (23,21–23) entspricht der Anordnung über das Passa im 5. Mosebuch (5Mose 16,1–8), und wenn Joschija alle Jahwe-Kultstätten außerhalb Jerusalems beseitigen ließ, so kam er dem Zentralgebot des 5. Mosebuches nach, nur an *einer* Stätte Opfer darzubringen, Gottesdienste zu feiern (5Mose 12,8–12). Das 5. Mosebuch – genauer: ein in 5Mose 12–26 enthaltener Grundbestand desselben – war also das Buch, das zusammen mit den Reformmaßnahmen Joschijas in Geltung trat. Allerdings nennt das 5. Mosebuch nirgendwo Jerusalem, sondern spricht immer nur von dem »Ort, den der Herr erwählt« (z. B. 5Mose 12,11.14; 16,6–7; 26,2), weil es als Abschiedsrede des Mose stilisiert ist, der von Jerusalem noch nichts wissen konnte.

Daß Joschija sich mit seiner Politik der assyrischen Oberherrschaft widersetzte, gibt der Reformbericht klar zu erkennen. So bedeutete die Abschaffung des assyrischen Gestirnkultes in Jerusalem und Juda (2Kön 23,4–5.11), daß Joschija den Assyrern die Gefolgschaft aufkündigte. Außerdem erstreckten sich Joschijas Reformmaßnahmen nicht nur auf sein eigenes Territorium, sondern auch auf das Gebiet des ehemaligen Nordreichs, nämlich die assyrische Provinz Samarien (23,15.19–20), ohne daß die Assyrer ihn daran hinderten. Dies alles konnte Joschija nur durchführen, weil das assyrische Reich im raschen Niedergang begriffen war.

Nach dem Tode Assurbanipals um 630 v. Chr. machten sich die Babylonier – sie heißen im Alten Testament »Chaldäer« (z. B. 2Kön 25,4–5.24–26; Jer 37,5.8–11; 38,18–19), weil dieses Volk damals das Übergewicht in Babylonien hatte – unter ihrem König Nabopolassar (625–605 v. Chr.) von den Assyrern unabhängig, und bald gingen die Meder gegen die Assyrer vor. Dies war die Situation, in der Joschija die Chance ergriff, die assyrische Oberherrschaft abzuschütteln. Babylonier und Meder verbündeten sich, und 612 v. Chr. eroberten sie Ninive, die Hauptstadt Assyriens. Resteinheiten der Assyrer sammelten sich in Nordsyrien, und ihnen kam ein ägyptisches Heer unter Pharao Necho II. (610 – 595 v. Chr.) im Jahre 609 v. Chr. zu Hilfe, um den assyrischen Rumpfstaat gegen die bedrohlich erstarkten Babylonier und Meder zu halten und die Hegemonie über Palästina und Syrien zu gewinnen. Das lag natürlich keineswegs im Interesse Joschijas, und so entschloß er sich zum Kampf gegen Nechos nach Norden vorrückende Armee. Aus dem Alten Testament haben wir darüber nur die lapidare und in ihrem Schlußteil rätselhafte Notiz: »Zu seiner (nämlich Joschijas) Zeit zog der Pharao Necho, der König von Ägypten, herauf ⟨zum⟩ König von Assyrien an den Strom Eufrat. Und der König Joschija zog ihm entgegen, aber Necho tötete ihn in Megiddo, als er ihn sah« (2Kön 23,29). Wenn Joschija in der Ebene von Megiddo Stellung bezog, dann wollte er den Ägyptern an einem strategisch günstigen Ort entgegentreten. Außerdem liegt hier ein weiteres Indiz vor, daß Joschija seine Herrschaft auf das von den Assyrern annektierte Gebiet des ehemaligen Nordreichs ausdehnen konnte.

Die Regelung der Thronnachfolge nahm das »Volk des Landes«, die Schicht der Grundbesitzer Judas, vor (23,30b); darauf sei später noch etwas ausführlicher eingegangen.

Mit dem Tode Joschijas endete der kurze Traum von der Unabhängigkeit Judas, denn an die Stelle der assyrischen Oberherrschaft, aus der Joschija sein Land befreien konnte, trat die ägyptische und bald darauf die babylonische, die auf den Untergang des Staates Juda hinauslief.

3. Das Ende Judas

Daß die letzten zwei Jahrzehnte der Existenz des Staates Juda zunächst von der Oberherrschaft des Pharaos Necho, dann des Babylonierkönigs Nebukadnezzar geprägt waren, geht aus der alttestamentlichen Berichterstattung, die im folgenden nachgezeichnet sei, deutlich hervor.

Joahas (23,31–35). Eingangsformel (23,31–32). Necho zitiert Joahas nach Ribla, setzt ihn gefangen, legt dem Land einen Tribut auf, macht Joahas' Bruder Eljakim, den er in

»Jojakim« umbenennt, zum König und führt Joahas nach Ägypten fort, wo Joahas stirbt (23,33–34). Jojakim bringt den Tribut durch eine Steuer auf (23,35).

Jojakim (23,36–24,6). Eingangsformel (23,36–37). Der babylonische König Nebukadnezzar zieht gegen Juda heran, und Jojakim ist drei Jahre lang sein Vasall, empört sich dann aber gegen ihn (24,1). Ausländische Streifscharen fallen in Juda ein und verwüsten es (24,2–4; in V. 2a enthält der Urtext fälschlich den Namen »Aram« statt »Edom«; V. 2b–4 ist ein theologischer Kommentar). Schlußformel (24,5–6).

Der Pharao zieht nicht mehr aus Ägypten heraus, weil Nebukadnezzar ihm allen Landbesitz in Syrien und Palästina abgenommen hat (24,7).

Jojachin (24,8–17). Eingangsformel (24,8–9). Nebukadnezzar schickt ein Heer nach Juda, das Jerusalem belagert, und kommt selbst dorthin; Jojachin übergibt die Stadt dem babylonischen König und wird mit seiner Familie, seinem Hofstaat, einer großen Zahl von Untertanen und umfangreichem Beutegut nach Babylonien weggeführt (24,10–16; in V. 14a und 16a liegen zwei Parallelüberlieferungen vor, von denen nur eine ursprünglich sein kann). Nebukadnezzar setzt Mattanja als neuen König ein und gibt ihm den Namen »Zidkija« (24,17).

Zidkija (24,18–25,7). Eingangsformel (24,18–20a). Zidkija empört sich gegen Nebukadnezzar (24,20b). Dieser schickt ein Heer gegen Jerusalem, das nach langer Belagerung in die ausgehungerte Stadt eindringt; Zidkija versucht zu fliehen, aber die Babylonier holen ihn ein und bringen ihn zu Nebukadnezzar nach Ribla, wo man seine Söhne hinrichtet und ihn blendet; dann wird er gefangen nach Babylonien gebracht (25,1–7; zwei Parallelberichte finden sich in Jer 39,1–7 und 52,4–11).

Nebusaradan, der Kommandant der Leibwache Nebukadnezzars, zerstört Jerusalem mitsamt dem Tempel, deportiert wohlhabende Bürger, beschlagnahmt das wertvolle Material im Tempel und führt jene zur Hinrichtung nach Ribla, die für den Aufstand mitverantwortlich waren (25,8–21; die Beschreibung der Säulen V. 16–17 ist nachträglich hinzugefügt; ein Parallelbericht findet sich in Jer 52,12–27; 2Kön 25,9–12 begegnet abgewandelt in Jer 39,8–10).

Nebukadnezzar setzt den Judäer Gedalja zum Statthalter in Juda ein, der als Residenz den Ort Mizpa wählt; Gedalja wird von einem Mitglied des Königshauses ermordet, und die restlichen Judäer fliehen nach Ägypten (25,22–26; die Gedalja-Episode wird ausführlicher in Jer 40,7–41,18 erzählt).

So weit die biblische Darstellung der letzten Epoche des Staates Juda, die schon bald ganz im Zeichen der mächtigen Herrschergestalt des Babylonierkönigs Nebukadnezzar stand, nachdem dieser den Pharao Necho besiegt hatte, der seit dem Tode Joschijas der Herr über Syrien und Palästina war. Als solcher bestellte Necho den Joahas, den Sohn und Nachfolger Joschijas, im Jahre 609 v. Chr. zu sich nach Ribla am Orontes (im heutigen Staat Syrien), wo sich sein Hauptquartier befand, und inhaftierte ihn dort (2Kön 23,33a). Anscheinend stand Joahas bei Necho im Verdacht, die antiägyptische Politik Joschijas fortzuführen, was dieser wohl auch vorhatte, wofür es weitere Indizien gibt. So hatte Joahas gar keinen Anspruch auf die Thronfolge, weil sein Bruder Eljakim/Jojakim älter war als er: Joahas bestieg mit dreiundzwanzig Jahren den Thron (23,31), sein Bruder und Nachfolger Eljakim/Jojakim kurze Zeit später mit fünfundzwanzig Jahren (23,36). Außerdem ging die Inthronisation Joahas' vom »Volk des Landes«, von den Grundbesitzern Judas, aus (23,30b). Diese hatten auch dem Joschija auf den Thron verholfen (21,24b) und trauten wohl eher Joahas als Eljakim/Jojakim die Fortsetzung der antiägyptischen Politik Joschijas zu. Der von Necho inhaftierte Joahas wurde nach Ägypten gebracht, wo er starb (23,34b), und Necho setzte in Juda den Eljakim, den älteren Sohn Joschijas, zum König ein, dem – er als Hoheitsakt gegenüber dem Vasallen – den Namen »Jojakim« gab (23,34a). Außerdem wurde dem Staat Juda ein hoher Tribut – 100 Talente Silber und ein Talent Gold – abverlangt (23,33b), den Jojakims Untertanen mittels einer nach dem Vermögen gestaffelten Steuer aufbrachten (23,35).

Während der Regierungszeit Jojakims, im Jahre 605 v. Chr., kam es zur Schlacht zwischen dem ägyptischen Heer und dem babylonischen unter dem Sohn Nabopolassars, dem Kronprinzen Nebukadnezzar, der etwas später als Nebukadnezzar II. (605–562 v. Chr.) den babylonischen Thron bestieg, bei Karkemisch am oberen Eufrat (im heutigen Staat Syrien). Die Babylonier siegten und waren nun die Herren über Syrien und Palästina, was die alttestamentliche Berichterstattung chronologisch inkorrekt hinter der Schlußformel für Jojakim vermerkt: »Und der König von Ägypten zog nicht mehr aus seinem Lande; denn der König von Babel hatte ihm alles genommen, was dem König von Ägypten gehörte, vom Bach Ägypten bis an den Strom Eufrat« (24,7).

Jojakim, der nach einem Profetenwort ein prunksüchtiger Despot war (Jer 22,13–19), fügte sich anfangs der neuen Ordnung als Vasall Babyloniens, dann aber fiel er von Nebukadnezzar ab (24,1), vielleicht ermutigt, weil dessen Expedition nach Ägypten 601–600 v. Chr. gescheitert war. Nebukadnezzar unternahm längere Zeit nichts gegen Jojakim, abgesehen davon, daß er umherstreifende Scharen aus Babylonien, Edom, Moab und Ammon in Juda einfallen ließ (24,2a). Erst 598 v. Chr. rückten babylonische Truppen nach Juda vor und belagerten Jerusalem (24,10). Inzwischen war Jojakim verstorben, und sein Sohn und Nachfolger Jojachin trug die Konsequenzen seiner törichten Rebellion. Bald erschien Nebukadnezzar selbst vor Jerusalem (24,11). Klugerweise bot Jojachin im Jahre 598 oder 597 v. Chr. die Kapitulation an (24,12), wodurch der Stadt die Plünderung erspart blieb.

Aber die Babylonier nahmen alles Gerät des Tempels aus Edelmetall mit und was sich im Schatzhaus des Palastes befand (24,13). Jojachin, seine Familie und der Hofstaat wurden nach Babylonien deportiert (24,15), ebenso die Oberschicht, alle Soldaten und die Metallhandwerker, wobei die Zahl der Deportierten einmal mit 10 000 (24,14), einmal mit 7000 (24,16) angegeben wird. Die Notiz Jer 52,28, die sich auf die Ereignisse von 598/597 v. Chr. bezieht (hier ist vom siebenten Jahr Nebukadnezzars die Rede, in 2Kön 24,12 dagegen von seinem achten Jahr), nennt 3023 Deportierte, also erheblich weniger.

Den deportierten Jojachin erwähnen vier Dokumente aus dem Palast Nebukadnezzars, eines davon auf 592 v. Chr. datiert. Es handelt sich um Proviantlisten, in denen verzeichnet ist, wer Anspruch auf Lieferung von Öl und Gerste hat, darunter auch »Jojachin, der König des Landes Juda« und die »fünf Söhne des Königs des Landes Juda«.

Nebukadnezzar setzte als neuen König den Mattanja, einen Sohn Joschijas, also Onkel Jojachins, ein und gab ihm den Namen »Zidkija«, womit Nebukadnezzar seine Oberhoheit dokumentierte (24,17). Übrigens hatte Mattanja/Zidkija dieselbe Mutter wie Joahas (23,31; 24,18), während Eljakim/Jojakim ihr Halbbruder war (23,36).

Über die damaligen Vorgänge wird in einer babylonischen Chronik berichtet: »Im 7. Jahr, im Monat Kislew, bot der König von Akkad (d. h. Nebukadnezzar) seine Truppen auf und zog nach Chattu (d. h. Syrien-Palästina). Die Stadt von Juda griff er an. Am 2. Adar eroberte er die Stadt. Einen König nach seinem Herzen setzte er über sie. Schweren Tribut nahm er mit und brachte (ihn) nach Babel.«

Das Deportationsverfahren der Babylonier unterschied sich von dem der Assyrer. Denn letztere hatten ganze Völker verpflanzt, während die Babylonier nur einen Teil der Bewohner deportierten und keine neuen Siedler in die eroberten Gebiete brachten. Die 598/597 v. Chr. weggeführten Judäer wohnten in Babylonien beieinander und hegten die Hoffnung auf baldige Heimkehr, wie aus einem Brief des Profeten Jeremia hervorgeht, der in Jerusalem zurückgeblieben war und die Deportierten ermahnte, sich auf lange Zeit in der Fremde einzurichten: »Baut Häuser und wohnt darin; pflanzt Gärten und eßt ihre Früchte; nehmt euch Frauen und zeugt Söhne und Töchter, nehmt für eure Söhne Frauen, und gebt eure Töchter Männern, daß sie Söhne und Töchter gebären; mehrt euch dort, daß ihr nicht weniger werdet« (Jer 29,5–6).

Der neue König Zidkija, ein Mann von Nebukadnezzars Gnaden, herrschte über ein Land, das durch die Deportation eines wichtigen Teils der Bevölkerung erheblich geschwächt war. Dennoch blieb bei vielen seiner Untertanen die Hoffnung auf Unabhängigkeit von der babylonischen Oberherrschaft lebendig. Das zeigt Jeremias Brief an die Deportierten, in dem er ihnen riet, nicht mit einer baldigen Heimkehr zu rechnen; das zeigt auch der Zusammenstoß Jeremias mit dem Profeten Hananja, der ankündigte, bald werde Gott das Joch des Königs von Babel zerbrechen (Jer 28). Beeinflußt durch derartige Stimmen und wohl auch im Vertrauen auf ägyptische Unterstützung, wagte Zidkija zu einem nicht näher datierbaren Zeitpunkt Nebukadnezzar die Vasallentreue aufzukündigen (2Kön 24,20b). Dieser ließ 589 oder 588 v. Chr. ein Heer in Juda einrücken, das Jerusalem belagerte und die ausgehungerte Stadt nach anderthalbjährigem Widerstand 587 oder 586 v. Chr. erstürmte (25,1–4aα). Zwischendurch hatte ein ägyptisches Heer – wie wir aus Jer 37,5–11 erfahren – die Babylonier zum zeitweiligen Abzug gezwungen. Zidkija machte mit seiner Truppe einen Fluchtversuch, aber die Babylonier holten ihn bei Jericho ein und brachten ihn nach Ribla am Orontes, wo Nebukadnezzar – wie vor ihm schon Necho (23,33) – sein Hauptquartier hatte; dort wurden Zidkijas Söhne hingerichtet, ihn selbst blendete man und führte ihn gefangen nach Babylonien (25,4aβ–7). Etwa einen Monat später begannen die Babylonier unter Führung des Nebusaradan, des Chefs der Leibwache Nebukadnezzars, Jerusalem zu plündern und völlig zu zerstören (25,8–10.13–15). Weitere Jerusalemer wurden deportiert (25,11–12); die Notiz in Jer 52,29, die sich auf diese Deportation bezieht (hier ist vom achtzehnten Jahr Nebukadnezzars die Rede, in 2Kön 25,8 dagegen von seinem neunzehnten Jahr) nennt achthundertzweiunddreißig Personen. Außerdem ließ Nebusaradan die Spitzen der Priester- und Beamtenschaft und sechzig Mann vom »Volk des Landes«, von den Grundbesitzern Judas, nach Ribla zur Hinrichtung bringen (25,18–21); offenbar galten sie als Hauptschuldige bei der Empörung Zidkijas gegen Nebukadnezzar.

Das Territorium Judas unterstellte Nebukadnezzar einem judäischen Statthalter, dem aus einer einflußreichen Familie stammenden Gedalja (sein Großvater Schafan war Sekretär des Königs Joschija gewesen [22,8–14]; auch sein Vater Ahikam stand im Dienst Joschijas [22,12.14] und hielt unter König Jojakim schützend seine Hand über den Profeten Jeremia [Jer 26,24]). Gedalja residierte nicht im zerstörten Jerusalem, sondern in Mizpa, 25 km nördlich davon. Bei ihm sammelten sich die der Einnahme Jerusalems entkommenen Offiziere und Soldaten, und er sicherte ihnen zu, sie hätten von den Babyloniern nichts zu befürchten. Aber nach kurzer Zeit fiel Gedalja einem Attentat zum Opfer, und viele Judäer flohen aus Furcht vor der Rache der Babylonier nach Ägypten (25,22–26). Wir erfahren nicht, wie Nebukadnezzar dann verwaltungstechnisch weiter mit Juda verfuhr.

Zwar hatte jetzt ein großer Teil der Bevölkerung Judas das Land verlassen, aber die babylonische Deportationspraxis machte es den Judäern in der Fremde möglich, ihre Kultur und Sprache und vor allem den Glauben an ihren Gott Jahwe zu bewahren.

VI.

Die Epoche des babylonischen Exils

Über den Zeitraum vom Untergang des Staates Juda und der Deportation eines großen Teils seiner Bevölkerung (587/586 v. Chr.) bis zum Herrschaftsantritt des Perserkönigs Kyrus über Babylonien (539 v. Chr.) liegt im Alten Testament kein zusammenhängender Bericht vor, sondern man findet lediglich verstreute Einzelnachrichten, aus denen sich nur ein ungefähres Bild gewinnen läßt, wie es damals den in Palästina Zurückgebliebenen und den Deportierten in Babylonien erging.

In *Palästina* bildeten – nach der Deportation eines großen oder gar des größten Teils der judäischen Oberschicht – kleine Bodenbesitzer und Menschen ohne Grundbesitz die Mehrheit der Bevölkerung. Letztere erhielten von den Babyloniern die Güter der Deportierten, wie man der Notiz entnehmen kann: »Nur von den armen Leuten, die nichts hatten, ließ Nebusaradan, der Kommandant der Leibwache, einen Teil im Lande Juda zurück und gab ihnen Weinberge und Äcker« (Jer 39,10). Und diese Umverteilung empfanden die Daheimgebliebenen nach einem Profetenwort aus jener Zeit als durchaus gerecht: »Menschensohn, die Einwohner Jerusalems sagen von deinen Brüdern, deinen Verwandten und dem ganzen Haus Israel (d. h. den Deportierten): ›Sie sind fern vom Herrn; das Land ist uns zum Besitz gegeben‹« (Ez 11,15). Ein paar weitere Informationen gibt uns die Sammlung der Klagelieder, die wahrscheinlich nicht lange nach 587/586 v. Chr. entstanden ist und die man später fälschlich dem Profeten Jeremia zuschrieb. Hier ist von Enteignungen die Rede: »An Ausländer fiel unser Erbe, unsere Häuser kamen an Fremde« (Klgl 5,2); offenbar nahmen die babylonischen Besetzer den Angehörigen der Oberschicht, die im Land blieben, ihre Häuser weg, um selbst darin zu wohnen und um sie an Sympathisanten unter der einheimischen Bevölkerung zu geben. Überwiegend zeichnen die Klagelieder ein düsteres Bild der damaligen Situation. Es herrschte Hungersnot: »All ihre (nämlich Jerusalems) Bewohner seufzen, verlangen nach Brot; sie geben ihre Schätze für Nahrung, nur um am Leben zu bleiben« (1,11a); ja sogar Fälle von Kannibalismus kamen vor: »Dürfen Frauen ihre Leibesfrucht essen, ihre sorgsam gehüteten Kinder?« (2,20bα); »die Hände liebender Mütter kochten die eigenen Kinder; sie dienten ihnen als Speise beim Zusammenbruch der Tochter meines Volkes« (4,10). Die Babylonier erhoben Steuern für Dinge, die sonst unentgeltlich waren: »Unser Wasser trinken wir für Geld; unser Holz müssen wir bezahlen« (5,4), und sie zogen die männliche Bevölkerung zu Zwangsarbeiten heran: »Junge Männer mußten die Handmühlen schleppen, unter der Holzlast brachen Knaben zusammen« (5,13). Das Einbringen der Ernte war schwierig, weil Nomaden aus der Wüste das Land unsicher machten: »Unter Lebensgefahr holten wir unser Brot, bedroht vom Schwert der Wüste« (5,9). Außerdem setzte offenbar das Nachbarvolk der Edomiter den Judäern zu: »Juble nur und freue dich, Tochter Edom ... Auch zu dir wird der Becher kommen, daß du trunken wirst und dich entblößest« (4,21). Vereinzelte Angaben des Alten Testaments weisen darauf hin, daß die Edomiter spätestens in exilischer Zeit den Südteil des judäischen Gebietes an sich brachten (Ez 35,10.12; 36,5; Obd 19).

Im dreiundzwanzigsten Jahr Nebukadnezzars, also 582/581 v. Chr., führte Nebusaradan als Beauftragter des Königs 745 Judäer nach Babylonien weg (Jer 52,30); vielleicht waren in Juda Widerstandsbewegungen aufgeflackert.

In *Babylonien* ging es den Deportierten keineswegs so schlecht, wie es der früher gebräuchliche Ausdruck »Babylonische Gefangenschaft« oder die Anfangsverse des 137. Psalms nahelegen: »(1) An den Wassern zu Babel saßen wir und weinten, wenn wir an Zion gedachten. (2) Unsere Harfen hängten wir an die Weiden dort im Lande. (3) Denn die uns gefangenhielten, hießen uns dort singen und in unseren Herzen fröhlich sein: ›Singt uns ein Lied vom Zion‹. (4) Wie könnten wir des Herrn Lied singen in fremdem Lande?«

Dieser Psalm ist Ausdruck religiöser Not und Sehnsucht, nicht aber eine Beschreibung der konkreten Situation. Den Deportierten war es durchaus möglich, Häuser zu bauen und Felder anzulegen; das zeigt der bereits zitierte Brief Jeremias an die Deportierten (Jer 29,5). Sie wohnten in Ortschaften beieinander, von denen das Alte Testament einige erwähnt: Tel-Abib am Fluß Kebar (Ez 3,15), wohl einem Kanal östlich von Babylon, ferner – für uns nicht lokalisierbar – Tel-Melach, Tel-Harscha, Kerub-Addon und Immer (Esr 2,59; Neh 7,61) und Kasifja (Esr 8,17). Hier verwalteten sie sich selbst unter der Leitung von »Ältesten« (Jer 29,1; Ez 8,1; 14,1; 20,1). Überdies nennt das Archiv des Handels- und Bankhauses Muraschu in Nippur (östlich von Babylon) – allerdings erst für spätere Zeit (455–403 v. Chr.) – Geschäftspartner mit jüdischen Namen; diese waren demnach rechtlich und wirtschaftlich in ihr babylonisches Umfeld integriert.

Schließlich teilt das Alte Testament – und zwar am Schluß der Königsbücher – noch mit, daß der deportierte König Jojachin im siebenunddreißigsten Jahr seiner Verbannung, also 562/561 v. Chr., von dem babylonischen König Ewil-Merodach (babylonisch »Awil-Marduk« oder »Amel-Marduk«; 562 – 560 v. Chr.), dem Sohn und Nachfolger Nebukadnezzars, begnadigt wurde, indem er einen Ehrenplatz an der Tafel des Babylonierkönigs erhielt (2Kön 25,27–30; ein Parallelbericht liegt in Jer 52,31–34 vor).

Ein Teil der judäischen Bevölkerung wanderte im Zusammenhang mit der Ermordung Gedaljas nach *Ägypten* aus (2Kön 25,26; Jer 41,17–18; 42; 43,7); als Siedlungsorte werden Migdol, Tachpanhes, Memfis (alte Residenzstadt etwa 20 km südlich von Kairo) und Patros (Oberägypten) genannt (Jer 44,1). Migdol und Tachpanhes waren Garnisonsstädte im östlichen Nildelta, und die Annahme liegt nahe, daß die Judäer dort ihren Lebensunterhalt vor allem als Soldaten in ägyptischem Dienst erwarben. Solche begegnen uns sehr viel später auf der Nilinsel Elefantine bei Assuan. Zahlreiche Papyri in aramäischer Sprache aus dem 5. Jahrhundert v. Chr. bezeugen die Existenz einer jüdischen Militärkolonie auf Elefantine, deren Entstehungszeit unbekannt ist, aber ins 6. Jahrhundert v. Chr. hinaufreicht. Diese Militärkolonie besaß einen eigenen Tempel, und sie verehrte neben Jahwe noch andere Gottheiten, darunter die Göttin Anat-Jaho/Jahu.

Das babylonische Reich, dem die Judäer in Palästina und Babylonien untertan waren, hatte während der Herrschaft Nebukadnezzars den Höhepunkt seiner Macht erreicht; nach dessen Tod im Jahre 562 v. Chr. begann sein Verfall. Ewil-Merodach (562–560 v. Chr.), der bereits genannte Sohn und Nachfolger Nebukadnezzars, wurde von seinem Schwager Neriglissar ermordet, der daraufhin den Thron bestieg und 560–556 v. Chr. regierte. Der Thronfolger, sein Sohn Labaschi-Marduk, starb eines gewaltsamen Todes, und an die Herrschaft kam der Usurpator Nabonid (556 – 539 v. Chr.), der letzte König Babyloniens. Dieser verbündete sich mit dem Perserkönig Kyrus, der 549 v. Chr. das medische Reich und 545 v. Chr. das Reich der Lyder (im Westen der heutigen Türkei) eroberte. Nabonid hielt sich zehn Jahre lang in der Oasenstadt Tema, dem nordarabischen Verkehrs- und Handelszentrum, auf und überließ währenddessen die Regierung in Babylon seinem Sohn Belsazar. 539 v. Chr. wandte Kyrus sich gegen das babylonische Reich und nahm im selben Jahr dessen Hauptstadt Babylon ein. Damit war das babylonische Reich mitsamt Palästina ein Teil des Perserreichs geworden.

Dem Kyrus legt ein alttestamentlicher Profet, dessen Worte im Mittelteil des Jesajabuches (Jes 40–55) gesammelt sind und den man als »Deuterojesaja« bezeichnet, die Würdetitel »Hirte« und »Gesalbter« zu und erwartet von ihm, daß er die deportierten Judäer heimführen wird: »So spricht der Herr, dein (nämlich Israels) Erlöser, der dich von Mutterleibe bereitet hat: Ich bin der Herr, der alles schafft, der den Himmel ausbreitet allein und die Erde festmacht ohne Gehilfen, ... der zu Kyrus sagt: Mein Hirte! Er soll meinen Willen vollenden« (Jes 44,24.28a); »so spricht der Herr zu seinem Gesalbten, zu Kyrus: ... Ich will vor dir hergehen und das Bergland eben machen, ich will die ehernen Türen zerschlagen und die eisernen Riegel zerbrechen« (45,1aα.2).

VII.
Die Herrschaft der Perser

Das persische Reich, das zwei Jahrhunderte hindurch, von der Einnahme Babylons durch Kyrus (539 v. Chr.) bis zum Sieg Alexanders des Großen (331 v. Chr.) bestand und sich seit 512 v. Chr. vom südöstlichen Balkan bis an den Indus erstreckte und auch Ägypten einschloß, war das bis dahin größte Reich des Altertums. Die persischen Könige – sie heißen nach ihrem Stammvater Achämenes (etwa 705 – 675 v. Chr.) »Achämeniden« – stellt folgende Übersicht vor:

Kyrus	559 – 530 v. Chr.
Kambyses	530 – 522 v. Chr.
Darius I.	522 – 486 v. Chr.
Xerxes	486 – 465 v. Chr.
Artaxerxes I.	465 – 424 v. Chr.
Darius II.	424 – 404 v. Chr.
Artaxerxes II.	404 – 359 v. Chr.
Artaxerxes III.	359 – 338 v. Chr.
Arses	338 – 336 v. Chr.
Darius III.	336 – 331 v. Chr.

Darius I. gliederte etwa zwischen 518 und 514 v. Chr. das Reich in 23 Satrapien, Verwaltungseinheiten; die Zahl änderte sich später des öfteren. Syrien-Palästina gehörte zu der Satrapie, die aramäisch »Abar Nahara« (»jenseits des Stroms«, nämlich des Eufrats, von Mesopotamien und Persien aus gesehen), heißt, in der Lutherbibel »(das Gebiet) jenseits des Euphrat«, in der Einheitsübersetzung »das Gebiet jenseits des Stroms« (z. B. Esr 4,10.11; 5,3; 6,8.13). Die Wissenschaft bezeichnet diese Satrapie als »Transeufrat(ene)«.

Die Perserkönige versuchten – anders als die Assyrer und Babylonier – ihre Politik nicht auf Gewalt, sondern auf Toleranz zu gründen, indem sie Kultur und Religion der Untertanenvölker achteten und sogar förderten, was schon bald für die Juden spürbar werden sollte.

1. Der Erlaß des Kyrus und die Neugründung des Jerusalemer Heiligtums

Den Zeitraum von 538 bis 515 v. Chr. schildert das Alte Testament im ersten Teil des Esrabuches (Esr 1–6), einem Abschnitt, dessen Darstellung nicht immer dem historischen Ablauf der Ereignisse folgt, wie aus der nachstehenden Inhaltsangabe hervorgeht.

Kyrus erläßt in seinem ersten Jahr (nämlich als König von Babylon), also 538 v. Chr., ein Dekret, das den Wiederaufbau des Jerusalemer Tempels und die Rückkehr der Deportierten anordnet und die nichtjüdischen Mitbürger zur Unterstützung auffordert (Esr 1,1–4). Familien Judas und Benjamins kehren heim (1,5–6). Dem Scheschbazzar, dem »Fürsten von Juda«, werden die Tempelgeräte übergeben, und er bringt sie nach Jerusalem (1,7–11). Ein Zwölferkollegium, angeführt von Serubbabel, dem Priester Jeschua und Nehemja, leitet die Heimkehrer (2,1–2a; in V. 2a ist wohl hinter Reelaja entsprechend Neh 7,7 der Name Nahamani zu ergänzen). Liste der Heimkehrer (2,2b–67). Einige Familienhäupter spenden Geld für den Tempel und Priestergewänder (2,68–69). Die Heimkehrer lassen sich in Jerusalem und Juda nieder (2,70). Jeschua und Serubbabel bauen in Jerusalem einen Altar (3,1–6) und legen die Fundamente des Tempels (3,7–13). Das »Volk des Landes«, den Heimkehrern feindlich gesonnen, hindert diese am Bau des Tempels (4,1–5) und richtet eine Anklageschrift (4,6) gegen die Juden an König Xerxes (486–465 v. Chr.). Liste der Verfasser einer Anklageschrift (4,7) gegen die Juden an König Artaxerxes (wohl Artaxerxes I., 465–424 v. Chr.). Der anschließende Abschnitt (4,8–6,18) weist die Besonderheit auf, daß er in aramäischer Sprache geschrieben ist.

Zwei Männer namens Rehum und Schimschai schreiben einen Brief an Artaxerxes mit dem Inhalt, daß die Juden den Wiederaufbau Jerusalems, vor allem der Stadtmauer ins Werk setzten, bestrebt, von der persischen Oberherrschaft frei zu werden (4,8–16; bei der Angabe V. 9–11aα, die den Absenderkreis auf zahlreiche Bewohner des Gebietes »jenseits des Eufrats« ausweitet, handelt es sich um einen Nachtrag). Artaxerxes antwortet Rehum und Schimschai, man solle die Juden am Wiederaufbau Jerusalems hindern (4,17–22; in V. 17 ist die Angabe des weiteren Absenderkreises ein Nachtrag, der V. 9–11aα aufnimmt), was die beiden auch tun (4,23). Der Bau des Jerusalemer Tempels wird bis zum zweiten Jahr des Darius, also 520 v. Chr., eingestellt (4,24).

Die Profeten Haggai und Sacharja bewegen Serubbabel und Jeschua zum Tempelbau; der »Statthalter« des Gebietes »jenseits des Eufrats« namens Tattenai erkundigt sich wegen des Tempelbaus zunächst in Jerusalem und dann bei König Darius und erhält von diesem die Antwort, daß der Tempelbau Rechtens sei (5,1–6,12; in 6,7 sind die Worte »der Statthalter der Juden und« wohl ein Zusatz). Im sechsten Jahr des Darius, also 515 v. Chr., wird der Tempelbau vollendet (6,13–15; V. 14bβ [»und Artaxerxes, der König von Persien«] dürfte nachträglich hinzugefügt sein) und der Tempel festlich eingeweiht (6,16–18).

Die Heimkehrer und »alle, die sich zu ihnen abgesondert hatten von der Unreinheit der Heiden im Lande« (d. h. die Bewohner des ehemaligen Nordreichs, die dem Jahwe-Glauben treu geblieben sind), feiern das Passafest (6,19–22).

Bei der Frage, wieweit das hier Berichtete historisch zutreffend ist, sei von 5,1–6,18, also dem zweiten Teil des aramäisch verfaßten Textes (4,8–6,18), ausgegangen. Er berichtet zunächst, daß Serubbabel und Jeschua aufgrund der Verkündigung der Profeten Haggai und Sacharja den Wiederaufbau des Tempels in Angriff nahmen (5,1–2). Dies wird durch das Haggai- und Sacharjabuch bestätigt: Haggai und Sacharja setzten sich im zweiten Jahr des Darius (Hag 1,1; Sach 1,1.7) für den Wiederaufbau des Tempels ein (Hag 1,1–2.7–8; Sach 1,1.16; 6,13), und zwar sollten ihn vor allem die beiden damals führenden Männer, Serubbabel und Jeschua, bewerkstelligen (Hag 1,1.12.14; Sach 4,6aβ–10a; 6,11–13).

Das Auftreten Haggais und Sacharjas hing sicherlich mit der politischen Situation des Perserreichs während jener Zeit zusammen. Gegen die Herrschaft des Kambyses (530–522 v. Chr.), der seinem Vater Kyrus auf dem Thron gefolgt war, brachen mehrerorts im Perserreich Aufstände aus. Zwar gelang es Darius, der aus einer Seitenlinie der Achämeniden stammte und 522 v. Chr. den Thron bestieg, die Aufstände niederzuschlagen, aber zweifellos wirkten diese Erschütterungen auch im Westen des Perserreichs, in Syrien-Palästina, nach und ließen die Hoffnung aufkommen, daß ein neues Zeitalter bevorstehe. Sichtbaren Ausdruck würde dies, so meinten Haggai und Sacharja, für die Juden im Wiederaufbau des Tempels finden, der von Serubbabel und Jeschua ins Werk gesetzt werden sollte.

Serubbabel, Sohn des Schealtiël (z. B. Esr 5,2; Hag 1,1), war ein Enkel des deportierten Königs Jojachin (1Chr 3,19;

‹dort heißt allerdings sein Vater Pedaja, und laut V. 17 ist Schealtiël sein Onkel) und, wie sein babylonischer Name (»Sproß Babels«) zu erkennen gibt, in Babylonien aufgewachsen. Anscheinend hatten ihn die Perser um 520 v. Chr. mit einem uns nicht näher bekannten Verwaltungsauftrag nach Juda entsandt. Er wird als »Statthalter« (hebräisch *paechā*) bezeichnet (Hag 1,1.14; 2,2.21), und dieses mehrdeutige Wort, das unter anderem auch den Satrapen meint (z. B. Esr 5,3.6), verwendet später Nehemia für sein Amt als Statthalter der Provinz Juda (Neh 5,14.18). Aber sicherlich besaß Juda um 520 v. Chr. noch nicht den Status einer eigenständigen Provinz innerhalb der Satrapie Transeufrat. Über das weitere Schicksal Serubbabels erfahren wir ebensowenig wie über das Jeschuas.

Auch *Jeschua* kam aus Babylonien. Sein Vater Jozadak (z. B. Hag 1,1.12.14; Sach 6,11) gehörte zu den Deportierten (1Chr 5,31), und dessen Vater Seraja (1Chr 5,30) war als »oberster Priester« im Jahre 587/586 v. Chr. gefangen und hingerichtet worden (2Kön 25,18.21). Jeschua trug den Titel »Hoherpriester« (z. B. Hag 1,1.12; Sach 3,1; 6,11).

Bemerkenswert und für die Frage nach der Historizität der Darstellung in Esr 1–6 aufschlußreich ist der Tatbestand, daß Haggai und Sacharja nirgendwo von Heimkehrern aus dem Exil sprechen; vielmehr kündigt Sacharja die Heimkehr der Exulanten erst für die Zukunft an (Sach 2,10–11; 8,7–8; vielleicht auch 6,8). Offensichtlich waren damals noch keine Deportierten oder ihre Nachkommen in großer Zahl aus dem Exil zurückgekehrt.

Unter Führung Serubbabels und Jeschuas wurde also in Jerusalem mit dem Wiederaufbau des Tempels begonnen. Um diese Zeit kam Tattenai, der Satrap von Transeufrat, mit einigen Begleitern nach Jerusalem und fragte die Juden, wer ihnen die Erlaubnis zum Bau des Tempels gegeben habe und wer dafür verantwortlich sei (Esr 5,3–4). Die Antwort erfahren wir an dieser Stelle nicht, sondern der Berichterstatter vermerkt nur, daß Gott mit den »Ältesten«, also dem Führungsgremium der Juden, war (5,5), und geht dann gleich dazu über, den Inhalt eines Briefes mitzuteilen, den Tattenai an seinen Oberherrn, König Darius, schrieb.

In dem Brief berichtete Tattenai folgendes: Ich und meine Begleiter sind in Juda gewesen, und dort baut man einen Tempel; auf unsere Frage an die Ältesten nach der Erlaubnis dazu und nach den Namen der führenden Leute antworteten die Ältesten: Wir bauen das Haus wieder auf, das Nebukadnezzar zerstörte (5,6–12), Kyrus, der »König von Babel« (d. h. der Rechtsnachfolger der Könige von Babel), gab in seinem ersten Jahr die Erlaubnis zum Wiederaufbau des Tempels (5,13); ferner setzte Kyrus den Scheschbazzar zum »Statthalter« ein und trug ihm auf, die Tempelgeräte nach Jerusalem zu bringen (5,14–15); Scheschbazzar kam nach Jerusalem und legte die Fundamente des Tempels, und seitdem wird am Tempel gebaut (5,16). Am Schluß des Briefes baten Tattenai und seine Mitarbeiter, der König möge Nachforschungen im »Schatzhaus des Königs«, im königlichen Archiv, veranlassen, ob ein Erlaß des Kyrus bezüglich des Tempelbaus existiere (5,17).

Wenn Scheschbazzar hier »Statthalter« (*paechā*) heißt (V. 14), so läßt sich daraus wegen der Mehrdeutigkeit des Wortes nichts über die Funktion Scheschbazzars entnehmen. Die Behauptung der Ältesten, Scheschbazzar habe die Fundamente des Tempels gelegt und seitdem werde am Tempel gebaut, ist unwahr; denn ausweislich des Haggai- und Sacharjabuches wurde der Tempelbau erst 520 v. Chr., also viel später, begonnen. Offenbar wollten die Ältesten den Eindruck vermeiden, man habe in Jerusalem nicht sofort den Erlaß des Kyrus befolgt.

Auf Nachforschungen des Königs Darius fand man in der medischen Stadt Ekbatana den Kyrus-Erlaß (6,1–2), dessen Inhalt anschließend wiedergegeben wird: Kyrus befahl, den Tempel in Jerusalem wiederaufzubauen, teilte auch die genauen Maße und die Art des Baumaterials mit und verfügte, die für den Bau notwendigen Geldmittel »vom Haus des Königs«, d. h. aus dem Staatsschatz, zu geben (6,3–4); den Schluß des Erlasses bildete die Anweisung, daß die von Nebukadnezzar geraubten Tempelgeräte nach Jerusalem zurückgebracht werden sollen (6,5). Es folgt der Antwortbrief des Königs an Tattenai und seine Begleiter (die Notiz, daß Darius den Brief schreiben ließ, ist weggelassen), der sie aufforderte, die Juden nicht am Tempelbau zu hindern; ferner befahl Darius, daß der Jerusalemer Tempel aus dem Steueraufkommen der Satrapie Transeufrat sowohl eine regelmäßige Geldzuwendung als auch die für das tägliche Brandopfer erforderlichen Stiere, Widder und Lämmer erhalte, und diese Brandopfer sollten mit einem Gebet für das persische Königshaus verbunden sein; am Schluß drohte Darius jedem, der gegen seine Anordnungen verstoße, schwere Strafen an (6,6–12).

Tattenai und seine Begleiter folgten dem königlichen Befehl, und so konnte der Tempel im sechsten Jahr des Darius (515 v. Chr.) vollendet werden (6,13–15). Der Schlußabschnitt des aramäisch verfaßten Textes über die Einweihung des Tempels (6,16–18) bezeichnet fälschlicherweise die Juden insgesamt als Heimkehrer (V. 16a).

Das hier in 5,1–6,18 Berichtete gibt vermutlich die damaligen Vorgänge einigermaßen korrekt wieder. Das gilt wohl kaum für die anschließende Erzählung über die Passafeier (6,19–22), die neben den Juden – auch hier sind sie insgesamt Heimkehrer (V. 19a.20b.21aα) – noch die jahwetreuen Bewohner des ehemaligen Nordreichs nennt (V. 21aβb).

Wendet man sich nun den Anfangskapiteln des Esrabuches (Esr 1–4) zu, so stellt sich heraus, daß diese Darstellung weitgehend unhistorisch ist. Sie beginnt mit dem Erlaß des Kyrus, in dem dieser nicht nur den Wiederaufbau des Tempels, sondern auch die Rückkehr der Deportierten und deren Unterstützung durch ihre nichtjüdischen Mitbürger angeordnet haben soll (1,1–4). Das ist so wenig glaubhaft wie der massenhafte Rückmarsch der Deportierten (1,5–6). Scheschbazzar, hier mit dem rätselhaften Titel »Fürst von Juda«, bringt die Tempelgeräte zurück (1,7–11), was durch den Brief des Satrapen Tattenai an König Darius (5,14–15) bestätigt wird.

Die Notiz, daß ein Zwölferkollegium unter Führung Serubbabels und Jeschuas die Heimkehrer angeführt haben soll (2,1–2a), ist nach Ausweis des Haggai- und Sacharjabuches unzutreffend. Bei der anschließenden Liste (2,2b–67) handelt es sich keineswegs um ein Heimkehrer-Verzeichnis. Denn die Zahl von 42 360 Heimkehrern (V. 64) ist viel zu hoch: Laut Jer 52,28–30 wurden 4600 Menschen deportiert, also müßten die Exulanten sich in den nicht einmal achtzig Jahren seit 598/597 v. Chr., dem Beginn der Deportationen, fast verzehnfacht haben (die Zahl der Exulanten bei der ersten Deportation wird in 2Kön 24,14 mit 10 000 und in 24,16 mit 8000 angegeben; das dürfte übertrieben sein, würde aber bedeuten, daß die Exulantenschar fast auf das Vierfache anwuchs). Die Liste Esr 2,2b–67 ist allem Anschein nach ein Verzeichnis der Bevölkerung Judas irgendwann nach 520 v. Chr. Dieses Verzeichnis nennt 1. »Söhne (von)« als Sippenangehörige (V. 3–20.29–32.35), 2. »Männer von« als Bewohner von Ortschaften außerhalb Jerusalems (V. 21–28.33–34), 3. Priester und Kultpersonal (V. 36–58), 4. Familien aus Exilorten, die keinen Nachweis ihrer israelitischen Herkunft besaßen (V. 59–60; hier erfahren wir konkret, daß Juden aus dem Exil heimkehrten, wir wissen aber nicht, wann), 5. Priester, deren Name nicht in den Geschlechtsregistern stand und die darum ihr Priesteramt verloren (V. 61–63; wer mit dem »Statthalter« [hebräisch *tirschātā*] gemeint ist, wissen wir nicht). Den Abschluß der Liste bilden die Gesamtsumme (V. 64), die Zahl der Knechte, Mägde, Sänger und Sängerinnen (V. 65) und die Anzahl der Tiere (V. 66–67). Die Liste unterscheidet vielleicht mit den »Söhnen (von)« und den »Männern von« zwischen den Bewohnern Jerusalems und den Bewohnern der ländlichen Orte; die Unordnung in der Reihenfolge dieser Personengruppen erklärt sich am ehesten mit der Annahme, daß die Liste nachträglich erweitert wurde.

Es folgen ein Bericht über Spenden für den Tempel (2,68–69; die Stiftung von Priesterkleidern setzt Tempelmagazine voraus, d. h., der Tempel stand schon wieder) und die – unhistorische – Notiz, daß die Heimkehrer sich in Jerusalem und Juda niederließen (2,70), die sich auf 2,1 zurückbezieht und so das Kapitel abrundet.

Vollkommen unhistorisch ist der anschließende Bericht, daß die Juden sofort nach ihrer Ankunft unter Führung Jeschuas und Serubbabels den Altar wiederherstellten und den regelmäßigen Opferdienst durchführten (3,1–6) – Opfer wurden in Jerusalem auch nach dem Fall der Stadt dargebracht (Jer 41,5) – und daß dann der Bau des Tempels mit einem großen Festakt begann (Esr 3,7–15), der aber nicht weitergeführt werden konnte, weil das »Volk des Landes« die Juden daran hinderte (4,1–5); das »Volk des Landes« sind die Samaritaner, die Bewohner der Provinz Samarien.

In der Klageschrift an Xerxes (486–465 v. Chr.) gegen die Juden (4,6) und in den zwei Eingaben von Artaxerxes I. (465–424 v. Chr.), deren zweite vom Wiederaufbau der Stadtmauer Jerusalems handelt (4,7.8–23*), liegen Originaldokumente aus jener späteren Zeit vor; darauf wird im Zusammenhang mit dem Mauerbau Nehemias noch zurückzukommen sein. Die Notiz über die Einstellung des Tempelbaus (4,24) führt den Erzählfaden, der mit 3,1 begann, zu Ende.

2. Esra und Nehemia

Nach dem Bericht vom Abschluß des Tempelbaus (515 v. Chr.) und von der Passafeier (6,13–22) wendet sich die alttestamentliche Darstellung, mehr als fünf Jahrzehnte überspringend, im zweiten Teil des Esrabuches (Esr 7–10) und im Nehemiabuch den Missionen Esras und Nehemias zu. Hier erscheint das Wirken beider als eng miteinander verzahnt, wie aus der folgenden Inhaltswiedergabe ersichtlich wird.

Im siebenten Jahr des Perserkönigs Artaxerxes zieht Esra, ein »Schriftgelehrter, kundig im Gesetz des Mose«, dessen Genealogie bis auf Aaron zurückgeführt wird und dem der Perserkönig umfassende Vollmachten gibt, von Babel nach Jerusalem, um »das Gesetz des Herrn zu erforschen« und »Gebote und Rechte in Israel zu lehren« (Esr 7,1–10; die Aufzählung V. 7 dürfte ein Nachtrag sein). Es folgt, eingeleitet durch die Notiz, daß König Artaxerxes das nachstehende Schreiben dem Esra, »dem Priester und Schriftgelehrten, dem Schriftgelehrten in den Worten der Gebote und Satzungen des Herrn für Israel«, mitgab (7,11), ein aramäisch verfaßtes Dokument, das detailliert Esras Vollmachten darlegt (7,12–26).

Danach geht der Text unvermittelt zu einem hymnischen Gebet Esras über, in dem er Gott für seine Zuwendung zu seinem Volk durch den Perserkönig dankt (7,27–28a), und behält anschließend (7,28b–9,15) die Ich-Form bei. Esra versammelt die Sippenhäupter, die mit ihm zu ziehen bereit sind (7,28b). Diese, zwölf an der Zahl, werden in der dann folgenden Liste genannt (8,1–14). Esra versammelt sie an einem Fluß in Babylonien und gewinnt Leviten aus dem Ort Kasifja und Tempelsklaven als Diener der Leviten hinzu (8,15–20). Zur Reisevorbereitung ruft er ein Fasten aus und vertraut die Spenden des Königs und der Juden in Babylonien zwölf Priestern an (8,21–30). Esra und seine Begleiter kommen nach Jerusalem, feiern dort einen Gottesdienst und geben die Anordnungen des Königs an die Behörden der Satrapie Transeufrat weiter (8,31–34). Auf die Mitteilung, daß Juden ausländische Frauen geheiratet haben, vollzieht Esra Trauerbräuche und betet (9,1–5); sein Bußgebet folgt dann im Wortlaut (9,6–15).

Anschließend wechselt der Bericht wieder zur Er-Form (10,1–44). Während Esra betet, versammeln sich viele Juden; auf Vorschlag des Leviten Schechanja verpflichtet Esra die Oberen der Juden zur Entlassung der ausländischen Frauen und übernachtet in der Kammer Johanans, des Sohnes des Eljaschib (10,1–6). Die Männer Judas und Benjamins versammeln sich im neunten Monat, also während der Regenzeit, und Esra fordert sie auf, sich von den ausländischen Frauen zu trennen; dem stimmen sie zu, schlagen aber vor, das solle man wegen des Regens nicht sofort tun, sondern eine Kommission einsetzen, die sich um die Ehescheidungen zu kümmern habe, was dann auch geschieht (10,7–17). Es folgt die Liste der geschiedenen Männer (10,18–44).

Der erste Teil des Nehemiabuches (Neh 1,1–7,5) ist, außer der Überschrift (1,1a), in der Ich-Form geschrieben. Nehemia erfährt in Susa, daß die Stadtmauer Jerusalems zerstört daliegt, und fastet und betet (1,1b–4); es folgt der Wortlaut des Gebets (1,5–11a) und die Notiz, daß Nehemia Mundschenk des Königs ist (1,11b). In einer Unterredung zwischen dem König und Nehemia berichtet dieser von der traurigen Situation Jerusalems, und der König sendet ihn, begleitet von einer Schutztruppe, dorthin (2,1–9; der Abschnitt über die Briefe an die »Statthalter« der Satrapie Transeufrat und an den königlichen Forstmeister V. 7–9a dürfte nachträglich hinzugefügt sein). Davon erfahren Sanballat und Tobija, die später mehrfach genannten Feinde Nehemias (2,10; dieser Passus dürfte nachträglich hinzugefügt sein). In Jerusalem angekommen, untersucht Nehemia die Mauer, wobei er nur ein paar Männer mitnimmt (2,11–15), und teilt den Oberen seine Beauftragung und den Plan, die Mauer wiederherzustellen, mit, und sie gehen ans Werk (2,16–18). Durch den Spott und die Vorwürfe Sanballats, Tobijas und des Arabers Geschem läßt Nehemia sich nicht beirren (2,19–20; dieser Abschnitt ist wohl nachträglich hinzugefügt). Es folgt die Liste der Männer, die am Bau der Mauer und der Tore beteiligt sind (3,1–32; die Liste ist offenbar nachträglich hinzugefügt, was nicht ausschließt, daß hier ein historisches Dokument vorliegt, welches vielleicht bestimmte Familien als für spätere Reparaturen verantwortlich erfassen sollte). Sanballat und Tobija spotten über den Mauerbau, Nehemia wendet sich in einem Rachegebet an Gott, und der Mauerbau kommt voran (3,33–38). Sanballat, Tobija und andere wollen den Mauerbau gewaltsam verhindern, was nicht gelingt, weil Nehemia die Juden bewaffnet bauen und in der Nacht Wache halten läßt (4,1–17; in V. 4 liegt ein geflügeltes Wort, ein kurzes Klagelied vor; die Anordnung über das Trompetensignal V. 13–14 ist unklar).

Ein Teil der Juden beklagt sich bei Nehemia, daß wirtschaftliche Not sie in die Hand ihrer reichen Mitbürger brachte, worauf Nehemia, sein eigenes Verhalten und das seiner Angehörigen als Vorbild hinstellend, die Reichen zu einem einmaligen Schuldenerlaß bewegt (5,1–13). Nehemia hat während seiner Amtszeit als Statthalter auf die ihm zustehenden Einkünfte verzichtet und obendrein die Ratsherren der Juden und ausländische Gäste auf eigene Kosten bewirtet; er wendet sich mit einer Bitte an Gott (5,14–19). Beim Abschluß des Mauerbaus wollen Sanballat, Tobija und Geschem – vergeblich – Nehemia aus Jerusalem fortlocken (6,1–4). Sanballat bezichtigt Nehemia des Hochverrats und der Absicht, König zu werden, und schlägt ein Treffen vor, was Nehemia ablehnt (6,5–9). Nehemia geht zu dem Profeten Schemaja, der ihm rät, sich in den Tempelbereich zu begeben, weil man ihn töten wolle; Nehemia tut das nicht, denn er nimmt an, daß der Ratschlag des Schemaja nur den Zweck habe, seinen, Nehemias, Ruf zu schädigen (6,10–13; der Abschnitt ist rätselhaft). In einer Anrufung Gottes erwähnt Nehemia die Profetin Noadja und »andere Profeten« (6,14). Nach zweiundfünfzig Tagen ist der Mauerbau abgeschlossen, und alle Völker ringsum fürchten sich (6,15–16; V. 16 ist wohl nachträglich hinzugefügt). Tobija, der Schwiegersohn eines Juden ist, unterhält eine gegen Nehemia gerichtete Korrespondenz mit der Oberschicht Judas (6,17–19). Nach Abschluß des Mauerbaus läßt Nehemia Torflügel einsetzen, legt die Öffnungszeiten der Tore fest und regelt das Wachsystem (7,1–3; V. 1b dürfte nachträglich hinzugefügt sein).

Der nächste Vers lautet: »Nun war die Stadt weit ausgedehnt und groß, es war aber wenig Volk darin; und Häuser waren nicht gebaut« (7,4); der letzte Satz kann auch übersetzt werden: »und Familien waren nicht gegründet«. Nehemia versammelt die Juden, um sie zu registrieren, und findet das »Buch der Registrierung« (7,5). Hier endet der in der Ich-Form abgefaßte Komplex (1,1b–7,5).

Es folgt ein Abschnitt (7,6–22a), der weitgehend mit Esr 2,1–70 übereinstimmt: Liste der Heimkehrer (V. 6–68), Spenden (V. 69–71), die Heimkehrer lassen sich in Juda und Jerusalem nieder (V. 72a).

Im siebenten Monat (7,72b) versammelt sich das ganze Volk, der Priester und »Schriftgelehrte« Esra liest ihm aus dem »Gesetz« vor, und das tun auch die Leviten, die außerdem das Volk belehren (8,1–8). Das Volk weint beim Hören des »Gesetzes«, aber Esra ermahnt es zum Freudenmahl, dem schließen sich die Leviten an, und das Volk feiert fröhlich (8,9–12; in V. 9 sind die Worte »Nehemia, der Statthalter, und« nachträglich hinzugefügt). Aufgrund der Worte des »Gesetzes« begeht das Volk das Laubhüttenfest (8,13–18). Am vierundzwanzigsten Tag (nämlich des siebenten Monats) versammeln sich die Juden und trennen sich von allem fremden Volk, worauf die Leviten ein Gebet anstimmen (9,1–5aα; V. 3 dürfte nachträglich hinzugefügt sein), das aus einem Aufruf zum Lobpreis (9,5aβb) und einem mit einer langen Geschichtserzählung, die Gottes große Taten rühmt, eingeleiteten Bußbekenntnis und einer abschließenden Klage (9,6–37) besteht. Die Wir-Form des Gebets weiterführend, folgt eine Verpflichtungsurkunde mit den Namen der Unterzeichner (an erster Stelle Nehemia) – sie repräsentieren den »Rest des Volkes« und »alle, die sich von den Völkern der Länder zum Gesetz Gottes abgesondert hatten« (die jahwetreuen Bewohner des ehemaligen Nordreichs) – und mit dem Gelöbnis, daß man keine Ausländer heiratet, sich von ihnen nicht zu Handelsgeschäften am Sabbat verleiten läßt, das Erlaßjahr einhält, eine Tempelsteuer aufbringt und Holz, Erstlinge und Erstgeburten und den Zehnten für den Tempel abliefert (10,1–40; dem Abschnitt V. 31–40 – hier dürften die Ausführungen über die Leviten V. 38b–40a nachträglich hinzugefügt sein – diente Neh 13,10–31 als Vorlage).

Durch ein Losverfahren wird ein Zehntel der Juden außerhalb Jerusalems bestimmt, dorthin überzusiedeln (11,1–2). Die anschließende Liste (11,3–36) gibt sich als Bestandsaufnahme von Volk und Land; ihren Kern bilden ein Verzeichnis der wehrfähigen Männer Judas und Benjamins (V. 4b–19) und ein Verzeichnis judäischer und benjaminitischer Festungsstädte (V. 25–35), beide aus einer nicht näher bestimmbaren Epoche. Es folgt ein Abschnitt über das Kultpersonal in der nachexilischen Zeit (12,1–26): Priester und Leviten zur Zeit des Hohenpriesters Jeschua (V. 1–9), Stammbaum der Hohenpriester von Jeschua bis Jaddua (V. 10–11), Priester zur Zeit des Hohenpriesters Jojakim (V. 12–21), Quellenverweise für die Priester in der Zeit nach Jojakim (V. 22–23), Leviten zur Zeit Jojakims (V. 24–26). Das Kultpersonal sammelt sich zur Vorbereitung der Mauerweihe (12,27–30).

Der Schlußteil des Nehemiabuches (12,31–13,31) wechselt wieder zur Ich-Form über. Nehemia läßt zwei Dankchöre die Stadt auf der Mauer umschreiten; hinter dem einen geht ein Mann namens Hoschaja und die Hälfte der Oberen, hinter dem zweiten Nehemia mit der anderen

Hälfte der Oberen (12,31–39; die Namensliste V. 33–36, die auch Esra nennt, ist nachträglich hinzugefügt). Die beiden Dankchöre, Nehemia und die Hälfte der Ratsherren – sie sind mit den Oberen von V. 31.32.38 identisch – stellen sich beim Tempel auf (12,40–43; mit V. 40 bricht die Darstellung ab, und wir erfahren nicht, was Nehemia mit seinem und Hoschaja mit dem anderen Chor tun; die Liste der Priester und der Bericht über Gesang, Opfer und Freude V. 41–43 sind nachträglich hinzugefügt).

Das Volk liefert freudig die Beiträge für die Priester und Leviten ab und trennt sich von den Ausländern (12,44–47 und 13,1–3; die beiden Berichte sind nachträglich hinzugefügt, wobei der erstere noch später um die Zusätze V. 45aβ [Sänger und Torhüter].46–47 erweitert worden ist). Nehemia richtet eine Kammer im Tempelbereich, die früher als Magazin diente und die der Priester Eljaschib dem Tobija zur Benutzung überlassen hatte, wieder für ihren ursprünglichen Zweck her (13,4–9; die erweiterte Aufzählung V. 5aβb und die Angabe, Nehemia sei zeitweilig nicht in Jerusalem gewesen, V. 6b sind nachträglich hinzugefügt), sorgt dafür, daß den Leviten wieder regelmäßig die Zehntabgaben entrichtet werden, und ruft Gott an (13,10–14; V. 10bβ ist nachträglich hinzugefügt), ergreift Maßnahmen zur Einhaltung der Sabbatruhe und wendet sich mit einer Bitte an Gott (13,15–22; die Bemerkung über den Wachtdienst der Leviten V. 22a ist nachträglich hinzugefügt), gerät mit Männern in Konflikt, die Frauen aus Aschdod geheiratet haben, weist den Schwiegersohn des Sanballat außer Landes und wendet sich mit einer Bitte an Gott (13,23–29; die Bemerkungen über Frauen aus Ammon und Moab V. 23bβ, die Sprache der anderen Völker V. 24b [im Urtext] und über den »Bund der Priester und Leviten« V. 29bβ sind nachträglich hinzugefügt). Nehemia stellt Dienstvorschriften für die Priester und Leviten auf und schließt mit einer Bitte an Gott (13,30–31).

Bei der Frage, wieweit diese Darstellung wahrheitsgetreu ist, geht es zunächst um Probleme der Chronologie.

Nehemia erfuhr im Monat Kislew, dem fünften Monat, des zwanzigsten Jahres des Artaxerxes von der traurigen Situation Jerusalems (1,1) und kam nach dem Monat Nisan, dem ersten Monat des zwanzigsten Jahres, dorthin (2,1). Es ist möglich, daß hier das Jahr nicht gemäß dem Kalender, sondern dem Regierungsantritt des Königs gerechnet wird; in diesem Fall kann der erste Monat des Kalenderjahres nach dem fünften Monat des vorangehenden Kalenderjahres liegen. Nun gab es drei Perserkönige mit dem Namen Artaxerxes, und der biblische Bericht gibt nicht zu erkennen, welcher gemeint ist. Hier führt ein Papyrus aus der jüdischen Militärkolonie im ägyptischen Elefantine weiter. Er stammt aus dem Jahre 408 v. Chr. und nennt die »Söhne des Sanballat, des Statthalters (*paechā*) von Samaria«. Dieser Sanballat ist sicherlich mit dem Sanballat identisch, den Nehemia mehrfach erwähnt (4,1; 6,1–2.5.12.14; 13,28). Demnach ist in 1,1 und 2,1 der Perserkönig Artaxerxes I. (465 – 424 v. Chr.) und nicht Artaxerxes II. (404 – 359 v. Chr.) gemeint, und Nehemias Mission in dessen zwanzigstem Jahr fand 445 v. Chr. statt und dauerte zwölf Jahre (5,14), also bis 433 v. Chr.

Schwieriger ist die Chronologie Esras zu bestimmen. Esra kam nach dem biblischen Bericht *vor* Nehemia im siebenten Jahr des Artaxerxes, also 458 v. Chr., nach Jerusalem (Esr 7,8.12), und zwar mit dem Auftrag, dort das »Gesetz des Himmelsgottes« bekannt zu machen und anzuwenden (7,12.14.21.23.25–26). Laut Neh 7,72b und 8,1–12 verlas er dieses Gesetz aber erst dreizehn bis vierzehn Jahre später, nämlich nach der Ankunft Nehemias in Jerusalem. Das ist ganz unwahrscheinlich, und man hat den Bericht Neh 7,72b und 8,1–12 – mitsamt dem anschließenden Abschnitt 8,13–10,40 – als Fiktion anzusehen. Außerdem wird in der Forschung die Frage aufgeworfen, ob nicht Esras Mission *nach* der Nehemias erfolgte. Denn es verwundert, daß Nehemia für die Abgaben an die Leviten (13,10–14*) und für die Einhaltung des Sabbats (13,15–21) sorgen mußte, obwohl Esra das »Gesetz des Himmelsgottes« bekanntgegeben hatte, das die Verhältnisse in Juda regeln sollte (Esr 7,25). Aber vielleicht waren die Mißstände, die Nehemia vorfand, in der Zwischenzeit eingerissen. Ferner hat man gemeint, der in Esr 10,6 als Zeitgenosse Esras erwähnte Johanan, Sohn des Eljaschib, sei mit dem Hohenpriester Johanan, Sohn des Hohenpriesters Eljaschib (Neh 12,23), eines Zeitgenossen Nehemias (3,1.20–21), identisch, so daß Eljaschib zur Zeit Nehemias und sein Sohn Johanan zur Zeit Esras Hohepriester waren. Aber diese Identität ist fraglich. Schließlich weisen manche Ausleger darauf hin, daß Nehemia Mischehen verurteilte (13,23–28*), obwohl diese von Esra aufgelöst waren (Esr 10). Aber Esr 10 ist, wie oben angemerkt, unhistorisch. Es gibt also keine zwingenden Gründe, von der biblischen Chronologie, die Esra vor Nehemia auftreten läßt, abzuweichen.

Als Informationsquelle über *Esra* kommt wohl nur der Abschnitt Esr 7,1–26 in Frage. Esra soll laut 7,1–2 Sohn des Seraja, Enkel des Asarja und Urenkel des Hilkija – und damit Onkel des Hohenpriesters Jeschua, dessen Vater Jozadak ebenfalls ein Sohn des Seraja, Enkel des Asarja und Urenkel des Hilkija war (1Chr 5,39–40) – gewesen sein. Das kann nicht zutreffen, denn Seraja wurde 587/586 v. Chr. hingerichtet (2Kön 25,18.21), etwa hundertdreißig Jahre vor der Mission Esras. Esras Heimat war Babel (Esr 7,6), er gehörte also einer Deportiertenfamilie an. Im Auftrag des Perserkönigs Artaxerxes I. kam er 458 v. Chr. nach Jerusalem.

Seine Amtsanweisung liegt in 7,12–26, einem aramäisch abgefaßten Dokument, vor. Es hat folgenden Inhalt: Der als »Priester und Schriftgelehrter im Gesetz des Himmelsgottes« angeredete Esra (V. 12) soll mit den Juden, die zur Heimkehr bereit sind, nach Jerusalem ziehen (V. 13), dort, wie vom König und seinem Staatsrat angeordnet, aufgrund des »Gesetzes deines Gottes, das in deiner Hand ist«, eine

Untersuchung durchführen (V. 14), dorthin das vom König und seinem Thronrat und von den Juden freiwillig gespendete und das der nichtjüdischen Bewohnerschaft der »Provinz Babel« abverlangte Silber und Gold bringen (V. 15–16), um damit Opfermaterial anzuschaffen (V. 17), über das restliche Silber und Gold, das nicht für den Opferdienst aufgewendet wird, frei verfügen (V. 18) und in Jerusalem Kultgeräte übergeben (V. 19); der König stellt, falls notwendig, eigene Mittel für den Jerusalemer Tempel in Aussicht (V. 20) und teilt mit, er habe die Schatzmeister der Satrapie Transeufrat zur Abgabe von 100 Talenten Silber und Naturalien für den Jerusalemer Tempel verpflichtet (V. 21–23; in V. 21b–22 redet der König die Schatzmeister direkt an) und gewähre dem Jerusalemer Tempelpersonal Steuerfreiheit (V. 24; wieder wird eine Mehrzahl – wohl immer noch die Schatzmeister – angeredet); Esra soll in der Satrapie Transeufrat »Richter« und »Rechtspfleger« bestellen, deren Aufgabe es ist, »alle, die das Gesetz deines Gottes kennen«, zu »richten«, und den, der es nicht kennt, zu belehren (V. 25); jedem, der dem »Gesetz deines Gottes« und dem »Gesetz des Königs« zuwiderhandelt, steht Strafe in Aussicht (V. 26).

Manches an diesem Dokument wirkt sehr unglaubwürdig, insbesondere die – doch wohl erzwungene – Verpflichtung der nichtjüdischen Bewohner der »Provinz Babel«, Silber und Gold für die Heimkehrer abzuliefern (V. 16a), und die sehr hohe Steuer von 100 Talenten Silber, die der Satrapie Transeufrat – der griechische Historiker Herodot berichtet, daß die Satrapie Transeufrat zur Zeit Darius' I. jährlich 350 Talente Silber zu entrichten hatte – auferlegt wird (V. 22); der Text sagt nicht, ob die Steuer nur einmal oder regelmäßig zu zahlen war. Man fragt ferner, warum der Perserkönig sich um die jüdischen Heimkehrer kümmert (V. 13) oder was für Tempelgeräte Esra mitnehmen soll (V. 19). Hier, in Esr 7,12–26, liegt sicherlich kein Originaldokument vor.

Dem Text können wir mit einiger Wahrscheinlichkeit nur entnehmen, daß Esra ein Priester und – wörtlich – »Schreiber des Gesetzes des Himmelsgottes« war (V. 12), wobei »Schreiber« als persischer Beamtentitel gelten darf und soviel wie »Staatskommissar« bedeutet, der in diesem Fall den Auftrag oder die Erlaubnis hatte, jenem »Gesetz« in Jerusalem und Juda (V. 14) und in der Satrapie Transeufrat, wo ein Teil der Bevölkerung es schon kannte, Geltung zu verschaffen, indem er Richter berief, für deren Rechtsentscheide das »Gesetz des Himmelsgottes« den Maßstab und die Grundlage bilden sollte (V. 25). Damit ist sicherlich gemeint, daß die Juden der Satrapie, sofern sie sich der Jerusalemer Kultgemeinde zugehörig fühlten, durch Esra auf dieses Gesetz verpflichtet wurden.

Um welches Gesetz es sich handelt, wissen wir nicht. Wir erfahren lediglich, daß Esra es einerseits aus Babel mitbrachte (»das in deiner Hand ist«, V. 14), es andererseits in der Satrapie Transeufrat bekannt war (V. 25); und zweifellos ist es im vorliegenden Text des Alten Testaments enthalten. Man hat an die fünf Mosebücher gedacht oder an Gesetzesmaterialien innerhalb der fünf Mosebücher oder an den Kern des 5. Mosebuches, doch der Text (Esr 7,12.14.25) gibt darüber keine Auskunft.

Ausführlicher als über Esra sind wir über *Nehemia* informiert, und zwar durch die in der Ich-Form geschriebenen Abschnitte des Nehemiabuches (1,1–7,5a* und 12,31–13,31*), die man als »Nehemia-Denkschrift« zu bezeichnen pflegt.

Nehemia stammte offenbar von Exulanten ab und gehörte einer alten Jerusalemer Familie an. Denn diese besaß ein Familiengrab innerhalb der Stadtmauer Jerusalems (2,3.5), wie es sonst nur von den Königen Judas überliefert ist. Am persischen Hof hatte Nehemia das hohe Amt des königlichen Mundschenks inne (1,11b). In Susa, einer der Residenzen der Perserkönige, bekam er durch seinen Bruder Hanani Nachricht über den trostlosen Zustand Jerusalems: Die Stadtmauer lag noch immer zerstört da, und Stadttore gab es nicht mehr (1,1b–3). Er bat den König um Erlaubnis, nach Jerusalem zu ziehen, und erhielt sie (2,1–6). Mit militärischem Geleit machte er sich auf die Reise (2,9b). Er kam in Jerusalem an, und nach drei Tagen unternahm er in der Nacht einen Erkundungsritt um die Mauer, auf dem nur ein paar Getreue ihn zu Fuß begleiteten, legte – wohl am nächsten Tag – den Vorstehern der Jerusalemer Gemeinde dar, daß er mit Erlaubnis des Königs die Mauer zu bauen plane, und der Mauerbau begann (2,11–18).

Hier werden erstmals die »Ratsherren« (hebräisch *s^{e}gānīm*) und die »Vornehmen« (hebräisch *chorīm)* erwähnt (V. 16; Übersetzung der Lutherbibel). Die Nehemia-Denkschrift nennt manchmal beide Gruppen nebeneinander (2,16; 4,8.13; 5,7), manchmal nur die »Ratsherren« (5,17; 12,40; 13,11) oder die »Vornehmen« (6,17; 13,17). Die »Ratsherren« hat man wohl als Beamtenschaft anzusehen, die schon im persischen Dienst stand (sie werden laut 5,17 von Nehemia bewirtet, und laut 13,11 sind sie für die Ablieferung des Zehnten an den – auf Befehl und aus Geldmitteln des Perserkönigs erbauten – Tempel verantwortlich), und die »Vornehmen« als Führungsschicht Jerusalems (sie spricht Nehemia laut 13,17 wegen der Sabbatruhe an, und sie versuchen laut 6,17 mit Tobija das Wirken Nehemias zu hintertreiben). Als Teilnehmer an der Prozession zur Einweihung der Mauer traten die »Ratsherren« und nicht die »Vornehmen« auf (12,40), weil es sich bei der Mauerweihe um einen Hoheitsakt handelte, für den die offizielle Mitwirkung der Beamtenschaft notwendig war. In 12,31.32.38 wird statt »Ratsherren« eine Titulatur gebraucht (hebräisch *sārīm*), die sonst ein militärisches Amt (»Offizier«; 2,9b; 7,2) bezeichnet.

Der Beginn des Mauerbaus rief Nehemias Gegner auf den Plan, nämlich Sanballat, Tobija und Geschem. *Sanballat* – sein Name ist babylonisch und bedeutet »(der Mondgott) Sin schenkt Leben« – war ausweislich des bereits genannten

Elefantine-Papyrus »Statthalter« (*paechā*) der Provinz Samarien, zu der auch Juda gehörte, innerhalb der Satrapie Transeufrat. Da er hinter Nehemias Mauerbau die Absicht erkannte, Juda als eigenständige Provinz aus Samarien herauszulösen, hintertrieb er mehrfach den Mauerbau (4,1–2; 6,1–7), aber Nehemia hatte schließlich die Macht, Sanballats Schwiegersohn, den Enkel des Hohenpriesters Eljaschib, fortzujagen (13,28). Die Einheirat seiner Tochter in die Familie des Hohenpriesters läßt vermuten, daß Sanballat Jahwe-Verehrer war. Wenn er als »Horoniter« bezeichnet wird (13,28), so stammte er eher aus Bet-Horon in Efraim als aus Horonajim in Moab. Neben Sanballat erscheint mehrfach *Tobija*, ein Ammoniter (3,35), der – wie man aus seinem Namen (»Jahwe ist gut«), dem Namen seines Sohnes Johanan (»Jahwe ist gnädig«; 6,18) und seiner Verschwägerung mit Jerusalemer Familien (6,18; 13,4) folgern kann – ebenfalls Jahwe-Verehrer war. Zu welchem Zweck er eine Kammer des Jerusalemer Tempels benutzte (13,4–9), wird nicht gesagt; vielleicht erledigte er hier Verwaltungsmaßnahmen, so daß er Sanballats Beauftragter für Jerusalem und Juda gewesen sein könnte. Ferner tritt unter den Gegnern Nehemias der Araber *Geschem* auf (6,1–6), vielleicht ein Scheich in einer nordarabischen Stämmeföderation, die in exilisch-nachexilischer Zeit bis ins Ostjordanland vordrang.

Übrigens war Nehemias Unternehmen nicht der erste Anlauf zum Wiederaufbau der Mauer Jerusalems. Zur Zeit Artaxerxes' I., und zwar ohne Zweifel bevor Nehemia auftrat, hatten sich zwei Beamte, Rehum und Schimschai, mit einer Klageschrift an den Perserkönig gewandt, die den König über den Wiederaufbau der Mauer Jerusalems informierte und darin den Beginn der Unbotmäßigkeit gegenüber dem Perserkönig sah; das Antwortschreiben des Königs untersagte den Mauerbau (Esr 4,8–23*). Sicherlich lag der Grund dieser Denunziation in der Rivalität zwischen Samarien und Juda, die auch Nehemia zu spüren bekam.

Auf den Mauerbau Nehemias reagierten Sanballat und Tobija zunächst mit Hohn und Spott (3,33–38), dann mit aktivem Widerstand, an dem sich Grenznachbarn Judas – Araber, Ammoniter und Leute aus der Philisterstadt Aschdod – beteiligten (4,1–2). Man plante einen Überfall, von dem Nehemia jedoch erfuhr und Abwehrmaßnahmen einleitete, so daß die Gegner auf den Angriff verzichteten (4,3–17). Hier werden Nehemias »Leute« erwähnt (V. 10.17; ferner 13,19 und wohl auch 5,10.16), anscheinend ein Personenkreis, der Nehemia direkt unterstand, vielleicht eine Leibwache; nach 4,16 hatten auch andere Juden solch eine Gefolgschaft.

In den Bericht der Nehemia-Denkschrift über den Mauerbau sind zwei Abschnitte eingeschoben, in denen es um andere Themen geht, nämlich um einen Schuldenerlaß und um Nehemias Verzicht auf das ihm zustehende Gehalt.

Der Schuldenerlaß war aufgrund der wirtschaftlichen Situation vieler Juden notwendig geworden und hing mit der Steuerpolitik des Perserreichs zusammen. Seit Darius I. erhob die persische Verwaltung regelmäßige Steuern von den Untertanen, und diese mußten die Steuern durch den Verkauf agrarischer Überschußprodukte aufbringen, d. h. der Produkte oder Gewinne daraus, die nicht für den Lebensunterhalt benötigt wurden. Wenn geringer Landbesitz solch eine Überschußproduktion unmöglich machte, kam es zur Verschuldung. Diese Situation setzt der Abschnitt Neh 5,1–13 voraus. Viele Juden beklagten sich bei Nehemia über ihre »jüdischen Brüder« (V. 1): Ein Teil von ihnen mußte die Söhne und Töchter (V. 2), ein anderer Teil Grundbesitz und Häuser verpfänden, damit er Getreide bekam (V. 3), ein dritter Teil mußte sich Geld leihen für die Bezahlung der (persischen) »Königssteuer« (V. 4) und außerdem seine Kinder in die Sklaverei geben, weil sein Grundbesitz anderen gehörte (V. 5b); Gläubiger waren »Brüder«, also Juden (V. 5a). Die erstgenannten Schuldner hatten ihre Kinder gegen Getreide verpfändet, d. h., die Kinder mußten den Wert des Getreides durch ihre Arbeit für die Gläubiger ableisten. Andere hatten entweder keine Kinder oder diese bereits verpfändet und mußten deshalb, um Getreide zu kaufen, ihren Grundbesitz verpfänden, d. h. den Gläubigern die Grundstücke zur Nutzung überlassen. Der dritten Gruppe war schon der Grundbesitz gepfändet, und sie mußten zum Erwerb des Lebensunterhalts ihre Kinder als Sklaven an die Gläubiger verkaufen, wobei es sogar vorkam, daß Frauen und Mädchen in der Sklaverei mißbraucht wurden (V. 5b).

Um diese trostlosen Zustände neu zu regeln, berief Nehemia eine Versammlung der Oberen ein und forderte die Rückgabe des verpfändeten Grundbesitzes und den Erlaß der Schulden (V. 6–11; von der Freilassung der Schuldsklaven ist merkwürdigerweise nicht die Rede); innerhalb seiner Rede wies er darauf hin, daß er und seine Familie in die Sklaverei verkaufte Juden freigekauft hätten (V. 8aα), und überdies wollten sie auf die Rückerstattung geliehenen Geldes verzichten (V. 10). Nehemia gewann die Zustimmung der Oberen, und man verfuhr gemäß seiner Forderung (V. 12–13). Dieser ganze Vorgang wird sich kaum während des Mauerbaus abgespielt haben, sondern später. Da Pfandnahme und Schuldsklaverei durchaus dem israelitischen Recht entsprachen, (z. B. 2Mose 21,1–11; 22,25; 3Mose 25,39–40; 5Mose 24,6.10–11) und Nehemia dieses mit seinem Vorgehen außer Kraft setzen konnte, darf man vermuten, daß er nicht nur persönliche Autorität, sondern auch die Autorität eines ihm offiziell übertragenen Amtes besaß. Von diesem Amt ist im anschließenden Abschnitt der Nehemia-Denkschrift die Rede.

Hatte Nehemia schon beim Schuldenerlaß seine Uneigennützigkeit bewiesen, so tat er dies auch bei seiner Amtsführung als Statthalter (5,14–18): Während der zwölf Jahre seiner Statthalterschaft verzichtete er auf sein Gehalt, im Gegensatz zu den Statthaltern vor ihm, die 40 Schenkel pro Tag bekamen (V. 14–15), und er bewirtete Tag für Tag auf eigene Kosten die jüdische Obrigkeit – die freie Tafel bildete nach persischer Sitte die Besoldung der Würdenträger – und die ausländischen Gäste, die in offizieller Mission zu ihm kamen (V. 17–18); daraus ergibt sich, daß Nehemia sehr begütert war. Außerdem nahmen er und die Seinen aktiv am Mauerbau teil, obwohl sie selbst keinen Grundbesitz hatten (V. 16); demnach waren nur oder in erster Linie Grundbesitzer zur Mitarbeit am Mauerbau verpflichtet.

Hier erfahren wir, daß Nehemia von Artaxerxes I. als »Statthalter (*paechā*) im Land Juda« eingesetzt war (V. 14). Nun ist das Wort *paechā* mehrdeutig und scheint vielerlei Hoheitsfunktionen im Perserreich zu bezeichnen (z. B. den Satrapen von Transeufrat Esr 5,3.6 und 6,6.13; ferner Scheschbazzar Esr 5,14 und Serubbabel z. B. Hag 1,1, deren genauer Aufgabenbereich nicht definiert wird), aber die Erläuterung »im Land Juda« läßt an ein festes Verwaltungsamt in Juda denken. Außerdem ergriff Nehemia Maßnahmen im sozialen (5,1–13) und kultischen (13,4–31*) Bereich, die weit über den Auftrag zum Mauerbau (1,5–6) hinausgingen. Schließlich ist in den Texten von Elefantine das Amt eines »Statthalters« (*paechā*) von Juda um 408 v. Chr. bezeugt und finden sich von der Zeit Nehemias an Krughenkelaufschriften und Siegelabdrücke, später auch Münzen mit dem Namen *Jehud* als offizieller Bezeichnung der persischen Provinz Juda. Wahrscheinlich wurde Nehemia nicht, wie er es in 5,14 darstellt, gleich am Beginn seiner Mission, sondern während seiner Tätigkeit in Jerusalem zum Statthalter der neugeschaffenen Provinz Juda ernannt.

Wenn Nehemia »frühere Statthalter«, nämlich in Juda, nennt (5,15), dann sind wohl persische Funktionäre gemeint, die sich ab und zu in Juda aufhielten. Vor Nehemia gehörte Juda sicherlich zur Provinz Samarien, denn sonst wäre der Widerstand Sanballats, des dortigen Statthalters, kaum denkbar gewesen.

Als der Bau der Mauer – bis auf die Torflügel – zum Abschluß gekommen war, versuchten Sanballat und seine Genossen, Nehemia aus Jerusalem fortzulocken und irgendwie unschädlich zu machen, jedoch ohne Erfolg (6,1–9). Aber der Widerstand gegen Nehemias Werk hörte nicht auf. Jetzt beteiligten sich daran sogar Angehörige der jüdischen Oberschicht, mit der Tobija verschwägert war, indem ein reger Briefwechsel stattfand (6,17–19). Offenbar standen nicht nur die führenden Männer Samariens, sondern auch Juden der Trennung Judas von Samarien, die Nehemia betrieb, ablehnend gegenüber. Trotz alledem kam der Mauerbau durch Einsetzen der Torflügel zur Vollendung; Nehemia berief seinen Bruder Hanani und einen Mann namens Hananja zu Kommandanten Jersusalems, ordnete an, daß die Stadttore nur während der hellen Tageszeit geöffnet waren, und zog die gesamte Bevölkerung zu Bewachungsdiensten heran (7,1–3*). Mit einer feierlichen Prozession wurde die Mauer eingeweiht (12,31–32.37–40).

Vorher – offenbar bevor Nehemia nach Jerusalem kam – hatte der Priester Eljaschib dem Tobija, mit dem er verwandt war, eine Kammer des Tempels, die als Magazin für Speiseopfer, Weihrauch und Tempelgeräte diente, zur Verfügung gestellt, wo Tobija vielleicht, wie bereits erwogen, Amtsgeschäfte, etwa die Entgegennahme von Steuern und Naturalabgaben, durchführte; diese Kammer ließ Nehemia wieder als Magazin einrichten (13,4–9*). Ferner stellte er die Versorgung der Leviten sicher, die sehr nachlässig gehandhabt worden war, so daß die Leviten der Feldarbeit nachgingen, statt sich um den Tempeldienst zu kümmern (13,10–13*), ergriff Maßnahmen zur Einhaltung der Sabbatruhe, indem er die Erntearbeit am Sabbat verbot, durch Schließen der Stadttore während des Sabbats den Handel am Feiertag unterband und die Händler, die in der Sabbatnacht vor der Mauer warteten, fortjagte (13,15–21), und er ging gegen die Mischehen mit Frauen aus Aschdod vor, deren Kinder nicht hebräisch, sondern nur noch aschdodisch sprachen; er warnte die betreffenden Männer, ihre Kinder an Ausländer zu verheiraten, und ließ einige von ihnen sogar züchtigen (13,23–27*). Den Enkel des Hohenpriesters

Eljaschib, der mit einer Tochter des – offenbar nicht als streng jahwegläubig geltenden oder zumindest als Nichtjude auszugrenzenden – Samaritaners Sanballat verheiratet war, jagte er aus dem Land (13,28). Hier bahnte sich ein Konflikt an, der später zur Abtrennung der Samaritaner von der Jerusalemer Kultgemeinde führen sollte.

VIII.
Das hellenistisch-römische Zeitalter

Mit »Hellenismus« bezeichnet man die Epoche und die Erscheinungsform der griechischen Kultur, die sich, unter Aufnahme altorientalischer Elemente, seit Alexander dem Großen bis etwa zur Zeitenwende über den Nahen Osten und den Mittelmeerraum ausbreitete und die auch Einfluß auf das Judentum gewann.

Die Hauptquelle für die Geschichte des palästinischen Judentums im hellenistisch-römischen Zeitalter ist der jüdische Historiker Flavius Josephus (37/38 – um 100 n. Chr.) mit seinem Werk *Der Jüdische Krieg* und den Büchern XII–XX seiner *Jüdischen Altertümer.*

Angemerkt sei, daß damals ein Weltjudentum zu entstehen begann. Immer noch lebten viele Juden in der babylonischen Diaspora, jüdische Siedler wohnten in Kleinasien, und starken Zuwachs bekam die Judenschaft in Ägypten, die griechisch sprach, weshalb für sie eine Übersetzung des Alten Testaments ins Griechische, die sogenannte Septuaginta, geschaffen wurde.

1. Das samaritanische Schisma

Am Beginn der hellenistischen Epoche fand ein Ereignis statt, mit dem eine sich seit langem vollziehende Entwicklung innerhalb des palästinischen Judentums zu einem vorläufigen Abschluß kam, nämlich der Bau eines samaritanischen Heiligtums auf dem Berg Garizim südwestlich von Sichem. Damals geschah wahrscheinlich folgendes: Der Statthalter von Samarien namens Sanballat – er war ein Nachkomme des samaritanischen Statthalters Sanballat, der den Mauerbau Nehemias zu verhindern suchte (z. B. Neh 4,1; 6,1–2) – gab seine Tochter einem Bruder des damaligen Hohenpriesters in Jerusalem zur Frau. Offenbar wollte er dadurch in der jüdischen Kultgemeinde Einfluß gewinnen; denn dieser durfte als vollberechtigtes Mitglied nur angehören, wer seine Herkunft aus einer jüdischen oder benjaminitischen Familie nachweisen konnte (Neh 7,5), wodurch die Jahwe-Anhänger nordisraelitischer Herkunft außen vor blieben. Doch Sanballats Versuch schlug fehl, weil Jerusalemer Priesterkreise darin eine Gefahr für die jüdische Ordnung sahen und den Schwiegersohn des Sanballat aus dem Priesteramt vertrieben. Daraufhin begab sich dieser – und mit ihm wohl eine Sympathisantenschar von Priestern und Laien aus Jerusalem – um 330 v. Chr. nach Samarien und errichtete auf dem Garizim, der als Stätte einer Kulthandlung des Mose galt (5Mose 27,11–12), einen Tempel. Ihn zerstörte der jüdische Herrscher Johannes Hyrkan im Jahre 128 v. Chr., und damit begann der endgültige Bruch zwischen der jüdischen und der samaritanischen Kultgemeinschaft, die sich in neutestamentlicher Zeit ablehnend, wenn nicht gar voll Haß gegenüberstanden (Lk 9,52–53; Joh 4,9; 8,48).

2. Die Herrschaft der Ptolemäer und Seleukiden

Im Jahre 334 v. Chr. brach der makedonische König Alexander mit einem Heer von etwa 35 000 Mann zum Siegeszug gegen das Perserreich auf, dessen Herrschaft er 330 v. Chr. antrat. 332 v. Chr. hatte er Syrien-Palästina erobert. Als Alexander 323 v. Chr. starb, begann der Machtkampf seiner Generäle, der Diadochen, um sein Erbe, der für Syrien-Palästina im Jahre 301 v. Chr. ein vorläufiges Ende fand. Der südliche Teil kam an Ptolemäus I., den König, vormals Satrapen, von Ägypten, der nördliche an Seleukus I., den König, vormals Satrapen, von Babylonien, dessen Reich im Osten die Gebiete bis zum Fluß Syrdarja (im heutigen Kasachstan) und im Westen Teile der heutigen Türkei umschloß. Die Grenze zwischen dem nördlichen und dem südlichen Teil Syrien-Palästinas verlief zunächst entlang des Nahr el-Kebir (im Altertum Eleutherus), des nördlichen Grenzflusses im heutigen Staate Libanon, dann nach Süden bis an die Jordanquellen und von dort nach Osten.

Ptolemäus und seine Nachfolger – sie hießen alle auch Ptolemäus – herrschten über Südsyrien-Palästina bis 200 v. Chr., also fast genau hundert Jahre lang, und nannten die Provinz »Syrien und Phönizien«, die in kleinere Verwaltungseinheiten (Hyparchien), darunter Judäa, gegliedert war. An der Spitze der Hyparchie Judäa, die Religionsfreiheit und wahrscheinlich Teilautonomie in der Selbstverwaltung genoß, stand der Hohepriester, dessen Amt in Erbfolge weitergegeben wurde, und der »(Ältesten-)Rat«, ein Gremium aus Laien und wohl auch Priestern.

Anspruch auf die Herrschaft über »Syrien und Phönizien« erhob ebenfalls die von Seleukus I. abstammende Dynastie der Seleukiden, und fünfmal führten die Seleukiden Krieg gegen die Ptolemäer. Während dieser Auseinandersetzung begann sich in Jerusalem eine proseleukidische Partei zu bilden, was deutlichen Ausdruck darin fand, daß der

Hohepriester Onias II. irgendwann zwischen 246 und 241 v. Chr. die Tributzahlungen an Ägypten einstellte.

Onias II. war Schwager des jüdischen Großgrundbesitzers Tobias im Ostjordanland (wahrscheinlich verwandt mit dem Ammoniter Tobija, einem der Gegner Nehemias [z. B. Neh 3,35; 6,18]), den Dokumente aus jener Zeit, die sogenannten Zenon-Papyri, erwähnen. Die Zenon-Papyri, ein 1915 bei der ägyptischen Stadt Faiyum entdecktes Archiv, enthalten die Korrespondenz des Zenon, der 259–258 v. Chr. als Staatssekretär des ägyptischen Finanzministers Syrien-Palästina bereiste und dabei auch Tobias aufsuchte. Tobias' Sohn Josef machte sich zum Sprecher der Opposition gegen den Hohenpriester Onias II. und zwang diesen, seine proseleukidische Politik aufzugeben, schwenkte aber zur seleukidischen Seite um, als sich der Machtverlust des Ptolemäerreiches deutlich abzeichnete.

Im Jahre 200 v. Chr. eroberte der Seleukide Antiochus III. (223–187 v. Chr.) die ägyptische Provinz »Syrien und Phönizien«, die jetzt den Namen »Zölesyrien (griechisch *koilē Syríā* ›hohles‹ [d. h. ›Tal-‹] ›Syrien‹) und Phönizien« erhielt und in mehrere Eparchien unterteilt wurde; eine davon war Samarien, zu der auch Judäa gehörte. Den Juden kam Antiochus III. weit entgegen; unter anderem räumte er dem Tempelpersonal und wohl auch dem Ältestenrat grundsätzliche Steuerfreiheit ein. Diese Steuererleichterungen machte Antiochus III. jedoch später, finanziell unter schweren Druck geraten, wieder rückgängig. Denn im Jahre 190 v. Chr. unternahm er von Kleinasien aus einen Feldzug nach Griechenland, was umgehend die Vormacht des westlichen Mittelmeerraums, nämlich Rom, auf den Plan rief. Die Römer besiegten Antiochus III. und nahmen ihm 188 v. Chr. im Frieden von Apamea nicht nur seinen Besitz in Kleinasien, seine Kriegselefanten und den größten Teil seiner Flotte, sondern verlangten auch ungewöhnlich hohe Reparationen, die abzuleisten ihm nur durch die finanzielle Belastung seiner Untertanen möglich war. Als

Folge kamen in Judäa gegen die Seleukiden gerichtete, proptolemäische Strömungen auf.

Für den weiteren Gang der Ereignisse in Judäa wurde die Tatsache bedeutsam, daß viele Juden, und zwar Angehörige der Oberschicht, die hellenistische Lebensart übernahmen. Sie erlernten das Griechische, verwendeten griechische Namen, trugen griechische Kleidung oder trieben Sport nach griechischer Sitte. Dies brachte sie – vielleicht ohne daß sie es wollten und vielleicht erst allmählich – in Konflikt mit den Volksgenossen, die an der althergebrachten Lebensweise festhielten und denen das Benehmen der »Hellenisten« als unjüdisch, als wesensfremd erschien. Dieser Konflikt führte schließlich zum Aufstand der Makkabäer.

3. Der Aufstand der Makkabäer

Über die Vorgeschichte, den Verlauf und die Folgen des Aufstandes der Makkabäer berichten die beiden Makkabäerbücher. Diese gehören zu den Büchern der Bibel, die nicht im hebräischen Text des Alten Testaments enthalten (sondern griechisch abgefaßt) sind, weshalb die Lutherbibel sie – als »Apokryphen« – nur in Spezialausgaben bietet. Der größte Teil des 2. Makkabäerbuches (5,11–15,36) läuft weitgehend 1Makk 1–7 parallel, was die folgende Inhaltsübersicht beim 2. Makkabäerbuch jeweils vermerkt.

Alexander (der Große) erobert viele Länder und verteilt sie vor seinem Tode an seine hohen Offiziere (d. h. die Diadochen), die dann die Herrschaft antreten (1Makk 1,1–9; V. 3b ist nachträglich hinzugefügt). König Antiochus IV. Epiphanes kommt an die Macht (1,10), und in Israel treten »Verräter am Gesetz« auf (1,11–12), die mit Erlaubnis des Königs der hellenistischen Lebensart Einlaß verschaffen (1,13–15). Antiochus erobert Ägypten (1,16–19) und beraubt den Jerusalemer Tempel (1,20–24; V. 24b ist nachträglich hinzugefügt). Es folgt ein Klagelied (1,25–28). Antiochus läßt Jerusalem verwüsten (1,29–32) und in der Stadt eine Burg anlegen (1,33–35). Es folgt ein Klagelied (1,36–40). Antiochus will in seinem Reich eine Einheitskultur herstellen (1,41–42) und hebt, von einem Teil der Juden unterstützt, die jüdischen Kultgesetze auf, was viele Juden zum Martyrium veranlaßt (1,43–64 [Verszählung in 1Makk 1 nach der Einheitsübersetzung; die Lutherbibel teilt einige Verse anders auf, so daß 1Makk 1 hier aus 68 Versen besteht]).

Der Priester Mattatias empört sich gegen den König und flieht mit seinen Söhnen in die Berge (2,1–28; V. 7–13 ist ein Klagelied). Wegen ihrer Weigerung, am Sabbat zu kämpfen, finden viele Juden den Tod; Mattatias hebt das Kampfverbot am Sabbat auf (2,29–41). Die Gemeinschaft der Hasidäer schließt sich Mattatias an, der mit seiner Truppe erfolgreich gegen die Feinde kämpft (2,42–48; die Abschnitte V. 44aβbα.47–48 sind als Poesie geformt). Kurz vor seinem Tode fordert Mattatias seine Söhne auf, unter Führung des Judas, der den Beinamen »der Makkabäer« trägt, den Kampf fortzusetzen (2,49–69; der Abschnitt V. 49b–64 ist als Poesie geformt). Das tun Judas und seine Brüder (3,1–2). Es folgt ein Loblied auf Judas (3,3–9). Judas besiegt Apollonius (3,10–12) und Seron (3,13–26; der Abschnitt V. 25–26 ist als Poesie geformt), zwei Heerführer des Königs Antiochus. Antiochus setzt den Lysias über die Hälfte seiner Truppen ein, beauftragt ihn, gegen die Juden zu kämpfen, und zieht mit der anderen Hälfte seiner Truppen nach Osten (3,27–37). Lysias schickt Ptolemäus, Nikanor und Gorgias mit einem Heer nach Judäa; Judas, seine Brüder und sein Heer versammeln sich (3,38–45; V. 45 ist ein Klagelied), sie halten in Mizpa einen Bittgottesdienst, und Judas gliedert das Heer (3,46–60).

Das jüdische Heer siegt bei Emmaus über Gorgias (4,1–25) und bei Bet-Zur über Lysias (4,26–35). Judas läßt den Tempel reinigen und weihen (4,36–59) und den Tempelberg ebenso wie Bet-Zur befestigen (4,60–61). Er besiegt die Idumäer und die Ammoniter unter Timotheus (5,1–8) und bereitet die Rettung der Juden in Gilead und Galiläa vor (5,9–20). Judas' Bruder Simeon siegt in Galiläa (5,21–23). Judas gewinnt die Nabatäer als Bundesgenossen (5,24–27). Er und sein Bruder Jonatan siegen in Gilead über Timotheus und führen die Juden Gileads nach Judäa (5,28–54). Die Juden Josef und Asarja werden von Gorgias bei Jamnia besiegt (5,55–62). Judas und seine Brüder erringen Siege im Süden und Westen (5,63–68). König Antiochus IV. stirbt (6,1–16), und Lysias setzt dessen Sohn Antiochus (V.) als Nachfolger ein (6,17). Judas belagert die Burg von Jerusalem (6,18–27). Der König stellt ein Heer mit Elefanten gegen Judäa auf (6,28–30), das vergeblich Bet-Zur belagert (6,31), dann die Juden besiegt (6,32–48), Bet-Zur einnimmt (6,49–50) und die Juden auf dem Tempelberg belagert (6,51–54). Lysias – er war vorher nicht als Anführer des Heeres erwähnt – schließt, weil sein Rivale Philippus an Macht gewinnt, Frieden mit den Juden (6,55–61), läßt die Mauern des Tempelbergs niederreißen (6,62) und nimmt die Stadt Antiochia, wo Philippus sich befindet, ein (6,63).

Demetrius, ein Vetter Antiochus' V., wird König (Demetrius I.), tötet Antiochus V. und Lysias (7,1–4) und läßt den Priester Alkimus durch Bakchides, den Statthalter von Syrien-Palästina, nach Judäa bringen und zum Hohenpriester einsetzen; Alkimus tötet sechzig Hasidäer (7,5–18). Bakchides unterstellt Judäa dem Alkimus und kehrt zum König zurück; Judas und seine Anhänger erstarken (7,19–25). Der König schickt den Heerführer Nikanor nach Judäa (7,26), dieser trifft in Jerusalem ein und schließt Freundschaft mit Judas (7,27–29), dann aber kommt es zum Kampf (7,30–32), Nikanor verlangt die Auslieferung des Judas (7,33–38), in einem erneuten Kampf wird Nikanor besiegt und fällt; zur Erinnerung feiern die Juden jährlich ein Fest (7,39–49). Judäa hat Ruhe (7,50).

Judas läßt sich über Geschichte und Eigenart der Römer informieren (8,1–16; in V. 8 stand wohl ursprünglich »Jonien und Mysien« statt »Indien und Medien«) und schließt ein Bündnis mit ihnen (8,17–21). Es folgt der Wortlaut der Bündnisurkunde (8,22–30) und ein Zitat aus einem Protestbrief der Römer an Demetrius I. (8,31–32).

Demetrius I. schickt Bakchides und Alkimus wieder nach Judäa, im Kampf nördlich von Jerusalem unterliegen die Juden, Judas fällt und wird bestattet, und ganz Juda trauert (9,1–21; V. 1b ist nachträglich hinzugefügt, in V. 2 stand ursprünglich wohl »Galiläa« statt »Gilgal« und in V. 15 »Hazor« statt »Aschdod«). Abschlußnotiz Judas' (9,22).

Die Anhänger des Judas, von vielerlei Not bedrängt, wählen Judas' Bruder Jonatan zu ihrem Heerführer (9,23–31). Jonatan und seine Gefolgschaft fliehen vor Bakchides in die Wüste, begeben sich dann ins Ostjordanland, wo sie an einem Araberstamm den Mord an Jonatans Bruder Johanan durch Blutrache vergelten, und kämpfen am Jordan mit dem Heer des Bakchides (9,32–49; V. 34 nimmt fälschlich V. 43 vorweg; V. 41 ist poetisch geformt). Bakchides legt in Judäa Festungen an und nimmt Söhne der jüdischen Machthaber als Geiseln (9,50–53). Der Hohepriester Alkimus stirbt (9,54–56), und Bakchides kehrt zum König zurück (9,57). Die jüdischen Feinde Jonatans holen Bakchides zurück, der im Kampf bei Bet-Zur von Jonatan geschlagen wird, seine jüdischen Freunde, erzürnt über sie, teilweise töten läßt, mit Jonatan Frieden schließt und aus Judäa abzieht, das Jonatan jetzt kontrolliert (9,58–73).

Ein Mann namens Alexander wird König in der Stadt Ptolemaïs, und Demetrius I. zieht gegen ihn in den Kampf (10,1–2). Demetrius I. sucht Bundesgenossen und gibt dem Jonatan erhebliche Vollmachten; dieser führt Aufbauarbeiten in Jerusalem durch und weitet seine Macht aus (10,3–14). Auch Alexander bemüht sich um Jonatan und setzt ihn zum Hohenpriester ein, und Jonatan stellt ein Heer auf (10,15–21). Demetrius I. schreibt einen Brief an die Juden, in dem er ihnen märchenhafte Versprechungen macht (10,22–45; in V. 30 ist »Galiläa« ein Zusatz). Darauf gehen die Juden nicht ein und halten zu Alexander (10,46–47). Im Kampf gegen Alexander fällt Demetrius I. (10,48–50). Alexander heiratet auf seinen eigenen Vorschlag die Tochter des ägyptischen Königs Ptolemäus, und zwar in der Stadt Ptolemaïs (10,51–58). Jonatan, von Alexander eingeladen, kommt nach Ptolemaïs und kehrt mit Ehrungen überhäuft zurück (10,59–66). Demetrius, der Sohn des Demetrius I., will die Königsherrschaft erringen und schickt ein Heer unter dem Statthalter Apollonius gegen Jonatan, der Apollonius besiegt und von König Alexander weitere Ehrungen und die Stadt Ekron erhält (10,67–89). Der ägyptische König Ptolemäus bemächtigt sich Syriens, Jonatan sucht ihn kurzzeitig auf, Ptolemäus verheiratet seine Tochter, die Frau des Königs Alexander, mit Demetrius und besiegt Alexander, der nach Arabien flieht und dort stirbt; auch Ptolemäus stirbt; Demetrius (II.) wird König (11,1–19). Jonatan belagert die Burg von Jerusalem, läßt aber auf Protest Demetrius' II. davon ab, der ihm zahlreiche Privilegien zusichert (11,20–28a) und diese in einem wörtlich mitgeteilten Brief bestätigt (11,28b–37; V. 34 ist fehlerhaft).

Gegen Demetrius II. revoltieren unter Mitwirkung des Generals Tryphon viele Soldaten; er bittet Jonatan um militärische Unterstützung, die er auch bekommt, und Jonatan erreicht das Zugeständnis, daß die Besatzungstruppen aus der Burg von Jerusalem und den anderen Festungen in Judäa abziehen (11,38–51). Demetrius II. wird gegenüber Jonatan wortbrüchig, Tryphon setzt den Antiochus, den kleinen Sohn des verstorbenen Königs Alexander, zum König (Antiochus VI.) ein, Demetrius II. wird vertrieben, Antiochus VI. bestätigt dem Jonatan seine Privilegien und ernennt Jonatans Bruder Simeon zum Feldherrn über die Truppen im Küstengebiet (11,52–59). Jonatan besiegt das Heer des Demetrius II. und kehrt nach Jerusalem zurück (11,60–74), erneuert das Bündnis mit Rom und schreibt Briefe nach

Sparta und anderen Orten (12,1–4). Es folgt der Text des von Jonatan an die Spartaner gesandten Briefes mit einem Freundschaftsangebot (12,5–18) und der Text des einst vom Spartanerkönig Ares (309 – 265 v. Chr.) an den Hohenpriester Onias – Onias I. (323 – 300 v. Chr.) – gesandten Briefes (12,19–23). Jonatan kämpft in Syrien gegen die Truppen Demetrius' II. (12,24–32), und Simeon besetzt die Stadt Jafo (12,33–34). Jonatan legt Festungen in Juda an und versucht die Burg in Jerusalem von der übrigen Stadt abzuschneiden (12,35–38). Tryphon strebt die Königsherrschaft an, lockt Jonatan nach Ptolemaïs und nimmt ihn gefangen, aber man hält ihn für tot (12,39–52).

Simeon ermutigt das verängstigte Volk und wird zum Anführer gewählt (12,53 [in der Lutherbibel V. 53–54]; 13,1–12). Tryphon bricht mit einem Heer und dem gefangenen Jonatan nach Judäa auf, fordert Geld und Geiseln von Simeon und erhält sie, kommt nach Judäa, wird aber durch Schneefall am Marsch gegen Jerusalem gehindert und tritt den Rückzug an, auf dem er Jonatan umbringt (13,13–24). Simeon läßt für Jonatan ein Mausoleum in ihrem Heimatort Modeïn errichten (13,25–30). Tryphon ermordet Antiochus VI. und macht sich selbst zum König (13,31–32). Simeon legt in Judäa Festungen (13,33) an und bittet Demetrius II. um Steuernachlaß, den Demetrius II. ihm in einem Schreiben gewährt (13,34–40), führt eine Zeitrechnung ein, die vom Beginn seiner Herrschaft ausgeht (13,41–42), erobert die Stadt Geser (13,43–48) und die Burg in Jerusalem (13,49–51), ordnet ein jährliches Fest an (13,52a [in der Lutherbibel V. 52]), siedelt in die Burg über (13,52b [in der Lutherbibel V. 53]) und macht seinen Sohn Johanan zum Oberbefehlshaber (13,53 [in der Lutherbibel V. 54]).

Demetrius II. zieht gegen Arsakes, den König von »Medien und Persien«, d. h. Parthien, aber ein Feldherr des Arsakes nimmt Demetrius gefangen (14,1–3). Es folgt ein Lobpreis auf Simeon (14,4–15). Simeon erneuert das Bündnis mit Rom und – wie ein im Wortlaut mitgeteilter Brief der Spartaner bekundet – mit Sparta (14,16–24; V. 24 müßte wohl vor V. 20 stehen). Dann beschließen die Juden die Anfertigung einer Inschrift auf Bronzetafeln (14,25–27a); es folgt deren Wortlaut, ein Ruhmesbericht über Simeon (14,27b–40; V. 30 nennt Jonatan, V. 35 das Volk als Handelnde), und der Inhalt eines weiteren Volksbeschlusses (14,41–45). Simeon stimmt den Beschlüssen zu, man stellt die Bronzetafeln auf und hinterlegt eine Abschrift im (Tempel-)Archiv (14,46–49).

König Antiochus (VII.) räumt Simeon schriftlich zahlreiche Privilegien ein (15,1–9) und belagert Tryphon in der Stadt Dor (15,10–14). Simeon erhält die Abschrift eines vom römischen Konsul Luzius an verschiedene Herrscher, Inseln und Städte gesandten Briefes, der die Juden unter den Schutz der Römer stellt (15,15–24; V. 19 müßte wohl hinter V. 20 stehen). Simeon will dem die Stadt Dor belagernden Antiochus VII. zu Hilfe kommen, der aber lehnt das ab und stellt Forderungen an Simeon, die Simeon jedoch nur teilweise erfüllt (15,25–36). Tryphon entkommt (15,37), und Antiochus VII. schickt den Kendebäus mit einem Heer gegen Judäa (15,38–41). Simeons Söhne Judas und Johanan besiegen Kendebäus (16,1–10). Simeon und zwei seiner Söhne werden von seinem Schwiegersohn Ptolemäus, der sich der Herrschaft bemächtigen will, bei einem Gastmahl ermordet, während Simeons Sohn Johanan einem Mordanschlag des Ptolemäus entgeht (16,11–22). Notizen über die Taten Johanans, des Nachfolgers Simeons (16,23–24).

Das 2. Makkabäerbuch beschreibt die Vorgeschichte des Makkabäeraufstandes ausführlicher als das 1. Makkabäerbuch, schildert dann aber nur die Ereignisse bis zum Sieg des Judas über Nikanor.

Brief der Juden in Judäa an die Juden in Ägypten, der die letzteren auffordert, mit ihnen das Tempelweihfest – es wird hier »Laubhüttenfest« genannt – am selben Termin zu feiern (2Makk 1,1–9). Brief des Judas, des Hohen Rates und der Bewohner Jerusalems und Judäas an den Gelehrten Aristobul und die Juden in Ägypten, der die Adressaten auffordert, mit ihnen das bevorstehende Tempelweihfest zu feiern (1,10–2,18 [statt 2,18 in der Lutherbibel 2,18–19]; darin Erzählungen über den Tod des Königs Antiochus IV. Epiphanes 1,11–17, über das in einem Brunnen verborgene Altarfeuer [es handelt sich um ein leichtentzündliches Erdöl] 1,19–36 und über Jeremia, der Kultgegenstände in einer Höhle des Berges Nebo versteckt 2,4–8). Vorwort des Verfassers 2,19–32 [in der Lutherbibel V. 20–33]).

König Seleukus erhält Nachricht über die reichen Schätze des Jerusalemer Tempels und beauftragt seinen Kanzler Heliodor, diese zu holen; Heliodor betritt gegen den Widerstand des Hohenpriesters Onias die Schatzkammer, wird aber durch eine Himmelserscheinung fast zu Tode gebracht und bekehrt sich (3,1–40). Onias, der beschuldigt wird, er habe den Unfall Heliodors veranlaßt, begibt sich zum König (4,1–6).

Nach dem Regierungsantritt des Königs Antiochus IV. Epiphanes erkauft Jason, der Bruder des Hohenpriesters Onias, sich das Amt des Hohenpriesters und führt in Jerusalem griechische Sitten ein (4,7–20; der Abschnitt V. 11b–15 entspricht ungefähr 1Makk 1,13–15). König Antiochus besucht Jerusalem (4,21–22). Menelaus erkauft sich das Amt des Hohenpriesters, verdrängt Jason und läßt Onias durch Andronikus ermorden, der auf Befehl des Königs hingerichtet wird (4,23–38). Menelaus' Bruder Lysimachus, der den Tempelschatz beraubt, wird gelyncht, aber den Menelaus spricht der König frei (4,39–50). König Antiochus unternimmt einen Feldzug nach Ägypten (5,1; ausführlicher 1Makk 1,16–19), und himmlische Reiter werden am Himmel sichtbar (5,2–4). Jason will den Hohenpriester Menelaus vertreiben, wird aber getötet (5,5–10). König Antiochus überfällt Jerusalem (5,11–16; ähnlich 1Makk 1,20–24). Theologische Reflexion (5,17–20). König Antiochus unterdrückt die Bewohner Judäas und Samariens (5,21–23). Der Feldherr Apollonius richtet, vom König beauftragt, in Jerusalem am Sabbat ein Blutbad an (5,24–26; ähnlich 1Makk 1,29–32). Judas, der Makkabäer, zieht sich mit Gefährten in die Wüste zurück (5,27; die Notiz ist verfrüht). König Antiochus versucht, die Juden zum Abfall vom Glauben zu zwingen, was viele Juden zum Martyrium veranlaßt (6,1–11; ähnlich 1Makk 1,45–64). Theologische Reflexion (6,12–17). Der Schriftgelehrte Eleasar (6,18–31) und eine Mutter und ihre sieben Söhne (7,1–42) erleiden das Martyrium, weil sie sich weigern, Schweinefleisch zu essen. Judas, der Makkabäer, nimmt den Kampf gegen die Heiden auf (8,1–7; ähnlich 1Makk 3,1–9).

Der Befehlshaber Ptolemäus schickt Nikanor und Gorgias mit einem Heer gegen Judäa (8,8–15; ähnlich 1Makk 3,38–44). Judas ermutigt sein Heer und teilt es in Abteilungen ein (8,16–23a; ähnlich 1Makk 3,46–60). Judas und sein Heer besiegen das Heer Nikanors (8,23b–29; ähnlich 1Makk 4,1–25). Ferner besiegen sie das Heer des Timotheus und des Bakchides (8,30–33; der Abschnitt, der 10,24–38 vorwegnimmt, ist nachträglich hinzugefügt). Nikanor flüchtet (8,34–36). König Antiochus IV. stirbt qualvoll (9,1–29; der Tod des Königs wird 1Makk 6,1–16 anders berichtet).

Judas läßt den Tempel reinigen und weihen (10,1–8; der Abschnitt, den 1Makk 4,36–59 in einer ausführlicheren Version bietet, unterbricht den Zusammenhang). Notiz über den Tod Antiochus' IV. und über die weiteren Ereignisse (10,9–10). Antiochus (V.) Eupator ernennt bei seinem Herrschaftsantritt den Lysias zum »Reichsverweser«/»Kanzler« (10,11; der Abschnitt 10,11–38 gehört zeitlich hinter 12,31). Der judenfreundliche Statthalter Ptolemäus Makron begeht Selbstmord (10,12–13). Gorgias (der Statthalter von Idumäa) und die Idumäer kämpfen gegen die Juden, aber die Soldaten des Judas besiegen die Idumäer (10,14–23). Das jüdische Heer, unterstützt durch himmlische Reiter, besiegt das Heer des Timotheus, und dieser kommt in der Festung Geser um (10,24–38; die Notiz, daß Timotheus schon einmal besiegt wurde, in V. 24 bezieht sich auf 8,30–33 und wurde nachträglich hinzugefügt). Lysias rückt in Judäa ein, belagert Bet-Zur, wird aber von den Juden, denen ein himmlischer Reiter zu Hilfe kommt, in die Flucht geschlagen (11,1–12; ähnlich 1Makk 4,26–35, dort aber in die Regierungszeit des Antiochus IV. eingeordnet).

Lysias verhandelt mit Judas über einen Friedensvertrag; der König nimmt die Bedingungen des Judas an (11,13–15). Dann werden vier Briefe im Wortlaut wiedergegeben: Brief des Lysias an die Juden, in dem er verspricht, die Sache der Juden wohlwollend beim König zu vertreten (11,16–21; dieser Brief stammt laut der Datumsangabe [165/164 v. Chr.] aus der Zeit des Antiochus IV.); Brief des Antiochus V. an Lysias, der beauftragt wird, den Juden ihre früheren Rechte wiederzugeben (11,22–26); Brief des Königs an die Juden, der – durch Vermittlung des Hohenpriesters Menelaus – den Feinden des Königs, wenn sie zur Rückkehr bereit sind, Frieden anbietet (11,27–33; Verfasser des Briefes ist laut der Datumsangabe [165/164 v. Chr.] Antiochus IV.); Brief der Römer an das jüdische Volk, in dem die Römer kundtun, sie wollten die Sache der Juden in den Verhandlungen mit Lysias unterstützen (11,34–38; die Datumsangabe ist dieselbe wie im voranstehenden Brief).

Judas bestraft die Bewohner der Stadt Jafo für die Ermordung von Juden und kommt einem Judenpogrom in der Stadt Jamnia zuvor (12,1–9), gewinnt die Araber (d. h. Nabatäer) als Bundesgenossen (12,10–12; ähnlich 1Makk 5,24–27, dort aber in die Regierungszeit des Antiochus IV. eingeordnet), besiegt Timotheus in Gilead (12,13–31; ähnlich 1Makk 5,28–54, dort aber in die Regierungszeit des Antiochus IV. eingeordnet) und Gorgias, den Befehlshaber von Idumäa (12,32–37), und entsühnt die Gefallenen, die sich durch das Tragen heidnischer Amulette versündigt hatten (12,38–45 [in der Lutherbibel V. 38–46]). Antiochus V. und Lysias führen ein Heer mit Elefanten gegen Judäa (13,1–2; ähnlich 1Makk 6,28–30). Der König läßt den Hohenpriester

Menelaus hinrichten (13,3–8). Judas bereitet die Seinen auf den Kampf vor und macht einen Überfall auf die Feinde bei Modeïn (13,9–17). Die Feinde belagern vergeblich Bet-Zur (13,18–22; ähnlich 1Makk 6,31). Der König schließt Frieden mit den Juden (13,23–26; ähnlich 1Makk 6,55–61).

Demetrius I. wird König und bringt Antiochus V. und Lysias um (14,1–2; ähnlich 1Makk 7,1–4). Der frühere Hohepriester Alkimus bemüht sich, dieses Amt wieder zu erhalten (14,3–11). Der König schickt den Heerführer Nikanor nach Judäa (14,12) mit dem Auftrag, den Alkimus dorthin zu bringen (14,13). Dem Nikanor schließen sich Flüchtlinge aus Juda an (14,14). Nikanor zwingt einen Teil des jüdischen Heeres zum Rückzug, schließt aber einen Friedensvertrag mit den Juden und Freundschaft mit Judas (14,15–25; ähnlich 1Makk 7,27–29). König Demetrius befiehlt, von Alkimus angestiftet, dem Nikanor, er solle Judas gefesselt zu ihm, dem König, bringen (14,26–30), was aber mißlingt (14,31–36; ähnlich 1Makk 7,33–38). Rasi, ein angesehener Jude, dessen Nikanor habhaft werden will, entzieht sich der Festnahme durch Selbstmord (14,37–46). Nikanor lästert Gott, indem er das Sabbatgebot brechen will (15,1–5). Judas ermutigt die Seinen für den bevorstehenden Kampf (15,6–24). Nikanor wird im Kampf besiegt und getötet, und zur Erinnerung daran feiern die Juden fernerhin jährlich den Nikanor-Tag (15,25–36 [in der Lutherbibel V. 25–37]; ähnlich 1Makk 7,39–49). Nachwort des Verfassers (15,37–39 [in der Lutherbibel V. 38–40]).

So weit die Darstellung der Makkabäerbücher, aus der die im folgenden beschriebenen historischen Zusammenhänge manchmal deutlich, manchmal weniger klar hervorgehen.

Nachfolger des Antiochus III. wurde sein ältester Sohn Seleukus IV. (187–175 v. Chr.). Er schickte seinen Kanzler Heliodor nach Jerusalem zu dem Hohenpriester Onias III. – dem Enkel des genannten Onias II. – mit dem Auftrag, den Tempelschatz oder einen Teil davon zu konfiszieren, womit er aber keinen Erfolg hatte (2Makk 3,1–40; die Erzählung ist legendenhaft ausgestaltet). Seleukus IV. wurde von Heliodor ermordet, und die Regierung übernahm Seleukus' Bruder Antiochus IV. (175 – 164 v. Chr.) (1Makk 1,10; 2Makk 4,7a). Ihn, den zweiten Sohn Antiochus' III., mußte sein Vater 188 v. Chr. als Geisel an die Römer ausliefern; 175 v. Chr. kehrte er im Tausch gegen Demetrius, den Sohn seines Bruders Seleukus IV., aus Rom zurück. Kurz nach seiner Thronbesteigung erkaufte sich von ihm Jason, der Bruder des Hohenpriesters Onias III., das hohepriesterliche Amt (2Makk 4,7b–8) und die Erlaubnis, in Jerusalem eine hellenistische Stadt namens Antiochia mit Sportschule (Ephebeion) und Übungsplatz (Gymnasion) zu errichten (2Makk 4,9–10), vermutlich deshalb, weil die hellenistischen Städte Handelsvorrechte besaßen. In großem Ausmaß übernahm die jüdische Oberschicht griechische Sitten (1Makk 1,13–15; 2Makk 4,11b–15); unter anderem ließen manche die Beschneidung rückgängig machen (1Makk 1,15a).

Etwa drei Jahre später (173/172 v. Chr.) gewann ein Mann namens Menelaus das Hohepriesteramt, indem er dem Antiochus IV. viel Geld versprach, und der bisherige Hohepriester Jason mußte ins Ausland fliehen (2Makk 4,23–26). Dann ließ Menelaus den früheren Hohenpriester Onias III. ermorden; Antiochus IV. bestrafte zwar den Mörder, nicht aber den Menelaus (2Makk 4,32–38). Als Menelaus sich, um das dem König versprochene Geld aufzubringen (2Makk 4,27–29), am Tempelschatz vergriff, wurde sein Bruder Lysimachus vom Volk gelyncht (2Makk 4,39–42). Der Ältestenrat Jerusalems erhob bei Antiochus IV. Anklage gegen Menelaus, doch Menelaus bestach den König, so daß dieser die Abgesandten des Rats hinrichten ließ (2Makk 4,43–50).

170–169 v. Chr. unternahm Antiochus IV. einen Feldzug nach Ägypten (1Makk 1,16–19; 2Makk 5,1), der erfolgreich verlief. Währenddessen überfiel der abgesetzte Hohepriester Jason Jerusalem, um den Hohenpriester Menelaus zu vertreiben, aber das Vorhaben mißlang, Jason mußte fliehen und starb im Ausland (2Makk 5,5–10). Jasons Überfall provozierte das Eingreifen Antiochus' IV., der 169 v. Chr. Jerusalem eroberte, ein Blutbad anrichtete und den Tempelschatz plünderte (1Makk 1,20–24; 2Makk 5,11–16). Vor der Rückkehr in seine Hauptstadt Antiochia (am Orontes im heutigen Staat Syrien) setzte er einen Mann namens Philippus zum Kommandanten von Jerusalem ein (2Makk 5,21–22). 168 v. Chr. unternahm er wieder einen Feldzug nach Ägypten, aber die Römer zwangen ihn zu dessen Abbruch; und als Folge kam es vermutlich zu Unruhen in Jerusalem. Denn 167 v. Chr. entsandte Antiochus IV. den Apollonius, der die Stadt durch Verrat am Sabbat einnahm, unter den Bewohnern ein Blutbad anrichtete, die Stadtmauern schleifte (1Makk 1,29–32; 2Makk 5,24–26) und eine Zwingburg, die sogenannte Akra, mit einer nichtjüdischen Besatzung errichtete (1Makk 1,33–35). Dann verkündete Antiochus IV. einen Erlaß, der die Ausübung der jüdischen Religion verbot und Zuwiderhandeln mit der Todesstrafe ahndete (1Makk 1,44–50.51b.56–57.60–61; etwas abweichend 2Makk 6,1–11). Er ordnete auch an, auf den Brandopferaltar den »unheilvollen Greuel« – gemeint ist ein kleiner, dem Zeus Olympius geweihter Altar – zu setzen (1Makk 1,54 [in der Lutherbibel – hier V. 57 – »Greuelbild der Verwüstung«]). Dieser Erlaß, der Teil eines alle einheimischen Sonderkulte im Seleukidenreich abschaffenden Dekrets gewesen sein soll (1Makk 1,41–42), was unhistorisch ist, verdankte sich wohl kaum einem Entschluß des Königs, sondern eher der Initiative hellenistisch gesinnter Juden, deren Ziel es war, den Jerusalemer Jahwe-Kult in die religiöse Vorstellungswelt des Hellenismus einzubinden und durch einige Maßnahmen – etwa den Zwang zu Schweineopfern (1Makk 1,47b) – streng jahwegläubige Widersacher zu bestrafen.

Der Erlaß Antiochus IV. hatte den Abfall vieler Juden vom Jahwe-Glauben zur Folge (1Makk 1,52), aber auch Beharrlichkeit in der Gesetzestreue (1Makk 1,62–63) und schließlich aktiven Widerstand, dessen Führung die Familie der Hasmonäer oder Makkabäer übernahm.

Der Priester Mattatias erschlug in seinem Heimatort Modeïn (etwa 28 km nordwestlich von Jerusalem) den Beamten des Königs, der ihn zum (Götzen-)Opfer zwingen wollte, und einen Juden, der zu diesem Opfer bereit war, riß den Altar nieder, floh mit seinen Söhnen in die Berge (1Makk 2,1–28) und hob das Kampfverbot am Sabbat auf (1Makk 2,29–41). Ihm schloß sich die Gemeinschaft der *Hasidäer* an (1Makk 2,42); der Name bedeutet »Fromme«, es handelte sich also um gesetzestreue Juden, über deren spezielle Eigenart wir aber nichts wissen. Mattatias kämpfte erfolgreich im ganzen Land (1Makk 2,43–48), bestimmte kurz vor seinem Tod seinen Sohn Judas zu seinem Nachfolger und starb (1Makk 2,49–70). Judas trug den Beinamen »der Makkabäer« (in der Lutherbibel so nur 1Makk 5,34 und 2Makk 2,20, sonst »Makkabäus«); der Name ist wahrscheinlich abgeleitet von hebräisch/aramäisch *maqqaebaet/ maqqābā* »Hammer« und wird in der Pluralform »Makkabäer« für die gesamte Familie des Judas (Vater und vier Brüder), ja sogar für die nachfolgenden Generationen verwendet, die man meistens – nach dem angeblichen Urgroßvater des Judas namens Hasmon – als »Hasmonäer« bezeichnet. Judas setzte den Kampf erfolgreich fort (1Makk 3,1–9; 2Makk 8,1–7) und besiegte zwei feindliche Heerführer, Apollonius (vielleicht mit dem in 1Makk 1,29 genannten identisch), der den Tod fand (1Makk 3,10–12), und Seron (1Makk 3,13–26).

Antiochus IV. bereitete, um die Staatskasse aufzubessern, 165 v. Chr. einen Feldzug gegen die Parther vor, setzte einen Mann namens Lysias zum Vizekönig über Syrien-Palästina und zum Vormund seines unmündigen Sohnes Antiochus ein, beauftragte ihn mit dem Krieg gegen Judäa und zog nach Osten (1Makk 3,27–37). Lysias schickte Ptolemäus, Nikanor und Gorgias mit einem Heer nach Judäa

(1Makk 3,38–39; laut 2Makk 8,8–9 bat Philippus, der Kommandant von Jerusalem [2Makk 5,22], den Ptolemäus, den Statthalter von Zölesyrien und Phönizien, um Hilfe, und dieser entsandte Nikanor und Gorgias nach Judäa). Judas besiegte das seleukidische Heer (1Makk 3,40–4,12; hier ist Gorgias, in 2Makk 8,10–29 Nikanor der Hauptgegner des Judas).

Jetzt griff Lysias persönlich in den Konflikt ein und marschierte von Süden her gegen Judäa; die beiden Heere trafen sich bei Bet-Zur (6 km nördlich von Hebron), und Lysias wurde vernichtend geschlagen (1Makk 4,26–35; der Bericht 2Makk 11,1–12 ordnet die Ereignisse fälschlich in die Zeit Antiochus' V. ein). Darauf verhandelte Lysias mit den Juden (2Makk 11,13–15a; fälschlich in die Zeit Antiochus' V. eingeordnet) und sagte schriftlich zu, daß er für die Juden beim König eintreten wolle (2Makk 11,16–21; laut der Datumsangabe [V. 21] stammt der Brief aus dem Jahre 165/164 v. Chr.). Wenig später schrieb Antiochus IV. an die Juden, daß er seinen Erlaß, der die Ausübung der jüdischen Religion verbot, zurücknehme (2Makk 11,27–33). Vielleicht schalteten sich damals auch die Römer mit einem Brief an die Juden in die Verhandlungen ein (2Makk 11,34–38), aber die Echtheit des Briefes ist umstritten. Judas eroberte Jerusalem mit Ausnahme der Akra, reinigte den Tempel, stellte im Dezember 164 v. Chr. den Tempelkult wieder her und führte die regelmäßige Feier des Tempelweihfestes ein (1Makk 4,36–59).

Damit war die Aufstandsbewegung am Ziel. Aber jetzt entfaltete sie eine Eigendynamik, die auf politische Unabhängigkeit von der Seleukidenherrschaft hinauslief. Judas befestigte den Tempelberg und Bet-Zur (1Makk 4,60–61). Es folgten Siege über die Idumäer und Ammoniter (1Makk 5,1–8), in Galiläa (1Makk 5,21–23) und im Süden und Westen (1Makk 5,63–68). Judas und sein Bruder Jonatan siegten in Gilead über Timotheus und führten die Juden Gileads nach Judäa (1Makk 5,28–54; der Bericht 2Makk 12,13–

31 ist fälschlich in die Zeit Antiochus' V. eingeordnet). Eine Aktion der Juden Josef und Asarja gegen die Stadt Jamnia (in der Küstenebene westlich von Jerusalem) schlug Gorgias zurück (1Makk 5,55–62). Judas gewann die Nabatäer – ein Volk aus der arabischen Wüste, das im 5.–4. Jahrhundert v. Chr. im Ostjordanland seßhaft wurde – als Bundesgenossen (1Makk 5,24–27; der Bericht 2Makk 12,10–12 ist fälschlich in die Zeit Antiochus' V. eingeordnet).

Unterdessen war Antiochus IV. Ende 164 v. Chr. auf seinem Feldzug gegen die Parther gestorben; zuvor hatte er einen Mann namens Philippus zum Reichskanzler und zum Vormund seines Sohnes Antiochus bestimmt (1Makk 6,1–16; der Bericht 2Makk 9,1–26 ist legendenhaft ausgeschmückt). Aber Lysias übernahm die Macht und setzte Antiochus V. (164–162 v. Chr.) als König ein (1Makk 6,17). Judas schickte sich an, die Burg von Jerusalem, die Akra, zu erobern (1Makk 6,18–27), was Lysias nicht dulden wollte und deshalb, begleitet von Antiochus V., wiederum einen Feldzug nach Judäa unternahm (1Makk 6,28–30; 2Makk 13,1–2), vergeblich Bet-Zur belagerte (1Makk 6,31; 2Makk 13,18–22), dann aber einen Sieg über die Juden errang (1Makk 6,32–48), Bet-Zur einnahm (1Makk 6,49–50) und die Juden auf dem Tempelberg belagerte (1Makk 6,51–54). Die Kapitulation stand unmittelbar bevor, als Lysias aufgeben mußte, weil sein Rivale Philippus aus dem Osten zurückgekehrt war, und es kam zu einem Friedensschluß mit den Juden (1Makk 6,55–61; 2Makk 13,23–26), den der König in einem Brief an Lysias bestätigte (2Makk 11,22–26). Dann ließ Lysias die Mauer des Tempelbergs abbrechen (1Makk 6,62), zog nach Antiochia, wo Philippus sich befand, und nahm die Stadt ein (1Makk 6,63).

Der Hohepriester Menelaus wurde aus Gründen, die für uns nicht mehr ersichtlich sind, auf Empfehlung des Lysias grausam hingerichtet (2Makk 13,3–8).

Demetrius, der im Tausch gegen Antiochus IV., seinen Onkel, als Geisel in Rom war, floh 162 v. Chr. von dort, errang die Herrschaft im Seleukidenreich und brachte Antiochus V., seinen Vetter, und Lysias um (1Makk 7,1–4; 2Makk 14,1–2). Er regierte als König Demetrius I. (162–150 v. Chr.).

Nachfolger des Hohenpriesters Menelaus wurde – entgegen der Chronologie des 1. Makkabäerbuches wohl noch unter Antiochus V. – der Priester Alkimus, der zunächst auch von den Hasidäern als Hoherpriester anerkannt wurde, dann aber sechzig Hasidäer umbrachte, woraufhin Judas und seine Anhänger gegen ihn vorgingen und er sich zu Demetrius I. begab (1Makk 7,5–25; 2Makk 14,3–11). Der König schickte Nikanor mit einem Heer nach Judäa (1Makk 7,26; 2Makk 14,12), der den Alkimus dorthin mitnahm (2Makk 14,13; dagegen wird in 1Makk 7,8–20 und 9,1 berichtet, der Feldherr Bakchides habe den Alkimus zurückgeführt).

Nikanor bemühte sich zunächst um Frieden (1Makk 7,27–29; 2Makk 14,15–25), aber erfolglos; im Kampf wurde er 162/161 v. Chr. besiegt und getötet (1Makk 7,39–47; 2Makk 15,25–35); zur Erinnerung daran feierten die Juden jährlich den Nikanor-Tag (1Makk 7,48–49; 2Makk 15,36).

Dann – vielleicht auch schon vorher – schickte Judas eine Gesandtschaft an die aufstrebende Großmacht Rom, die Gegnerin des Seleukidenreiches, um »Freundschaft und Waffenbündnis« der Römer zu erbitten; die Römer gingen darauf ein und schlossen mit den Juden ein vertraglich festgelegtes Beistandsbündnis (1Makk 8,17–30).

Unmittelbar nach der Niederlage des Nikanor schickte Demetrius I. ein neues, von Bakchides – er war laut V. 7,8 Statthalter von Syrien-Palästina – geführtes Heer gegen die Juden, das im Herbst 161 v. Chr. die jüdische Streitmacht besiegte; Judas fiel und wurde in seinem Heimatort Modeïn begraben (9,1–22). Die jüdische Hellenistenpartei und Bakchides nahmen Rache an den auf seiten der Makkabäer Stehenden (9,23–27).

Zum Anführer der Aufständischen wurde Judas' Bruder

Jonatan gewählt (9,28–31). Ihm gelang es, Bakchides zu besiegen, der Frieden mit Jonatan schloß und Judäa für immer verließ (9,32–53.57–73). Währenddessen starb 160/159 v. Chr. der Hohepriester Alkimus (9,54–56).

Ein paar Jahre später, 153/152 v. Chr., erhob ein Mann namens Alexander Balas, der sich als Sohn des Antiochus IV. ausgab, Anspruch auf den Seleukidenthron. Er und Demetrius I. wetteiferten um Bundesgenossen, also auch um den Makkabäer Jonatan, der daraus großen Gewinn erzielen konnte (10,1–47); so verlieh Alexander dem Jonatan das Amt des Hohenpriesters (10,18–20), das dieser im Jahre 152 v. Chr. antrat (10,21a); damit war das hohepriesterliche Amt nach siebenjähriger Vakanz wieder besetzt. 150 v. Chr. fiel Demetrius I. (10,48–50). Alexander Balas (150–145 v. Chr.) übertrug anläßlich seiner Hochzeit mit einer ägyptischen Prinzessin dem Jonatan das Amt des militärischen und zivilen Gouverneurs von Juda (10,51–66). Gegen Alexander trat 147 v. Chr. der ältere Sohn von Demetrius I. an, der ebenfalls Demetrius hieß. Jonatan hielt zu Alexander, besiegte Demetrius' Feldherrn Apollonius, den Statthalter von Zölesyrien, und brachte einen wichtigen Teil der Küstenebene Südpalästinas unter seine Kontrolle (10,67–88). Der ägyptische König Ptolemäus VI. vertrieb Alexander, der in Arabien starb; Demetrius II. wurde König (145–139 v. Chr.) (11,1–19). Jonatan fühlte sich jetzt stark genug, die Burg von Jerusalem, die Akra, zu belagern (11,20), und gab dieses Vorhaben erst auf, als Demetrius II. ihm weitreichende Privilegien einräumte, nämlich Steuererleichterungen und die Oberherrschaft über drei Bezirke außerhalb Judäas (Efraim nördlich, Lod westlich und Ramatajim nordwestlich von Jerusalem), wodurch das judäische Territorium fast verdoppelt wurde (11,21–37).

Als Tryphon, ein ehemaliger General des Alexander Balas, den Antiochus, einen Sohn des Alexander Balas, zum Gegenkönig – Antiochus VI. (145 – 142 v. Chr.) – machte und Demetrius II. vertrieb, konnte Jonatan, auf der Seite Tryphons und Antiochus' VI. stehend, seine auf Machtzuwachs gerichtete Politik fortsetzen – wobei er sein Bündnis mit Rom erneuerte und eines mit Sparta schloß – und, unterstützt von seinem Bruder Simeon, erfolgreich gegen Demetrius II. kämpfen, bis Tryphon ihn heimtückisch gefangennahm und 142 v. Chr. ermordete (11,38–12,52; 13,13–24).

Zum Nachfolger Jonatans wurde sein Bruder Simeon gewählt (12,53–13,12). Währenddessen ließ Tryphon den jungen Antiochus VI. ermorden und nahm selbst den Königstitel an (13,31–32; er regierte 142–139 v. Chr.). Simeon trat auf die Seite des Demetrius II., der das mit völliger Steuerfreiheit und der praktischen – wenn auch nicht juristischen – Souveränität Judäas honorierte (13,34–40). Für die Juden stellte dieses Jahr 142 v. Chr. den entscheidenden Einschnitt in ihrer Geschichte dar, was sie mit einer neuen Zeitrechnung zum Ausdruck brachten (13,41–42). Ein Jahr später gelang Simeon die Einnahme der Burg, der Akra, von Jerusalem, des letzten Bollwerks der Seleukiden in Judäa (13,49–51). Er erneuerte die Bündnisse mit Sparta und Rom (14,16–24). Seine Macht gelangte auf den Gipfelpunkt, als die Juden ihm die erbliche Stellung des »Anführers«/»Fürsten« und Hohenpriesters und die militärische Befehlsgewalt übertrugen (14,41–42).

Inzwischen war Demetrius II. auf einem Feldzug gegen die Parther 139 v. Chr. in parthische Gefangenschaft geraten (14,1–3), sein Bruder Antiochus VII. (139–129 v. Chr.) trat die Herrschaft an und konnte Tryphon verjagen (15,10–14.25.37). Zunächst bestätigte Antiochus VII. die Privilegien Simeons und verlieh ihm auch das Münzrecht (15,1–9), stellte dann aber Forderungen an ihn und schickte ein Heer unter dem Feldherrn Kendebäus nach Juda, das Simeons Söhne vernichtend schlugen (15,26–36.38–41; 16,1–10). Mit Einnahme der Stadt Jafo (heute Jaffa; 13,11) schuf er für Judäa einen Zugang zum Meer. Im Jahre 135/134 v. Chr. fielen Simeon und zwei seiner Söhne einer Intrige seines Schwiegersohns zum Opfer (16,11–17).

4. Die Dynastie der Hasmonäer

Nachfolger Simeons wurde sein dem Komplott entkommener Sohn Johanan (1Makk 16,19–24), den man als Johannes Hyrkanus I. zu bezeichnen pflegt und der 135/134–104 v. Chr. regierte. Unmittelbar nach seiner Regierungsübernahme besetzte Antiochus VII., seinen Herrschaftsanspruch demonstrierend, Jerusalem und zwang Johannes Hyrkanus zur Heeresfolge auf einem Feldzug gegen die Parther. Als Antiochus VII. dabei den Tod fand, war Judäa so gut wie unabhängig von der Seleukidenherrschaft, die durch Thronstreitigkeiten immer mehr verfiel, zumal die Parther um 140 v. Chr. die seleukidischen Gebiete östlich des Eufrats erobert hatten und das verbleibende Gebiet, also Syrien, 83 v. Chr. unter armenische Oberherrschaft kam, bis 69 v. Chr. die Römer auf den Plan traten und 63 v. Chr. Syrien zu einer römischen Provinz machten. In den Jahren nach 129 v. Chr. eroberte Johannes Hyrkanus den Südteil des Ostjordanlandes, die Provinz Idumäa im Süden, deren Einwohner er gewaltsam zum Judentum bekehrte, und die Provinz Samarien im Norden.

Seine Machtpolitik, die sich kaum noch von der hellenistischer Potentaten unterschied, rief den Widerstand der *Pharisäer* hervor, einer religiösen Gruppe, für die das – alttestamentliche – »Gesetz« und daneben gleichberechtigt die mündliche Überlieferung, d. h. die Auslegung des Gesetzes, Grundlage der Lehre und Lebenspraxis war und die das Regiment der Hasmonäer als viel zu weltlich-politisch und zu wenig religiös ablehnte. Der Ursprung der pharisäischen Bewegung liegt für uns im dunkeln, aber sie muß sich unter Johannes Hyrkanus zu einem bedeutenden Machtfaktor herausgebildet haben. Um ihr die Waage zu halten, stützte Johannes Hyrkanus sich auf die *Sadduzäer*. Diese formierten sich aus dem Priesteradel und der reichen Oberschicht; sie verbanden konservative Religiosität mit der Aufgeschlossenheit für den Hellenismus.

Nachfolger des Johannes Hyrkanus wurde sein Sohn Aristobul I. (104–103 v. Chr.), der seine als Thronfolgerin vorgesehene Mutter ins Gefängnis warf und dort verhungern ließ, einen Bruder ermordete, den Königstitel annahm und Galiläa eroberte.

Ihm folgte Alexander Jannäus (103–76 v. Chr.), der dritte Sohn des Johannes Hyrkanus. Er heiratete Salome Alexandra, die Witwe seines Bruders Aristobul. Seine zahlreichen Kriege brachten ihn in den Besitz ganz Palästinas einschließlich des gesamten Ostjordanlandes und der Küstenebene. Nach einer Niederlage im Kampf gegen die Nabatäer revoltierten seine eigenen Landsleute unter Führung der Pharisäer gegen ihn, und es kam zu einem Bürgerkrieg, den Alexander Jannäus mit blutigem Terror niederschlug. Besonders die Pharisäer wurden von ihm verfolgt. Jedoch stiegen sie nach seinem Tode, unter der Regierung seiner Witwe Salome Alexandra (76–67 v. Chr.), zur herrschenden Partei im Staat auf. Damals erlebte Judäa eine Friedenszeit. Salome Alexandra machte ihren Sohn Hyrkanus zum Hohenpriester.

Als sie starb, brach der Bruderkrieg zwischen Hyrkanus (II.) und dem jüngeren, aber energischeren Aristobul aus. Aristobul konnte den Kampf für sich entscheiden und bestieg als Aristobul II. (67–63 v. Chr.) den Thron. Hyrkanus bewog den Nabatäerkönig Aretas III. (85–60 v. Chr.), ihn, Hyrkanus, zu unterstützen, und 65 v. Chr. belagerten die Nabatäer Aristobul II. in Jerusalem. Aber jetzt griffen die Römer ein.

5. Die Herrschaft der Römer

Die Römer waren unter dem Feldherrn Pompejus von Norden her bis an die Grenzen des hasmonäischen Staates vorgedrungen. Pompejus entschied sich 63 v. Chr. im Bruderzwist für Hyrkanus und zwang die Nabatäer zum Abzug.

Die Anhänger Aristobuls verschanzten sich auf dem befestigten Tempelberg, den Pompejus im Spätherbst des Jahres 63 v. Chr. eroberte. Dann schritt Pompejus zur Neuordnung der Verhältnisse in Syrien-Palästina. Dieses Gebiet wandelte er in die römische Provinz Syria um, zu der auch der hasmonäische Staat – allerdings erheblich verkleinert und auf (das ursprüngliche) Judäa, Idumäa, Galiläa und Peräa (das südliche Ostjordanland) beschränkt – gehörte. Die übrigen Landesteile des hasmonäischen Staates wurden der Provinz Syria direkt unterstellt. Dem Hyrkanus beließ Pompejus das Hohepriesteramt (63–40 v. Chr.), entzog ihm aber die Königswürde.

Mächtigster Bundesgenosse und Berater des Hyrkanus war der mit einer Nabatäerin verheiratete Idumäer Antipater (Antipas). Im 49 v. Chr. beginnenden Bürgerkrieg zwischen Pompejus und Cäsar stellten Hyrkanus und Antipater sich auf Cäsars Seite, und dieser belohnte nach seinem Sieg über Pompejus 47 v. Chr. den Hyrkanus mit dem Titel des Ethnarchen (»Volksbeherrscher«) und den Antipater mit dem nicht genauer definierten Titel des »Prokurators von Judäa«. Antipater setzte seine beiden Söhne Phasael und Herodes als militärische Befehlshaber in Judäa und Galiläa ein; 43 v. Chr. fiel er einem Attentat zum Opfer. Cäsar wurde 44 v. Chr. von Cassius und Brutus ermordet, 42 v. Chr. besiegte Antonius die Mörder Cäsars bei Philippi, 40 v. Chr. einigten sich Antonius, Octavian (Großneffe und Adoptivsohn Cäsars) und Lepidus auf die Teilung des Römischen Reiches: Octavian erhielt den Westen, Lepidus Afrika und Antonius den Osten. Im selben Jahr fielen die Parther in Syrien-Palästina ein, und mit ihrer Hilfe gelang es Antigonus, dem Sohn Aristobuls II. und Neffen des amtierenden Hohenpriesters Hyrkanus, in Jerusalem an die Macht zu kommen; er war 40–37 v. Chr. Hoherpriester und Ethnarch. Die Parther nahmen Hyrkanus und Phasael gefangen; dem Hyrkanus schnitt man die Ohren ab, um ihn untauglich für das Hohepriesteramt zu machen, und Phasael beging Selbstmord. Herodes gelang die Flucht nach Rom. Ihn ernannten die Römer bereits 40 v. Chr. offiziell zum König von Judäa. Er ging daran, während die Römer gegen die Parther kämpften, Judäa zu erobern, und nahm, von den Römern militärisch unterstützt, 37 v. Chr. Jerusalem ein. Antigonus wurde hingerichtet.

Herodes (37–4 v. Chr.) war zunächst Günstling des Antonius, konnte sich dann aber auch den Octavian, der 31 v. Chr. Antonius besiegte und dem der römische Senat 27 v. Chr. als Alleinherscher den Ehrentitel »Augustus«, »der Erhabene«, verlieh, geneigt machen. Das Reich des Herodes bekam nach und nach einen Umfang, der mindestens dem des hasmonäischen Territoriums entsprach. Es war ein von Rom abhängiger Vasallenstaat, den Römern tributpflichtig und ohne das Recht einer selbständigen Außenpolitik. Herodes verschaffte zwar seinem Land eine Friedensperiode und trug auch dazu bei, daß der Wohlstand der Bevölkerung wuchs. Zugleich war er ein Gewaltherrscher, der Angst und Schrecken verbreitete. Reihenweise ließ er tatsächliche oder vermeintliche Gegner ermorden, darunter seine Frau Mariamne, seine Schwiegermutter, vier Söhne (drei blieben übrig) und zwei Hohepriester. Die Hohenpriester setzte er nach Belieben ein und ab, was ihm den besonderen Haß der Juden eintrug. Daran konnte auch nichts ändern, daß er den Tempel zu einem der prächtigsten Bauwerke der damaligen Welt umgestaltete. Überhaupt war seine Bautätigkeit ein Kennzeichen seiner Herrschaft: So entstanden die Burg Antonia, eine Königsburg und auch ein Theater und ein Amphitheater in Jerusalem, zahlreiche Burgen und Erweiterungen bestehender Burgen, darunter Masada auf dem Westufer des Toten Meeres, ferner die neue Hafenstadt Cäsarea.

Nach Herodes' Tod verteilten die Römer sein Reich, im wesentlichen seinem Testament folgend, unter seine drei übriggebliebenen Söhne.

(1) Archelaus (4 v. – 6 n. Chr.) erhielt – mit dem Titel Ethnarch – das Haupterbe, nämlich Judäa, Idumäa und Samarien, wurde aber nach knapp zehnjähriger Regierungstätigkeit von den Römern abgesetzt, die sein Herrschaftsgebiet zu einer römischen Provinz unter einem Statthalter (Prokurator) machten, der in Cäsarea residierte.

(2) Philippus (4 v. – 34 n. Chr.) erhielt – mit dem Titel »Tetrarch« (»Vierfürst«, ein Titel kleinasiatischer und vorderorientalischer Kleinfürsten, den ursprünglich die Regenten eines viergeteilten Landes trugen) – die Gebiete östlich des Sees Gennesaret (in Lk 3,1 wird es als Ituräa und Trachonitis bezeichnet). Nach seinem Tode schlug der Kaiser Tiberius (14–37 n. Chr.) sein Reich der Provinz Syria zu, gab es dann aber an Agrippa I. (37 – 44 n. Chr.), einen Sohn des hingerichteten Herodes-Sohnes Aristobul, und verlieh ihm den Königstitel. Er wird in Apg 12 volkstümlich »Herodes« genannt.

(3) Herodes Antipas (4 v. – 39 n. Chr.), der Landesherr Jesu (Lk 23,7–11.15), erhielt – ebenfalls mit dem Titel »Tetrarch« – die geographisch nicht zusammenhängenden Landesteile Galiläa und Peräa und residierte in der von ihm erbauten und nach dem Kaiser Tiberius benannten Stadt Tiberias am See Gennesaret. Er heiratete Herodias, eine Tochter seines hingerichteten Halbbruders Aristobul (also eine Schwester des Agrippa I.), die vorher mit seinem ebenfalls hingerichteten Halbbruder Herodes verheiratet war; deshalb wurde er von Johannes dem Täufer verurteilt, den er einkerkern und dann enthaupten ließ (Mt 14,1–12; Mk 6,17–28; Lk 3,19–20; 9,9). Kaiser Caligula (37 – 41 n. Chr.) setzte Herodes Antipas 39 n. Chr. ab und gab sein Territorium ebenfalls an Agrippa I.

Agrippa I. bekam 41 n. Chr. von Kaiser Claudius (41–54 n. Chr.) sogar noch das frühere Gebiet des Archelaus zugewiesen, womit das Königreich des Herodes noch einmal nahezu vollständig in der Hand eines seiner Nachkommen vereinigt war. Als Agrippa I. 44 n. Chr. starb, wurde sein ganzes Staatsgebiet römische Provinz. Seinem Sohn Agrippa II. (50 – um 95 n. Chr.) überließen die Römer 50 n. Chr. das kleine Königreich Chalkis im Libanon, 53 n. Chr. die ehemalige Tetrarchie des Philippus und 61 n. Chr. Teile von Galiläa und Peräa. Seine Herrschaft endete faktisch mit dem ersten jüdischen Aufstand.

In diesem Aufstand entlud sich die antirömische Stimmung, die seit langem viele Juden erfaßt hatte. Hauptgegner der Römer waren die *Zeloten* (»Eiferer«, von griechisch *zēlos* »Eifer«) mit ihrem fanatischen Einsatz für die kompromißlose Befolgung des jüdischen Gesetzes und ihrem Streben nach Freiheit. Sie – oder ein Teil von ihnen – hießen auch *Sikarier* (»Dolchmänner«, von lateinisch *sica* »Dolch«). Als Gründer dieser Bewegung gilt ein Judas, genannt »der Galiläer«, der 6 n. Chr. zum Widerstand gegen die römische Steuerschätzung (Zensus) in Judäa und Samarien aufrief, damit aber wohl bald scheiterte (Apg 5,37).

Die Unternehmungen der Zeloten (und Sikarier) waren lange Zeit subversive Einzelaktionen, mit denen sie im Stile von Freischärlern, Guerilleros, den Römern das Leben schwer machten. Aber 66 n. Chr. kam es zur offenen Revolte, als der Prokurator Gessius Florus den Tempelschatz antastete. Bald besetzten die Aufständischen den Tempelplatz, zwangen die Truppen, die Agrippa II. auf Wunsch der Gemäßigten und des Hohenpriesters entsandt hatte, zum Abzug und machten das römische Kommando nieder, das sich auf die Zusage freien Geleits hin ergeben hatte. Nun rückte der Statthalter von Syria, Cestus Gellius, an, wurde aber vernichtend geschlagen. Der Aufstand griff auf das Land über und weitete sich rasch aus. Jetzt entsandte Kaiser Nero (54–68 n. Chr.) den General Vespasian, der 67 n. Chr. mit seinem Sohn Titus in Palästina eintraf und siegreich vorankam. Mittlerweile war in Rom nach dem Selbstmord Neros (68 n. Chr.) ein Bürgerkrieg ausgebrochen; in einem Jahr (68–69 n. Chr.) lösten sich drei Kaiser (Galba, Otho und Vitellius) ab. Mitte 69 n. Chr. wurde Vespasian zum Kaiser ausgerufen, begab sich sofort nach Rom und überließ Titus die Beendigung des Feldzugs. Dieser griff Anfang 70 n. Chr. Jerusalem an, wo sich die zuvor heillos zerstrittenen Verteidiger erbittert zur Wehr setzten, bis Titus im September 70 n. Chr. die Stadt eroberte, sie plündern und weitgehend zerstören ließ und ein schreckliches Blutbad anrichtete. An den Sieg erinnert bis heute der Titusbogen in Rom.

Als Titus das Land wieder verließ, waren noch drei Burgen – Herodeion, Machärus und Masada – in der Hand der Aufständischen. Herodeion und Machärus ergaben sich bald den Römern. Aber Masada fiel erst 74 n. Chr., nachdem die letzten Verteidiger – bis auf zwei Frauen mit fünf Kindern – sich selbst getötet hatten.

Unter den Folgen des Krieges war wohl die einschneidendste, daß die Judenschaft ihr kultisches Zentrum, den Tempel mit dem Opferdienst, und ihr oberstes Selbstverwaltungsorgan in Gestalt des Synhedriums verlor.

Das *Synhedrium* (*Synedrium*, griechisch *synhedrion*, hebräisch *sanhedrin*; in den Bibelübersetzungen »Hoher Rat«, z. B. Mt 26,59; Mk 14,55; 15,1; Apg 5,21; 6,12; 22,30), eine den »(Ältesten-)Rat« der hellenistischen Zeit ablösende Institution, hatte spätestens seit römischer Zeit 71 Mitglieder unter Vorsitz des Hohenpriesters; ihm gehörten Mitglieder des priesterlichen und des Laien-Adels und Schriftgelehrte an. Die Berufsgruppe der *Schriftgelehrten* war eine Theologenzunft, deren Aufgabe darin bestand, die Heilige Schrift zu erforschen und auszulegen und juristische Fragen zu entscheiden. Die Mehrzahl der Schriftgelehrten dürfte zu den Pharisäern gehört haben. In die Kompetenz des Synhedriums fiel die innere Verwaltung des jüdischen Staates mitsamt polizeilichen Befugnissen und die profane und religiöse Gerichtsbarkeit. Diese Kompetenz wurde von Herodes eingeschränkt, und später durften Todesurteile nur mit Zustimmung des römischen Prokurators gefällt werden (z. B. Mt 27,1–2; Joh 18,31).

Die Römer hoben nach dem Fall Jerusalems 70 n. Chr. das Synhedrium auf. Es konstituierte sich außerhalb Jerusalems neu in Jamnia, hatte aber keine politischen Befugnisse mehr, sondern bildete jetzt das maßgebliche Gremium der Schriftgelehrten, die man seit dieser Zeit als *Rabbinen* bezeichnete (der Titel »Rabbi« bedeutet eigentlich »mein Herr«, vergleichbar etwa italienisch *Monsignore*).

Nach dem jüdischen Aufstand beruhigte sich anscheinend unter den Kaisern von Vespasian (69–79 n. Chr.) bis Trajan (98–117 n. Chr.) die Lage in Judäa. Aber Kaiser Hadrian (117–138) sah sich erneut einer Revolte konfrontiert, deren Anlaß vermutlich seine – wohl keineswegs judenfeindlich gemeinte – Absicht war, Jerusalem als römische Stadt namens Aelia Capitolina (nach Hadrians Geschlechternamen Aelius und dem Jupiter Capitolinus) wiederaufzubauen. Der Anführer des Aufstandes hieß mit Vornamen Simon, mit Beinamen – wie aus Texten hervorgeht, die man 1951/52 in der Wüste Juda nahe dem Toten Meer fand – Bar Kosiba. Den Beinamen deutete ein Zeitgenosse (nach 4Mose 24,17 »es wird ein Stern aus Jakob aufgehen«) zu dem messianischen Würdetitel »Bar Kochba«, »Sternensohn«, um, und mit diesem Namen ging Simon in die Geschichte ein.

Kerngebiet der 132 n. Chr. ausbrechenden Revolte war das judäische Territorium südwestlich von Jerusalem; Jerusalem blieb von ihr unberührt. Münzfunde zeigen, daß die Revolte anfangs Erfolg hatte und daß Simon zeitweise wie ein König regierte. Den Römern fiel es schwer, den Aufstand niederzuschlagen, bis Kaiser Hadrian seinen besten Feldherrn, den ehemaligen Statthalter von Britannien, Julius Severus, nach Judäa beorderte, der 135 n. Chr. die erbittert Kämpfenden bezwang, indem er ihre Schlupfwinkel und Höhlen einschloß und aushungerte. Jerusalem wurde in »Colonia Aelia Capitolina« umbenannt und in hellenistisch-römischem Stil ausgebaut. Auf dem Tempelplatz stellten die Römer eine Statue Hadrians auf, was die Entweihung des jüdischen Jerusalem bedeutete. Den Juden wurde unter Androhung der Todesstrafe das Betreten der Stadt verboten.

6. Jesus und die Anfänge des Christentums

Jesus wurde laut Mt 2,1 und Lk 1,5 zur Zeit des Königs Herodes geboren. Da Herodes im Jahre 4. v. Chr. starb, muß die Geburt Jesu *vor* diesem Datum erfolgt sein. Der Mönch Dionysius Exiguus, der im 6. Jahrhundert die christliche Zeitrechnung festlegte, hat sich um ein paar Jahre geirrt. Jesus stammte aus Nazaret, einem Dorf in Galiläa (z. B. Mk1,9), nicht aber aus Betlehem, wie der Dialog Joh 7,41–42 deutlich machen dürfte: »Andere sprachen: Er ist der Messias. Wieder andere sprachen: Soll der Messias aus Galiläa kommen? Sagt nicht die Schrift: aus dem Geschlecht Davids und aus dem Ort Betlehem, wo David war, soll der Messias kommen?« Der aus der von Betlehem handelnden Weihnachtserzählung bekannte Quirinius, Statthalter von Syrien (Lk 2,2), hatte dieses Amt 6–11 n. Chr. inne und führte 6 n. Chr. im Auftrag des Kaisers Augustus in Judäa und Samarien (nicht aber in Galiläa) eine Steuerregistrierung durch.

Das erste für uns einigermaßen sicher datierbare Ereignis im Leben Jesu ist seine Taufe durch Johannes den Täufer (Mk 1,9), der im fünfzehnten Jahr des Kaisers Tiberius (14–37 n. Chr.), also im Jahre 28 oder 29, auftrat (Lk 3,1). Mit der Gefangennahme des Johannes begann das öffentliche Wirken Jesu (Mk 1,14). Wie lange Jesu dann wirkte, können wir nicht genau feststellen. Denn folgt man den ersten drei Evangelien, ist Jesus seit seiner Begegnung mit Johannes nur einmal, und zwar kurz vor seinem Tod, zu einem Passafest nach Jerusalem gekommen (Mt 26,2; Mk 14,1; Lk 22,1), während das Johannesevangelium zwischen der Begegnung Jesu mit dem Täufer (1,29) und seinem Zug nach Jerusalem zum Passafest (12,1) zwei weitere Passafeste erwähnt (2,13; 6,4). Jesus wirkte also entweder knapp ein Jahr oder mindestens zwei Jahre. Der geographische Raum seiner Tätigkeit war vor allem das galiläische Gebiet um den See Gennesaret (z. B. Mk 1,16; 2,13; 4,1; Kafarnaum 1,21; 2,1; Betsaida 8,22). Nach seiner Gefangennahme auf Betreiben des Synhedriums, des »Hohen Rates« (Mk 14,1–2.43–46), wurde er zunächst im hohenpriesterlichen Palast, dann vor dem Synhedrium verhört (14,55–65) und an den Statthalter Pontius Pilatus ausgeliefert, der wegen des – falschen – Vorwurfs politisch-messianischen Aufrührertums (15,2–5) das Todesurteil aussprach und Jesus kreuzigen ließ (15,12–41). Das geschah wahrscheinlich im Jahre 30; Jesus wird damals etwa fünfunddreißig Jahre alt gewesen sein.

Von den Anfängen des Christentums erzählt die Apostelgeschichte. Hier lassen sich nur der Tod des Königs Agrippa I. (44 n. Chr.; Apg 12,21–23; der König heißt in Apg 12 volkstümlich »Herodes«, sein Tod durch Würmerfraß ist ein legendenhaftes Motiv, das auch bei der Schilderung des Todes Antiochus' IV. in 2Makk 9,9 begegnet) und die Amtszeit des Gallio, des Prokonsuls (Statthalters) der römischen Provinz Achaia (51/52 oder 52/53; Apg 18,12–17), recht präzise bestimmen. Nimmt man diese Daten als Fixpunkte, so ergibt sich zumindest annähernd ein chronologisches Gerüst für das Wirken des Paulus, des Bahnbrechers der Heidenmission und des eigentlichen Begründers der christlichen Theologie: Zwischen 32 und 34 erlebte er seine Bekehrung (Apg 9,1–9), siedelte 40 nach Antiochia über (11,25–26), unternahm 46/47 die erste Missionsreise (nach Zypern und ins südliche Kleinasien; 13,1–14,28), traf sich 48/49 mit den Jerusalemer Aposteln, wobei er die Anerkennung der gesetzesfreien Heidenmission erreichte (15,1–21), unternahm (48/49–53 die zweite Missionsreise (durch Kleinasien, Mazedonien und Griechenland; 15,36–18,22, darin der Bericht, daß einige Juden in Korinth ihn vor dem Statthalter Gallio verklagten, V. 12–17), 53–56 die dritte Missionsreise (wiederum nach Kleinasien, Mazedonien und Griechenland; 18,23–21,14), besuchte 57 Jerusalem, wo römische Soldaten ihn bei einem Tumult im Tempel verhafteten (21,15–36) und aufgrund einer gegen ihn gerichteten Verschwörung nach Cäsarea zu dem römischen Statthalter Felix – er übte sein Amt etwa 52–59/60 aus – brachten (23,12–24,21), wo er bis 58–59/60 in Haft blieb (24,22–26); erst der Statthalter Festus, der 59/60 seinen Vorgänger Felix ablöste, nahm den Prozeß, bei dem auch König Agrippa II. (50 – um 95) anwesend war, wieder auf und ließ Paulus, der Berufung beim Kaiser eingelegt hatte, zum weiteren Verhör gefangen in die Hauptstadt Rom bringen (24,27–26,32), wo er nach einer beschwerlichen Seereise ankam und offenbar auch wirken konnte (27,1–28,31); sein weiteres Schicksal liegt im Dunkel, wahrscheinlich erlitt er ein paar Jahre später den Märtyrertod.

Literaturhinweise

Nachschlagewerk Neues Bibel-Lexikon. Hrsg. von Manfred Görg und Bernhard Lange. Bd. 1 ff. Düsseldorf 1991 ff. [Mit ausführlichen Literaturangaben. – Bisher erschienen: Bd. 1 und 2.]

Zur Geschichte des israelitisch-jüdischen Volkes Herbert Donner: Geschichte des Volkes Israel und seiner Nachbarn in Grundzügen. 2 Tle. Göttingen ²1995. (Grundrisse zum Alten Testament. Das Alte Testament Deutsch. Erg.-Reihe. Bd. 4.) [Mit ausführlichen Literaturangaben.]

Texte aus der Umwelt Israels Textbuch zur Geschichte Israels. Hrsg. von Kurt Galling. Tübingen ³1979.

Namenregister

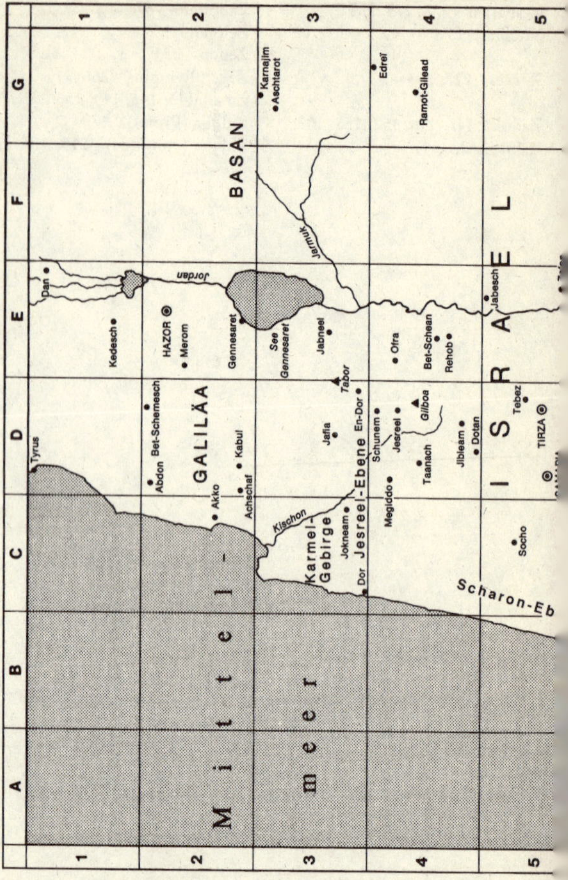

Palästina in alttestamentlicher Zeit

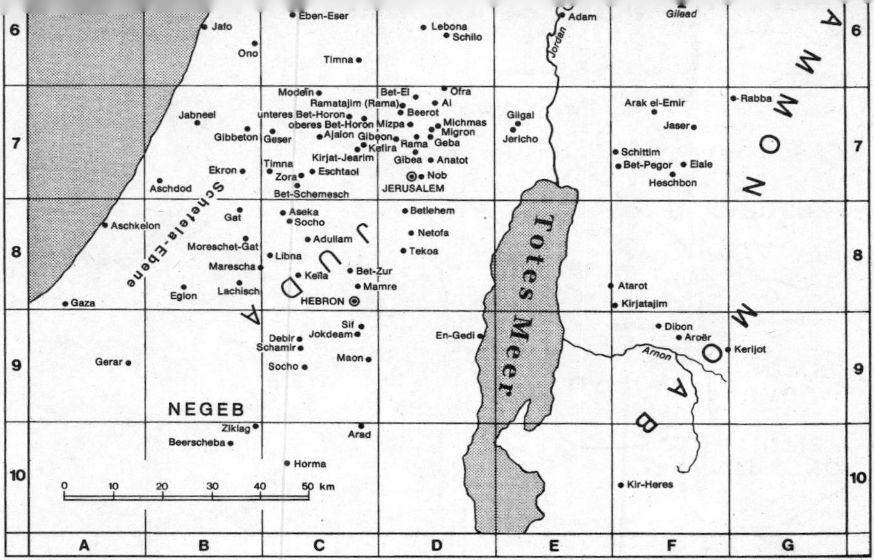
AMMON
MOAB
JUDA
NEGEB
Schefela-Ebene
Totes Meer
Jordan
Arnon
Gilead
Eben-Eser
Jafo
Ono
Timna
Lebona
Schilo
Adam
Modeïn
Bet-El
Ofra
Ramatajim (Rama)
Ai
unteres Bet-Horon
Beerot
oberes Bet-Horon
Mizpa
Michmas
Migron
Ajalon
Gibeon
Rama
Geba
Kefira
Kirjat-Jearim
Gibea
Anatot
Jabneel
Gibbeton
Geser
Gilgal
Jericho
Arak el-Emir
Rabba
Jaser
Schittim
Bet-Pegor
Elale
Heschbon
Ekron
Timna
Zora
Eschtaol
Nob
JERUSALEM
Aschdod
Bet-Schemesch
Gat
Aseka
Socho
Betlehem
Netofa
Aschkelon
Adullam
Moreschet-Gat
Libna
Tekoa
Marescha
Bet-Zur
Keïla
Mamre
Egion
Lachisch
HEBRON
Gaza
Atarot
Kirjatajim
Sif
Jokdeam
Debir
Schamir
En-Gedi
Dibon
Aroër
Kerijot
Maon
Gerar
Socho
Ziklag
Arad
Beerscheba
Horma
Kir-Heres
0 10 20 30 40 50 km
A B C D E F G
6 7 8 9 10

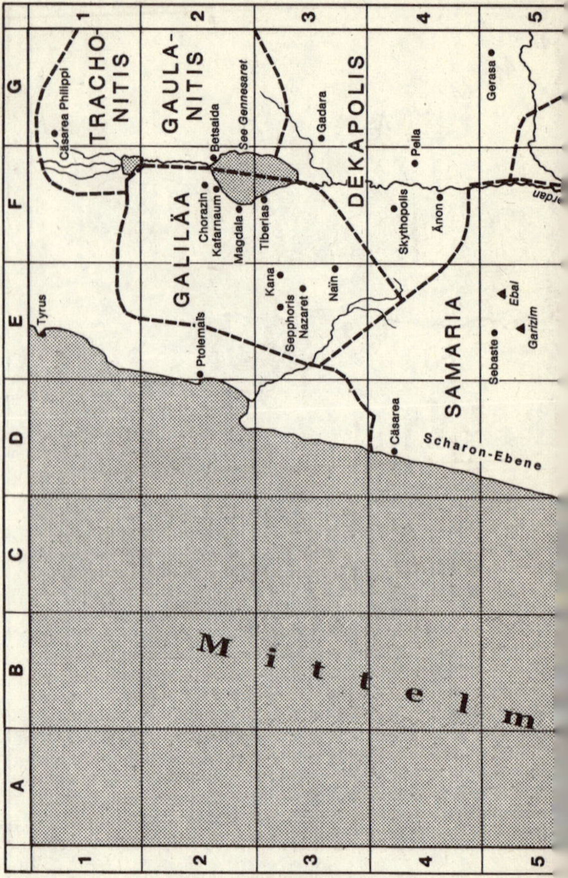

Palästina zur Zeit Jesu

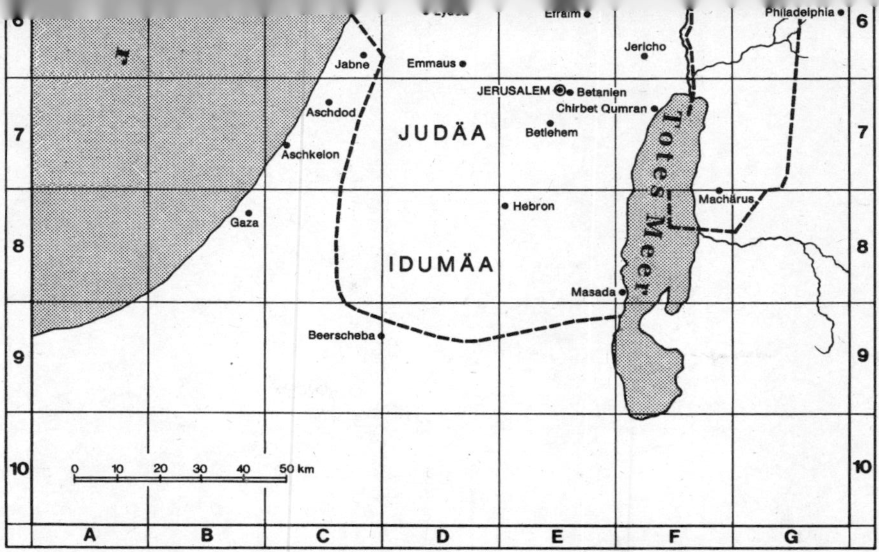
Efraim
Philadelphia
Jericho
Jabne
Emmaus
JERUSALEM
Betanien
Chirbet Qumran
Aschdod
JUDÄA
Betlehem
Totes Meer
Aschkelon
Machärus
Hebron
Gaza
IDUMÄA
Masada
Beerscheba
0 10 20 30 40 50 km
6
7
8
9
10
A B C D E F G

Zum Autor

HANS SCHMOLDT, Jahrgang 1938, studierte in Hamburg Klassische Philologie (1963 Staatsexamen) und Theologie und promovierte 1972. Er ist Pastor in Norderstedt und Lehrbeauftragter im Bereich Altes Testament an der Universität Hamburg und hat folgende Bücher veröffentlicht: *Kleines Lexikon der biblischen Eigennamen* (1990), *Das Alte Testament. Eine Einführung* (1993); außerdem ist er Mitherausgeber von *Reclams Bibellexikon* ([6]2000).

Reclams Bibellexikon

Herausgegeben von Klaus Koch, Eckart Otto, Jürgen Roloff und Hans Schmoldt. 6., verbesserte Auflage. 584 Seiten. Mit 138 Abbildungen und 6 Karten.

»Nicht nur in erster Linie an den historisch und theologisch vorgebildeten Fachmann wendet sich dieses Bibellexikon, sondern an einen weiteren Kreis bibellesender Gemeindemitglieder, aber auch an kirchlich fernstehende Bibelleser, sogar an Urlauber in biblische Länder. Deswegen wurden Knappheit und Klarheit der Darstellung angestrebt. Man wird dem Lexikon bestätigen, daß dies ausgezeichnet gelungen ist. Das war für die geographischen und geschichtlichen Angaben leichter. Aber mit Genugtuung stellt man fest, daß dies auch für die systematischen, theologischen Stichworte gelungen ist, und zwar ohne zu simplifizieren. Auferstehung, Entmythologisierung, Gott, Mythos, Rechtfertigung, Wunder, um nur einige zu nennen, sind mit wenigen Worten so dicht und meist so richtig dargestellt, daß man überrascht ist. Der Katholik wird manches anders sehen – groß sind die Unterschiede nicht. Die Literaturangaben weisen immer auf Werke erster Qualität hin. Rechtschreibung und Transkription richten sich nach dem ›Ökumenischen Verzeichnis der biblischen Eigennamen nach den Loccumer Richtlinien‹. Das ist zu bedenken, wenn man ein Stichwort, vor allem aus dem Alten Testament, sucht, das besonders dem Katholiken mehr in der Schreibweise der Vulgata bekannt ist. Es gehört zu den erfreulichen Zeichen des christlichen Lebens von heute, daß ein so gründliches und solides Lexikon zu erscheinen vermag, dem man ungeteilt zuzustimmen vermag.«

Rheinischer Merkur

»Reclams Bibellexikon ist ein erfreuliches Werk. Erfreulich wegen der Weite seines Blickfelds, wegen der Ausgewogenheit seines wissenschaftlichen Standpunkts, wegen der Knappheit und Verständlichkeit seiner Darstellung.«

Bibelreport

Philipp Reclam jun. Stuttgart